고려시대의
상주

상주박물관 문화총서 8
고려시대의 상주

초판1쇄 발행 2021년 12월 20일

기　획 상주박물관
지은이 윤용혁 · 이익주 · 정은우 · 최태선 · 한기문 · 한정훈
펴낸이 홍종화

편집 · 디자인 오경희 · 조정화 · 오성현 · 신나래
　　　　　　박선주 · 이효진 · 정성희
관리 박정대 · 임재필

펴낸곳 민속원
창업 홍기원
출판등록 제1990-000045호
주소 서울 마포구 토정로 25길 41(대흥동 337-25)
전화 02) 804-3320, 805-3320, 806-3320(代)
팩스 02) 802-3346
이메일 minsok1@chollian.net, minsokwon@naver.com
홈페이지 www.minsokwon.com

ISBN　978-89-285-1699-5
S E T　978-89-285-0247-9　94380

ⓒ 윤용혁 · 이익주 · 정은우 · 최태선 · 한기문 · 한정훈, 2021
ⓒ 민속원, 2021, Printed in Seoul, Korea

이 책은 저작권법에 따라 보호를 받는 저작물이므로 무단전재와 복제를 금지하며,
이 책의 전부 또는 일부를 이용하려면 반드시 저작권자와 출판사의 서면동의를 받아야 합니다.

상주
박물관
문화
총서
8

고려시대의 상주尙州

상주박물관 엮음

민속원

발간사

우리 박물관에서는 상주의 역사와 문화를 밝혀나가기 위해 꾸준히 조사연구 및 문화총서 간행사업을 시행해오고 있습니다. 금년부터는 이 사업을 보다 효율적으로 체계화해 나가기 위해 상주의 역사를 중심으로 시대별 문화유산과 함께 종합적인 학술조사연구 프로젝트를 시행해 나가고자 합니다.

그 첫 사업으로 금년에는 고려시대의 상주에 대한 종합학술조사를 실시하고 그 결과물로 이 책을 발간하게 되었습니다. 상주는 계수관으로서, 대읍의 위상을 가지며 인근의 여러 지역을 관할하는 정치·경제·행정의 중심지였습니다. 상주에는 지금까지도 고려시대의 흔적이 많이 남아있습니다. 이규보가 낙동강 선유를 즐기며 지은 시와 이색이 함창에서 유배생활을 하며 남긴 시를 통해서 상주지역의 높은 문화수준을 엿볼 수 있고, 대몽항쟁기 어려운 국난 속에서 스스로 나라를 지켜낸 승려 홍지와 지역민의 의기가 깃든 상주산성(금돌성)은 오늘날에도 그 정신을 고스란히 전하고 있습니다. 이번에 발간되는 책자가 작게나마 고려시대 상주의 역사와 문화를 이해하는 데 도움이 되는 지침서가 되기를 바랍니다.

끝으로 일 년 동안 누차에 걸친 현장조사와 관련 자료의 확보, 논고 집필에 이르기까지 부단히 노력해주신 여러 선생님들의 노고가 있었기에 지금 이 책 『고려시대의 상주』가 모습을 드러낼 수 있었습니다. 충심으로 사의를 표하며, 아울러 기획에서 자료수집, 원고작성, 편집 및 교열에 이르기까지 불철주야 매진해온 우리 박물관 여러분의 노고도 아낌없이 치하하고자 합니다.

상주박물관장

윤호필

고려시대 상주를 담다

상주는 983년(성종 2)에 설치된 12목의 하나였다. 성종대에 시작된 지방제 정비는 이후 현종대에 대대적으로 재정비되어 1012년(현종 3)에는 상주에 안동대도호부安東大都護府를 설치해 경주와 진주를 관할하고, 1014년(현종 5)에는 안동대도호부를 경주로 옮긴 후, 상주에 안무사安撫使를 배치하였다가 1017년(현종 9)에 상주목尙州牧을 설치하였다. 고려시대 상주목은 경주부와 더불어 경상도에 설치된 군현의 상급행정기구로서 지방통치의 중대한 역할을 수행하였다. 당시 상주목은 7군 18현 2지사부를 지휘·감독하는 계수관으로서 오늘날보다 훨씬 광범위하였다. 1314년(충숙왕 1)에 경주와 상주의 머리글자를 따서 경상도로 개칭한 이후 조선시대에도 그대로 시행되어 오늘날에 이르고 있다.

그간 우리 박물관에서는 상주의 역사와 문화를 밝히고 알리기 위해 학술조사 및 연구와 관련한 사업을 꾸준히 시행해 왔다. 그중 박물관 문화총서와 유적지표조사보고서 간행도 그 범주에 속한다. 체계적인 상주 연구를 위해 고심하던 중 이들 양 사업을 융합한다면 보다 효율적이며 내용이 알찬 연구도서 간행이 가능하겠다는 결론에 도달하게 되었다.

2013년부터는 상주를 주요 권역별로 구분하여 주요 명산과 그 일대에 펼쳐져 있는 문화유산의 체계적인 조사, 연구를 통하여 상주의 역사와 문화를 보다 구체적으로 밝히기 위해 병풍산, 오봉산, 백화산, 갑장산, 천봉산을 주제로 하여 프로젝트를 진행하였다.

금년부터는 상주의 역사를 되돌아보기 위해 시대별로 구분하여 각 시대별 상주의 특징을 모아 책으로 엮음으로써 향후 상주의 역사에 대한 종합적인 연구 지침서로 활용하자는 취지로 다년간에 걸친 장기프로젝트를 기획하게 되었다.

그 첫 사업으로 금년에는 고려시대 상주의 역사와 문화에 대한 종합학술조사를 실시하고 이 책『고려시대의 상주』를 발간하게 되었다.

이 책은 총 7개의 주제로 각각 주제가 하나의 논고가 되는 체제로 저술되었다. **제1장**은 '상주계수관의 연혁과 행정체계'라는 주제로 경북대학교 사학과 한기문 교수가 집필하였다. 여기에서는 신라말에서 조선초까지의 상주계수관의 편제 연혁을 개관하고, 계내[영역내] 수관[으뜸 고을]의 모습 곧 읍치의 구성과 기능을 살폈다. 행정체계의 운영에서 외관과 호장의 역할, 그리고 중앙과의 관계 속에서의 위상을 정리하였다. 이로써 계내의 수관으로서 상주와 그 수관이 거느린 영군현을 포함한 영역으로서의 상주라는 이중의 고려 행정체계의 특성을 살폈다.

제2장은 '고려시대 상주지역 교통로와 교통시설'이라는 주제로 목포대학교 사학과 한정훈 교수가 집필하였다. 이 글에서는 고려시대 상주지역의 역원과 나루 등의 교통시설과 이들로 구성된 교통로에 관해 살펴보았다. 광역의 상주계수관 내 역도의 편성 양상을 개관한 다음, 오늘날 상주시를 중심으로 고려시대 교통시설의 분포와 조선 초기 변화상에 관해 서술하였다. 그리고 상주지역에 뻗어 있는 교통로가 역사 속에서 어떻게 이용되었는지를 살펴보았다. 상주의 교통로가 계수관급 중심 거점 고을의 위상에 걸맞게 다양한 교통활동에 이용된 사실을 상세하게 기술하였다.

제3장은 '고려 대몽항쟁과 상주산성(금돌성)'이라는 주제로 공주대학교 역사교육과 윤용혁 명예교수가 집필하였다. 이 글은 몽고군의 고려 침입과 그 과

정에서 상주 지역 대몽항쟁의 양상을 다루고 있다. 상주산성은 삼국시대에는 금돌성, 고려시대에는 상주산성, 그리고 조선시대에는 백화산성으로 불렸다. 몽고대군의 침입 시 상주산성에서 대략 20여 일 이상의 장기전을 벌인 것으로 추정된다. 몽고군과 대치하면서 중앙군이 아닌 지역 내 황령사의 홍지라는 스님이 전투를 지휘하고, 지역민들이 자위적으로 항전하였다는 점을 언급하였다.

제4장은 '고려 말 목은 이색의 함창 유배와 함창음咸昌吟'이라는 주제로 서울시립대학교 국사학과 이익주 교수가 집필하였다. 이색은 고려 말의 대표적인 학자이자 정치가이며 문장가이다. 함창은 이색의 두 번째 유배지로, 이곳에서 50편의 시를 지어 『목은시고』에 〈함창음〉이라는 소제목으로 남겼다. 이 시를 통해 함창에서의 생활상과 이색의 생각을 엿볼 수 있다. 특히 이색은 함창에서 혼자 유배 생활을 했고, 작약산의 보리사菩提寺라는 절에 거처하였으나 현재 보리사의 흔적은 알 수 없다. 앞으로 상주에서 작약산에 있던 여러 사찰들의 유지를 확인하고, 그럼으로써 보리사의 흔적과 이색의 자취를 발견할 수 있기를 바라는 제언으로 글을 마무리하였다.

제5장은 '이규보의 강남시와 상주계수관'이라는 주제로 경북대학교 사학과 한기문 교수가 집필하였다. 이규보가 1196년 개경에서 황려를 거쳐 상주에 왔다가 돌아가면서 그의 동선에 따라 남긴 강남시江南詩를 통해 상주계수관의 현황과 그의 심상을 살폈다. 낙동강 일원을 다니는 선유船遊가 상주로의 여행에 백미였다. 풍광을 즐기면서 시작詩作으로 기념하는 여행문화를 잘 기술해 두고 있다.

제6장은 '상주의 사지'라는 주제로 중앙승가대학교 문화재학 최태선 교수가 집필하였다. 상주의 사지 중 정식으로 발굴조사된 곳이 없어 상주의 불교사찰에 대한 평면구조나 특징을 찾을 수 있는 곳은 없다. 다만, 고려시대의 주요사지들은 대부분 당시 교통로 또는 치소와 역원주변에 분포하고 있어 그 특징을

현재의 지세를 통해 추정할 수 있는 정도이다. '낙양역원', '낙원역원', '덕통역원', '장원역원', '상평역원' 등 역원 주변의 사지 및 석탑 등의 흔적을 통해 고려시대 상주의 사지 모습을 추론해 볼 수 있었다.

제7장은 '고려시대 상주의 불교조각'이라는 주제로 한국전통문화대학교 문화재보존과학과 정은우 석좌교수가 집필하였다. 상주의 고려시대 불교조각은 석불과 금동불로 분류되며 남아있는 석불은 모두 고려전기에 조성된 것으로 추정된다. 금동불은 현재 남아있지 않지만, 사진을 통해 고려후기의 상들로 추정된다. 따라서 석불은 고려전기, 금동불은 고려후기에 집중적으로 조성되었음을 알 수 있으며 이는 일반적인 고려시대 불교조각의 시기적인 재료 특징과 공통된다. 현재 상주 지역에 남아 있는 고려시대의 불상은 적지만, 그 시기에 유행한 도상 및 양식적 특징을 반영하고 있는 중요한 작품들에 대해 기술하였다.

이 책의 내용을 보면 알 수 있듯이 각각의 논고는 충분한 현장조사와 자료수집 등을 거쳐 각각의 장이 독립된 하나의 논고로 쓰일 수 있을 정도로 모든 분들이 심혈을 기울여 써주셨다. 이 지면을 빌려 모든 집필자들에게 깊은 감사의 말씀을 드린다.

우리 박물관은 이 책과 더불어 상주의 역사·문화를 중심으로 한 종합학술조사를 지속적으로 해나가고, 매년 그 결과를 우리 박물관 문화총서로 발간해 나갈 예정이다. 이러한 노력을 통해 완성된 상주박물관 문화총서가 상주의 역사와 문화를 이해하고 상주 문화유산의 현황과 향후의 보존 및 관리방향을 파악하는 데 중요한 지침서로 잘 활용되기를 바라면서 다시 한 번 상주의 문화유산에 대한 충실한 조사·연구에 매진해나갈 것을 다짐하며 머리말에 대신하고자 한다.

차례

발간사   4
고려시대 상주를 담다   6

01 상주계수관의 연혁과 행정체계 | 한기문 ___ 013

1. 머리말 _ 14
2. 편제의 연혁 _ 14
3. 읍치의 구성과 기능 _ 24
4. 행정체계와 위상 _ 33
5. 맺음말 _ 44

02 고려시대 상주지역 교통로와 교통시설 | 한정훈 ___ 049

1. 머리말 _ 50
2. 상주지역 교통로의 편성과 변화 _ 53
3. 상주지역 교통로의 이용 실태 _ 70
4. 맺음말 _ 80

03 고려 대몽항쟁과 상주산성(금돌성) | 윤용혁 ___ 083

1. 13세기, 몽고군이 쳐들어오다 _ 85
2. 몽고군의 상주 침입 _ 91
3. 1254년 상주산성 승첩과 홍지 _ 97
4. 상주산성, 백화산성, 금돌성 _ 103
5. 고려의 항몽전쟁을 기념하다 _ 111

04 고려 말 목은 이색의 함창 유배와 함창음咸昌吟 | 이익주 ___ 121
    1. 머리말 _ 122
    2. 고려 말 정치 상황과 이색의 함창 유배 _ 124
    3. 〈함창음〉에 나타난 이색의 유배 생활 _ 139
    4. 맺음말 _ 153

05 이규보의 강남시와 상주계수관 | 한기문 ___ 157
    1. 머리말 _ 158
    2. 이규보의 생애 _ 158
    3. 강남시 중의 상주 관련 시 _ 160
    4. 강남시에 보이는 상주계수관 _ 166
    5. 맺음말 _ 232

06 상주의 사지 | 최태선 ___ 235
    1. 고려시대 상주와 불교 개관 _ 236
    2. 고려시대 상주의 사지 현황 _ 240
    3. 맺음말 : 상주 사지의 위격 _ 263

07 고려시대 상주의 불교조각 | 정은우 ___ 265
    1. 머리말 _ 266
    2. 상주의 고려전기 석불 _ 267
    3. 상주지역의 고려후기 금동보살상 _ 277
    4. 맺음말 : 상주 불교조각의 중요성 _ 298

참고문헌   301

01

상주계수관의 연혁과 행정체계

한기문

경북대학교 사학과 교수

1. 머리말

　상주계수관은 신라시기 상주 광역주를 계승하여 고려 현종대에 성립되었다. 계내界內의 수관首官으로서 상주와 그 수관이 거느린 영군현을 포함한 영역으로서의 상주라는 이중의 의미이다. 이른바 '작은 도'에 해당하는 역할을 하여 고려 행정체계의 특성을 보여 준다.

　본고에서는 상주계수관尙州界首官의 행정체계를 정리한다. 먼저,『고려사』지리지 편제의 연혁을 살피되, 신라에서 고려로의 변화 그리고 고려후기에서 조선 초까지의 흐름을 개관한다. 다음으로 계내[영역 내] 수관[으뜸 고을]의 모습 곧 읍치의 구성과 기능을 살핀다. 마지막으로 행정체계의 운영에서의 외관과 호장의 역할, 그리고 중앙과의 관계 속에서의 위상을 이해한다.

　지리지, 연대기, 당대 시문, 유적 자료 등을 검토하고 기존 지방제도의 성과를 활용하여 접근한다. 가급적 상주 사례를 중심으로 서술한다. 고려시기 상주의 대읍으로서의 모습과 행정체계를 드러내는 데 중점을 둔다.

2. 편제의 연혁

　상주는 독자적 세력을 가지고 신라로 복속되는 과정을 거쳤다. 기원전 2세기 중엽 목관묘 단계에서 목곽묘 단계로 이행된 단계에는 사벌국이 독자적 세력으로 성립되었다. 3세기 중엽부터 신라의 영향이 미치기 시작하였다. 525년(법흥왕 12)에는 지방제도로 편제되었다. 상주에 군주軍主를 두고 상주上州로 삼았다. 553년(진흥왕 14) 남천주南川州, 그해 북한산주北漢山州를 설치하고 그 지역을 군사적으로 장악하여 사벌주의 중요성은 약화되었다. 같은 해 상주의 주치州治를 감문주甘文州로 옮겼다. 대가야 정복을 위한 남북의 협공 의도였다. 사벌주는 군사적 성격이 약화되어 상락군上洛郡으로 고쳐졌다. 614년(진평왕 36)에는 다시 주치를 일선주一善州로 옮겼다.

687년(신문왕 7) 3월에 일선주를 파하고 사벌주를 복치復置하면서 파진찬波珍湌 관장官長으로 총관摠官을 삼았다. 중고기에 군사적 성격이 강한 군주에서 행정적 성격이 강한 도독으로 바뀌었다. 상주는 신라 영역내의 양주良州, 강주康州와 함께 설치되었다. 10군과 예하 28현[예천군(영안현, 안인현, 가유현, 은정현), 고창군(직녕현, 일계현, 고구현), 문소군(진보현, 비옥현, 안현현, 단밀현), 숭선군(효령현, 이동혜현, 군위현), 개령군(어모현, 금산현, 지례현, 무풍현), 영동군(양산현, 황간현), 관성군(이산현, 현진현), 삼년군(청천현, 기산현), 고녕군(가선현, 관산현, 호계현) 화녕군(도안현)], 상주 영현 3개소[청효현, 다인현, 화창현]가 영속되었다.

상주 도독은 영속한 여러 영현에 대해 수취업무를 제외한 일반 행정업무에 관한 중앙 정부의 명령을 주치 영현의 현령縣令과 관내의 군태수郡太守에게 전달하였다. 이들로부터 보고받은 사항을 중앙 정부에 전달하는 행정권行政權을 행사하였다. 주치 직할지에 대해서는 직접 통치 업무를 수행했다. 광역주에 대한 병마권兵馬權도 행사하는 군사적 성격도 지녔다. 광역주의 지배를 위임받은 지방지배자로서 서물진상瑞物進上을 통해 영역을 대표하여 국왕에게 신속의례臣屬儀禮를 하였다.

상주 도독의 임무를 수행하기 위한 주사州司가 있었다. 주사의 구성은 왕경에서 파견된 지방관과 재지세력 둘로 나뉘었다. 왕경 파견 구성원은 주조州助 1인, 장사長史 1인, 외사정外司正 2인이다. 재지세력 구성에는 주리州吏가 존재하였다. 주조는 도독을 보좌하는 차관으로 행정 업무를 취급하였다. 장사는 병마권을 보좌하고, 외사정은 감찰 업무를 수행했다.

상주는 고대 사벌국에서 연원하여 진한 여러 소국 중 늦게 사로국에 복속된 만큼 가장 위상이 높았다. 삼국시기 군사적 요충지로서 상주 주치가 되었다. 통일 후에도 여러 영군을 영속한 지역 중심이었다. 장관인 도독은 주사의 보좌를 받아 행정권, 병마권, 서물진상을 통한 신속의례를 담당하여 영역을 대표하였다. 상주는 통일신라시기에 이미 계수관의 형태를 가졌다고 할 수 있다.

신라 하대 889년(진성여왕 3) '국내제주군 불수공부國內諸州郡 不輸貢賦'라 하여 제군현에서 세금을 내지 않았다. '발사 독촉發使 督促'하는 대파국을 계기로 지방 통치가 무너졌다. 지방은 독자 세력화의 길을 걸었다. 후삼국시기에 각 지역은 성주, 장군을 관칭하는 자위세력에 의해 신라에 '반부상반叛附相半'하는 형세가 전개되었다. 상주에서는 원종元宗·애노哀奴의 세력이 반기를 들어 가장 먼저 신라로부터 독자화되었다. 그 후 아자개 세력이 이 지역을 대표한 것으로 보인다.

904년(효공왕 8) 궁예弓裔는 상주 등 30여 주군州郡을 공취攻取하였다. 906년 왕건王建을 보내 군사 3,000으로 상주尙州 사화진沙火鎭[상주에 설치한 군진]을 공격하여 견훤甄萱과 여러 번 싸워 이겼다. 918년(경명왕 2) 고려 태조가 즉위한 그해 상주의 적수敵帥 아자개阿慈蓋가 고려에 항복하였다. 고려 940년(태조 23)에 상주尙州로 고쳤다가 그 후에 안동도독부安東都督府로 변경하였다.

983년(성종 2) 전국에 처음으로 12목牧을 설치할 때, 상주는 그 중의 하나가 되었다. 동왕 14년에 전국 12주州에 절도사節度使를 두면서 귀덕군歸德軍이라 불렀고 영남도嶺南道에 소속시켰다. 성종대 10도제의 실시에 따라 상주를 포함한 영남도는 상주계수관 성립의 전 단계에 해당하였다.

1012년(현종 3)에 절도사節度使를 없애고 안동대도호부安東大都護府가 되었다. 동왕 5년에는 상주안무사尙州安撫使로, 같은 왕 9년에는 전국 8개목個牧 중 하나로 상주목尙州牧이 되었다. 이때 상주계수관이 성립되었다. 『고려사』 지리지에는 상주목에 속군 7개소[문경군, 용궁군, 보령군, 함창군, 동람군, 영동군, 해평군], 속현 17개소[청산현, 산양현, 화녕현, 공성현, 단밀현, 비옥현, 안정현, 중모현, 호계현, 어모현, 다인현, 청리현, 가은현, 일선현, 군위현, 효령현, 부계현], 영지사부 2개소[경산부(고령군, 약목현, 인동현, 지례현, 가리현, 팔거현, 금산현, 황간현, 관성현, 안읍현, 양산현, 이산현, 대구현, 화원현, 하빈현), 안동부(임하군, 예안군, 의흥군, 일직현, 은풍현, 감천현, 봉화현, 안덕현, 풍산현, 기주현, 흥주, 순안현, 의성현, 기양현)]로 그 영속 관계가 편제되었다.

상주 속군현의 양상을 『삼국사기』 지리지의 그것과 비교하면 다음과 같다. 먼저 신라시기에는 상주 영군의 영현을 인정하지 않고 모두 분할하여 상주와 지사부로 분속하였다. 예천군은 그 영현과 같은 현으로 하여 그 중 산양현만 상주에 내속하고 모두 안동부로 이속하였다. 문소군은 의성부로 하여 안동부에 내속하고 그 영현 비옥, 안정, 단밀은 모두 상주에 내속하였다. 개령군도 그 영현 4개소를 분할하여 개령과 어모현만 상주에 내속하고, 나머지는 경산부로 이속하였다. 영동군과 영현 역시 영동군만 상주에 내속하고, 그 영현 양산, 황간은 경산부로 이속하였다. 삼년군도 그 영현 청천, 청산과 함께 분할하여 삼년군은 보령군으로 바꾸고 청산현과 함께 상주에 내속하고, 청천현은 청주로 이속하였다.

그리고 신라 때 영현이 오히려 영군으로 부각되기도 하였다. 고녕군 영현 관산현은 고려시기에 문경군으로 부각되었다. 화녕군은 그 영현 중모현과 대등하게 상주에 내속하였다. 전반적으로 보아 신라시기 상주보다 그 영현 수에 있어서 대략 39개소에서 20개소로 그 절반가량이 축소되었다. 나머지 절반은 각기 영지사부로 이속한 셈이다.

『삼국사기』 지리지에는 상주 영현을 따로 명시하였는데 청효현, 다인현, 화창현 등이다. 청효현은 고려에 와서 청리현이 되었고, 다인현은 그대로이나, 화창현은 고려에서 미상으로 정리되었다. 『경상도지리지』에는 상주목 관할 속현이 7개소인데, 청리, 공성, 중모, 화령, 영순, 산양, 단밀 등으로 정리하였다. 신라시기부터 속현이었던 다인현만 1204년(신종 7) 기양현이 지보주사로 승격되면서 이속되었다. 그리고 『고려사』 지리지에 협주로 언전諺傳에는 상주 북면 임하촌林下村에 성姓이 태씨太氏인 사람이 도적을 잡은 공이 있어 그 촌은 영순현永順縣으로 승격되었다고 하였다.

　상주계수관이 성립된 후에는 이처럼 9현縣이 상주 본주에 지리적으로 밀접히 연결되어 상주외곽을 형성하였다. 이는 신라시기 상주 영현 3개 현의 전통을 이은 것으로 생각된다. 이들 속현은 고려시기에 현령관이나 감무 등의 설치가 없어 상주 본주 속현으로 지속되었다. 이는 계수관으로서 위상을 보여주는 한 요소라 생각한다.

　상주계수관의 위상을 보여 주는 한 측면은 부곡의 분포이다. 상주에 가장 많은 15처의 부곡이 존재하고, 다음 안동부가 10곳, 경산부는 3곳이 확인된다. 일선은 7곳, 순안은 10곳의 부곡 지역이 분포한다. 경산부에 부곡이 적은 이유는 신라 이래의 중요성이 이어진 곳이 아니었기 때문으로 보인다.

　부곡민들이 상주 주읍 부근에 배치되어 주읍의 공해전과 염창 등의 운영에 그 역을 담당하였을 것으로 보인다. 그리고 주읍의 토성이 점차 이 지역으로 확산하였다. 주읍보다 과중한 역에 시달리면서 유망하게 되고 점차 주읍에서 보충되어 속성續姓으로 나타난 결과로 추정된다. 중모현의 해상이소海上伊所는 고려시기 자기소였을 가능성이 크다. 청리 지구 고려시대 분묘에서 발굴된 청자류들은 그 무덤의 주인공이 상주 호장층일 가능성이 커서, 이 지역에서 생산된 자기를 매납한 것으로 본다면, 해상이소가 자기소일 가능성이 크다. 『세종실록지리지』에 따르면 조선초 왕실 자기소 두 곳이 이 일대에 지정되었는데, 고려시기 자기소의 기반이 있었기 때문이 아닌가 한다. 중모현 해상이소에 주어진 공산품은 상주계수관 소관임을 짐작할 수 있다. 이는 계수관을 중심으로 많은 부곡이 분포한 배경이 되었다.

　상주계수관 육로 교통망은 『고려사』 병지 22역도 중에서 상주도와 경산부도가 중심이 된다. 상주도는 25역을 관장하는데 낙동강에 인접한 상주를 중심으로 동쪽에 편성되었다. 충주에서 넘어오는 계립령-문경-상주-일선, 안동-의성-경주 방면으로 편성되었다. 경산부도는 청주에서 보령-화령-상주로 이어지는 구도이다. 지도를 통해 재배치하면 역명을 통한 교통망을 정리할 수 있다. 요성(문경)은 계립령을 넘어오는 역으로 중요하였다. 유곡역(호계)은 용궁, 함창으로 분기하는 역이다. 용궁을 거쳐 보주, 풍산, 안동으로, 덕통역(함창)은 상주, 다인 쪽으로 분기하는 역이다. 다인 쪽은 안정, 비옥, 의성으로, 상주 쪽은 일선, 해평, 효령으로 전개된다. 의성은 안동, 비옥에서 와서 안덕, 의흥으로 갈라지는 분기점을 이룬다. 홍주는 죽령을 넘어오는 첫 번째 역이 있는 곳으로 중요하다. 강주(영주)는 보주와 안동으로 연결되는 분기 지역으로 비중이 높다. 안동부는 평구도와 상주도 두 갈래로 연결되는 요지였다.

낙동강은 가항 수로가 길다. 김해 하구에서 상주 낙동까지 대소 선운이 가능했다. 고려 초기부터 조운수로였다. 경상도 중앙부를 관류하였다. 낙동강의 포와 진은 견항진, 하풍진, 가야진, 용포, 여차니진, 칠진 등이 있었다. 상주 연산부곡에는 염창이 보인다. 이를 보완할 사원으로 용원사, 용담사, 원흥사 등도 있었다. 상주에는 용포를 위시하여 3곳의 포구가 있었다. 일선에도 여차니진이 확인된다. 상주는 상주도와 경산부도가 교차하고, 낙동강 수계와도 교차하는 곳이었다. 상주는 상주계수관으로서의 역도와 수계의 교통이 교차하고 원과 사원이 보완하는 중심지였다.

상주계수관 내 역도는 크게는 상주도, 경산부도이지만, 안동부로 연결되는 강주, 홍주, 봉화 등은 평구도에 속한다. 충주에서 상주계수관으로 들어오는 길은 죽령, 계립령 등이 있다. 죽령으로 연결되는 길은 안동부까지 평구도이고, 계립령으로 이어지는 길은 상주도이다. 청주에서 상주계수관으로 연결되는 길은 경산부도이다. 상주는 4개 역이 있다. 낙동, 낙원 두 역은 상주도에 배당되고, 낙양, 낙산 두 역은 경산부도로 배정되었다. 상주계수관은 상주도, 경산부도를 연결하는 중심이다. 선주善州 역시 3개 역 중 연향, 구어 두 역은 상주도로, 안곡은 경산부도로 귀착한다. 상주, 경산부도 두 역도의 교차지였다.

경산부京山府는 940년(태조 23)에 성립되었다가 981년(경종 6)에 광평군廣平郡이 되었다. 995년(성종 14) 대주도단련사岱州都團練使라고 불리었다. 1012년(현종 3)에 단련사團練使가 폐지되고 지경산부사知京山府事로 고쳐졌다. 1개 속군과 14개 속현이 소속되었다. 『삼국사기』지리지에 상주 10영군에 속하지도 않았고 그 영현에도 포함되지 않던 곳인데, 강주 영현 성산군 영현 본피현이 상주로 이속하여 영지사부가 된 것이다. 태조와 견훤의 쟁패전에서 이총언이 태조에 귀부함으로써 부각되어 상주에 영속된 지역이다.

경산부京山府는 신라 때 강주 영군 고령군과 성산군星山郡의 영현 대목현大木縣이 승격하고 성산군의 나머지 영현 약목, 인동 등을 각각 영속하고, 성산군도 가리현으로 개명하여 영속하였다. 양주 영군 수창군의 영현 팔거, 대구, 화원, 하빈 등의 현을 영속하였다. 그리고 상주 영군 관성군의 영현 이산, 안읍 등의 현과 관성군도 관성현으로 영속하였다. 상주 영군 영동군의 영현 황간, 양산 등의 현을 영속하고, 또한 상주 영군 개령군의 영현 지례, 금산 등의 현을 영속하였다. 이같이 경산부는 강주, 양주, 상주 등 광역주의 영현을 각기 1군 3현, 4현, 7현 등을 이속·형성하였다.

안동부安東府는 원래 신라 고타야군古陀耶郡이다. 경덕왕 때 고창군古昌郡으로 불렀다. 930년(태조 13) 고려는 후백제군을 이 곳에서 패배시켰다. 군인郡人 김선평金宣平, 권행權幸, 장길張吉 등이 태조를 도운 공이 있었다. 김선평은 대광大匡, 권행과 장길은 각각 대상大相이 되었고, 군은 안동부로 승격되었다. 뒤에 영가군으로 고쳐졌다. 995년(성종 14) 길주자사吉州刺史라 불렀다. 1012년(현종 3) 안무사가 되었다가 1018년(현종 9) 지길주사로 고쳐졌고, 1030년(현종 21) 다시 지금의 이름으로 고쳐졌다. 안동부로 승격되는 데는 930년(태조 13) 고창전투에 이 지역이 도운 것이 크게 작용한 것이다. 지금의 경상북도 안동시 지역에 있다. 『삼국사기』지리지에는 상주 영군의 하나였으나, 이때 영지사부로 그 아래에 3개소 속군과 11개소 속현을 영속하였다.

안동부는 신라시기의 상주 영군 고창군에서 상주 영지사부로 바뀐다. 그 영현 3개소에서 영군 3개소, 영현 11개소로 대폭 늘어난다. 종래 상주 영군현에서 이속은 예천군이 기양현으로 개명·이속하고, 그 영현들 중 영안현, 은정현 등이 각기 풍산현, 은풍현으로 개명·이속하였다. 고창군이 안동부로 되고 그 영현인 직령현이 일직현으로 개명·이속되었다. 문소군도 의성부로 개명·이속하였다. 명주溟州 영군현에서 이속된 것은 곡성군이 개명한 임하군, 그리고 그 영현인 연무현이 개명한 안덕현이다. 삭주 영군현에서 이속은 나령군이 개명한 순안현, 그 영현 선곡, 옥마 등이 각기 예안군, 봉화현으로 개명하고 금산군이 홍주로 개명하였다. 상주에서 6개소, 명주에서 1군 1현, 삭주에서 1주 1군 2현이 이속하였다. 기타 신설되거나 유래 미상으로는 의흥군, 감천현, 기주현 등 1군 2현이 있다.

1143년(인종 21)에 상주계수관 속현인 일선현이 1군 3현을 내속한 주현이 되었고, 경산부 내에도 관성현, 대구현이 주현이 되었고, 안동부 내에도 순안현, 의성현이 주현이 되는 등의 변동이 있었다. 1172년(명종 2)에는 속군에 감무가 설치되는데, 용궁군, 개령군, 보령군, 함창군, 영동군 등이다. 경산부 속군 고령군은 동왕 5년에 감무를 두고, 양산현, 이산현은 동왕 6년에 현령을 두었다. 이로 보면 명종 연간에 상주 속군현에서 5개 군에 감무가 두어지고, 경산부 속현 역시 3개 현에 감무가 두어졌다. 상주계수관의 속군현 수는 인종대 1군 3현에 이어 5군에 감무가 설치되어 주현이 되었다. 현종대 7속군 17속현에서 1속군 15속현으로 축소되었다.

안동부 의성현은 적에게 일찍이 항복하였다고 하여 1199년(신종 2) 의성 현령관에서 감무로 강등되었다. 동왕 7년 안동부 기양현 현령관이 남도초토병마사 최광의가 동경적과 전투를 벌여 대첩을 거둔 곳이 됨에 따라 지보주사로 승격되고 상주 속현 다인현을 여기에 이속하였다.

1295년(충렬왕 21) 경산부는 흥안도호부로 승격하고 동왕 34년 또 성주목으로 올랐다가 1310년(충선왕 2) 다시 강등되어 경산부가 되었다. 경산부의 일시 승격은 제국대장공주 곧 충렬왕비의 탕목읍[식읍]으로 지정되었기 때문으로 보인다. 충렬왕 시에는 안동부 의성현이 대구에 병합되었다가 복구되기도 하였다. 경산부 속현 관성현은 1313년(충선왕 5) 지옥주사로 승격되고 이산현, 안읍현, 양산현 등 3현이 이곳에 소속되었다.

1308년(충렬왕 34)에 안동부는 복주목으로 승격되었다. 승격 역시 경산부와 같이 충렬왕비의 탕목읍 지정과 관련이 있었을 것이다. 그리고 안동부 부곡 중 가야향을 춘양현으로 승격하고, 충선왕은 덕산부곡을 재산현으로 승격시키고, 충혜왕은 퇴곳부곡을 나성현으로 승격시키고 길안부곡도 승격시켰다. 안동부 속현 홍주는 충렬왕의 안태로 홍령현영관으로 고쳤고, 충숙왕의 안태로 지홍주사가 되고, 충목왕의 안태로 또 순홍부로 승격하였다. 이상 원 간섭기에는 경산부가 일시 상주계수관에서 이탈되었다가 복귀하였고, 안동부는 복주목으로 더 승격되어 상주계수관 영역을 벗어나 다른 계수관이 되었다.

1390년(공양왕 2)에는 상주 속군 문경군에 감무가 두어지고 가은현을 이곳에 이속하였다. 이 시기 속현 청산현에도 감무가 두어지고 상주 주성부곡을 예속하였다가 환속하였다. 군위현이 1143년(인종 21) 일선에 속하였다가 이 무렵 공양왕 대 감무가 두어지고 효령현을 임내로 삼았다. 경산부 속현 인동현에 감무가 두어지고 약목현이 그다음 해에 합속되었다. 경산부 지례현, 금산현, 황간현 등도 이때 감무가 두어졌다. 안동부의 예안군, 안덕현, 봉화현 등도 이때 감무가 두어졌다. 그런데 안덕현의 지도보부곡이 1369년(공민왕 18)에 의인현으로 승격되어 안동에 속하였다가 곧, 예안군에 이속되었다. 안동부 기주현 역시 이때 감무가 두어지고 은풍현을 속하게 하였다. 이상에서 공양왕대의 상주계수관을 정리하면, 그 속현이 명종대 1군 15속현에서 1군 3현이 감무 설치·이속 등으로 줄어들어 12현만 상주 속현이 되었고 나머지는 주현이 되었다. 영지사부는 경산부만 남았다.

조선 태조대부터 세조대까지 상주계수관 제도는 지속되었는데 관할이 조금 바뀌었다. 1393년(태조 2)에 전국 25개 계수관이 정해졌는데, 경상도에는 계림, 안동, 상주, 진주, 김해, 경산 등 6개 계수관이 설치되었다. 고려초 상주계수관 소령이었던 안동과 경산이 새로운 계수관으로 독립된 것이 달라진 점이다. 『세종실록지리지』에는 경산과 김해가 계수관에서 제외되는 변화가 있었다. 이때의 상주계수관 소령은 다음과 같이 나온다.

> 상주목尙州牧 : 성주목星州牧, 선산도호부善山都護府, 합천군陜川郡, 초계군草溪郡, 금산군金山郡, 고령현高靈縣, 개령현開寧縣, 함창현咸昌縣, 용궁현龍宮縣, 문경현聞慶縣, 군위현軍威縣, 지례현知禮縣

계수관 상주목에는 1목, 1도호부, 3군, 7현이 그 소령所領이었다. 고려시기의 소령보다 축소된 것이다. 옥천군, 청산현, 황간현, 영동현, 보은현 등은 청주목淸州牧 계수관 소령이 되었다. 대구大丘는 경주부慶州府 계수관 소령이 되었다. 예천군, 의성현, 예안현, 인동현, 봉화현, 의흥현 등은 안동도호부安東都護府 계수관 소령이 되었다. 그런데 합천군, 초계군은 상주계수관에 더해지기도 하였다.

1469년(예종 1)에 편찬된 『경상도속찬지리지慶尙道續撰地理誌』에는 상주목 계수관 소령은 성주, 선산, 합천, 초계, 금산, 개령, 함창, 문경, 용궁, 지례, 고령 등으로 기재되어 있다. 이는 『세종실록지리지』와 비교하면 군위현軍威縣이 빠져있다. 군위현은 안동도호부 계수관 소령으로 소속이 바뀌었다.

1456년(세조 2) 11월 군현郡縣의 병합사목竝合事目을 제정하고 이에 따라 병합을 진행하여 계수관이 소멸되었다. 『신증동국여지승람新增東國輿地勝覽』에는 계수관의 운영이 전혀 등장하지 않는다. 고려시기와 조선초와는 달리 상주는 광역주로서의 위상은 없어지고 목의 위상만 가졌고 관할 범위도 크게 축소되었다. 『신증동국여지승람』에는 상주목의 속현屬縣으로 화녕현化寧縣, 중모현中牟縣, 단밀현丹密縣, 산양현山陽縣, 장천부곡長川部曲 등만 나열되어 있다.

3. 읍치의 구성과 기능

계수관으로서 상주 치소의 입지는 어디일까? 상주읍성 관련 기록 중 『경상도지리지』에는 홍무洪武 을축乙丑에 읍성을 쌓았다고 하였다. 이 시기는 1385년(우왕 11)에 해당한다. 1380년(우왕 6) 상주에 왜구가 침입하여 7일간 머물며 관아와 민간의 집을 불태웠다는 기록이 있고, 권근權近의 「풍영루기風詠樓記」에도 이 사실이 언급되어 있다. 그 다음해 반자半刺 전리田理가 처음 읍성을 쌓았다. 이는 1380년 왜구 침입 후 1381년 읍성을 쌓기 시작하여 1385년에 완성하였던 것으로 정리할 수 있다. 상주에 읍성을 쌓은 배경은 고려 말 왜구의 침입을 겪고 난 후 다시 이 같은 피해를 입지 않기 위해서였다.

고려시기 상주 관아의 위치는 현재 읍성의 유구가 확인되는 왕산 일대이다. 통일신라기 8세기경 지금의 도심 중에서 왕산의 북쪽으로 치소가 이동된 뒤 다시 다소 남쪽으로 이동하여 왕산을 배경으로 치소가 입지하였다. 시점이나 이동 배경을 짐작할 자료는 없다. 하지만 고려 초 상주 재지세력의 재편에 따라 읍기邑基가 정비되었다. 현종 무렵 계수관제가 마련되면서 새 왕조의 성립에 따라 지방 사회의 변동이 수반되었다.

1196년(명종 26) 이규보가 상주로 남행하여 남긴 시 중에는 상주 읍내에 들어서면서 본 상주 인상을 다음과 같이 읊었다.

···지형은 참으로 기복하는 호랑이인 듯 / 천리를 담처럼 둘렀으니 어이 그리 멀던가 / 빨리 오느라 곤하여 눕자 해저무니 / 눈을 붙여 기이한 것 구경할

겨를 없네 / 날이 새자 나가 자세히 보니 / 비늘같이 많은 집들 용이 주두에 얽혔네…

　상주 읍내에 고기 비늘처럼 촘촘히 많은 집이 있고 그 규모도 화려한 기둥을 사용한 것[기와집]임을 말하였다. 현 상주 읍내에 집들이 정연하게 도시 계획된 토대 위에 정리되었다. 신라시기 이래 계획도시 토대 위에 성립하였다. 다시 말하면 지형이 담처럼 두른 평지에 도시가 형성되었던 것이다.

　상주는 지리적으로 남북으로 백리 정도[40km]되는 분지형盆地形이다. 왕산일대는 그 중심에 해당한다. 이를 중심으로 북천과 남천이 합류하여 낙동강으로 들어가면서 형성된 충적지이다. 이 지형은 선상지라고도 하며, 큰 도시가 형성되는데 필수인 식수 공급이 원활하다. 선상지 어디를 파도 물이 솟는 샘을 만들 수 있기 때문이다. 복룡동 유적 발굴에서 우물이 다수 발견되었다.

　충혜왕 때 안축安軸이 상주를 묘사한 글에서 자세한 관사의 분포를 알 수 있다.

> 내가 상주목사의 명을 받고 이 해 사월에 주에 도임하여 정사를 보니…옛적에 해우廨宇·주학州學·신사神祠·불사佛寺가 모두 퇴비頹圮하고 오직 객사客舍만이 웅대하고 수려하여…[1]

　상주목 읍치에 밀집된 공공 건물로 지방관아, 주학州學으로 표현된 향교, 종교제의를 담당한 신사와 사원, 객관이 갖추어져 있었다. 이는 일반 주현 이하에서는 찾아볼 수 없다. 계수관은 관내 군현의 행정적 중심부이자 도회지의 역할을 하는 지방영역 거점도시의 면모를 갖추었다.

---

[1] 安軸, 「尙州客舘重營記」, 『謹齋集』 卷2, "余受尙州之命 是年夏四月到州視事 然凡古之廨宇州學神祠 佛宇 皆已頹圮 惟客館完具輪焉 甲於南方 其廳堂基位規模布置宏壯有餘 各得其宜".

위의 '해우廨宇'라는 글귀는 곧 관아를 의미한다. 이곡李穀이 쓴 「한주중영객관기韓州重營客館記」에는 "국제國制에 수령이 있는 곳은 공아公衙라고 하는데"라 하여 이를 공아라 하였다. 고려시기에는 공아가 널리 사용된 용어였다. 『고려사』에는 '외관청外官廳'이란 말도 쓰이는데 이는 외관 소속의 관청이기 때문이다. 금주金州의 부사아副使衙, 안동부安東府의 법조아法曹衙 등의 예로 보아 상주 공아에는 목사와 그 속관屬官별로 건물이 배속되어 있었다.

상주 관아에 대해서는 고려시기에 남은 기록이 거의 없다. 다만 1240년대 최자가 상주목사를 재임할 때 "거처하던 청사廳舍 뒤 난간을 넓혀 작은 못가에 임하도록 하고 이것을 이름하여 불노정不老亭이라 하였다. 그 앞에 꽃과 대를 심었다."라 한 『보한집』 기록에 따르면 관사가 존재하였다. 1370년(공민왕 19) 목사 김남득金南得이 관아官衙를 중건하고 그 동북편에 정자를 세웠다는 기록에 따르면, 관아는 1370년경에 중건되었다. 이상에서 관사는 치소성에 존재한 것이 아닌 현재 상주 도심지에 자리한 것이며 조선시기 관아와 그리 차이가 나지 않는다.

〈사진 1〉 상산관(객사)

관사 중 객사가 중심으로서 모습을 보여 준다. 1343년(충혜왕 복위4)에 상주 목사로 부임한 안축安軸이 남긴 객관기客舘記에 의하면, 객사客舍는 1307년(충렬왕 33) 상주목사로 온 김영후金永煦가 세운 것이고 영남에서 제일 훌륭하였다. 상주계수관의 위상에 맞는 규모이다. 상주가 팔방으로 통달하는 거리에 있어 전령과 봉사하는 자가 하루도 비는 날이 없었지만, 옛적 객관이 비루하며 연대가 오래되어 기둥이 이미 기울어져 있으니 항상 손님의 나무람을 들어왔기 때문에 목사로 부임한 김영후가 중수하였다. 객관은 사신관과 전령의 숙박시설로서 상주계수관이 중시하였다. 김영후가 세운 객관은 그 서편에 소관을 별도로 두어 사신이나 빈객이 많이 오더라도 머무르는 데 여유가 있었다.

안축의 객관기 외에도 이색李穡과 권근權近이 쓴 「풍영루기」가 있다. 이에 따르면, 1370년 목사 김남득金南得이 관아官衙를 중건하고 동북편에 과원果園을 설치하고 그 가운데 정자亭子를 세우니 이색이 풍영정風詠亭이라 이름하고, 이숭인李崇仁이 시詩를 지었다. 1380년(우왕 6) 병화로 소실됨에 목사 송인宋因이 1390년(공양왕 2) 정亭을 루樓로 바꾸어 구기舊基에 다시 세웠다. 풍영루의 기능은 이색李穡의 기記에 "절부節符를 가지고 주州를 통과하는 자로 하여 춘복春服이 이루어질 즈음에 화기和氣가 넘친다면 상주의 백성은 얼마나 행복하겠는가"라 한 것으로 보아 관직에 있는 자들이 이곳을 방문하거나 통과할 때 접대를 하는 것이었다. 객관과 풍영루는 계수관 상주가 중앙에서 오는 사신관의 순찰 거점으로서의 위상에 맞는 시설이다.

고려 초 금석 자료에 보이는 재지 관반은 향직 개편과 함께 읍사로 바뀌었다. 읍사는 읍격에 따른 호장층의 집무청인 주사州司, 부사府司, 군사郡司, 현사縣司 등의 통칭이다. 읍은 중앙에 대칭되는 고을이다. 읍사는 상주 관아 근처에 위치하여 상주 관내 실질적 행정을 주도하였다. 고려시기에 그 위치나 형태를 짐작할 기록은 없다.

　조선시기 「상주성도」에는 작청作廳이라는 건물이 태평루와 진남루 사이에 있었다. 이방을 비롯한 아전들이 모여서 소관 업무를 처리하던 청사이다. 질청秩廳은 주로 외삼문 안쪽에서 내삼문에 이르는 업무 영역에 자리 잡았다. 「상주성도」에는 관청 북쪽에 주사州司와 사우祠宇도 있다. 향리의 수반인 호장 戶長의 집무소를 상주에서는 주사라 하였는데, 바로 이를 말한다. 정상우 제작 「주성도」에는 왕산 서쪽에 주사州司 건물이 그려져 있다. 사우는, 아전들 자신의 신을 모시는 사당을 두고 있었는데, 부군당府君堂을 말한다. 작청은 향리의 근무처이고 주사는 호장의 집무처였다. 따라서 조선시기 상황을 통해 고려시기의 상주 읍사 구조를 추정하면, 수호장과 호장, 부호장 등의 인원이 근무할 공간이 성립되어 있었다.

　주학州學으로 표현된 향교 시설이 있다. 상주에 향교가 성립된 것은 983년 (성종 2) 이후이다. 이때 양주楊州・경주慶州・충주忠州・공주公州・진주晉州・상주尙州・전주全州・나주羅州・승주昇州・황주黃州 등 12목牧을 설치하고 외관을 파견하였다. 그해 12월에 주부군현의 이직吏職을 개혁하여 지방 향호鄕豪의 재지적 기반을 약화시키고 반발을 무마하기 위해 향호 자제 260명을 개경에 불러 유학을 교육하였다. 그들 중 207명은 986년(성종 5)에 귀향하였다. 이들의 교육을 위해 왕은 6년에 12목에 경학박사經學博士와 의학박사醫學博士 각 1명을 파견하였다. 992년(성종 11) 1월 교서에 "중앙에 학교를 열어 유술儒術을 높이고, 지방에 학교를 설치하여 생도를 권과勸課하고 문예를 경쟁하는 장으로 삼아, 경서를 연구하는 업을 넓히도록 하라"고 명했다. 적어도 동왕 11년에는 지방 관학교육 기구와 시설이 존재하였고 경학박사와 의학박사도 여기에 머물렀었다.

　안축의 글에 보이는 신사는 성황사城隍祠를 말한다. 조선시기에는 천봉산天峰山에 있었다. 단단壇은 있으나 묘묘廟는 없었다. 성황신은 경내境內 백신百神의

주主이고 태수太守는 경내 백성의 주主이니 양자는 서로 같은 지위에 있었다. 그래서 지역민들이 공경하고 존엄하여 만민이 평안하고 복이 오고 화가 없게 한다. 성황사는 고려 때부터 있었으나, 고을마다 설치된 것은 15세기 이후 정종 연간이다. 『신증동국여지승람』의 기록에는 상주 진산 천봉산에 있는 것으로 기록하였으나, 고려시기에는 평지에 있었던 것으로 추정된다. 후대 남겨진 「성황사중수기」에 의하면, 상주 북쪽 계산리에 있었으나 천봉산 기슭으로 옮겼다고 하나 그 시기는 명시하지 않았다. 이에 따르면, 고려시대와 달리 조선시기에는 신사에 대한 위상이 낮아지면서 산으로 옮겨진 것을 반영한다.

고려 초부터 신라 이래 사원을 추인追認하여 점차 국가 기관으로서 위상을 지닌 불교 사원이 읍내에 존재하여 읍인의 복을 구하는 자복사資福寺가 있었다. 관사官司, 읍사邑司와 함께 삼원적 읍내 기구를 형성하였다. 상주향토지 『상산지』의 기록에는 상주 읍내에 성 네 곳 모퉁이에 큰 사찰이 있었다고 하였다.

> 본주本州 성외城外 네 모퉁이에 큰 사찰이 있어 사장사四長寺라 하였으니 남장南長·북장北長·갑장甲長·승장勝長이다. 그 뒤 승려와 속이 섞여 사는 것을 싫어하여 각각 근처 산중으로 옮기고, 그 사적비가 밭 가운데 넘어져 있었다. 글자가 모두 마멸되어 그 연대를 알기 어려웠다. 만력연간萬曆年間[1600년대]에 다시 갈아서 목사 유성룡柳成龍의 선정비로 세웠다.[2]

상주 읍성 외곽의 네 모퉁이에 4개소의 사원이 존재한다고 17세기 찬자 이준李埈은 설명하였다. 사장사비를 갈아서 만들었다고 하는 서애 유성룡 선정비는 지금 남산 공원에 있다. 자세히 살피면, 사적비를 연마하여 선정비로

---

[2] 『商山誌』古跡 古都, "本州城外四隅 古有大刹 所謂四長寺 南長 北長 甲長 勝長 其後以僧俗混處之嫌 各移近處山中 四長寺寺蹟碑 仆在田間 字劃剝滅 不辨年紀 萬曆年間 研磨爲柳侯成龍善政碑".

〈사진 2〉 서애 유성룡 유애비

재활용된 흔적이 조금 보인다. 『상산지』 기록이 전혀 신빙성이 없다고 할 수는 없다.

『신증동국여지승람』 역원驛院 조에 따르면 남원南院은 주의 남쪽 2리에, 서원西院은 주의 서쪽 3리에, 북원北院은 주의 북쪽 2리에 있었다.[3] 읍내의 자복사가 고려 말 조선 초에 폐사되면서 역원으로 바뀌는 경우가 다수 있는데, 이들이 바로 자복사의 흔적을 말해주는 것은 아닌가 한다. 다만 동쪽 역원은 안빈현安賓院으로 나오는데 주에서 11리 떨어져 읍 외로 볼 수 있어 이를 동쪽 사장사의 하나로 보기는 어렵다. 그래서 당간지주가 있는 복룡동 사지를 사장사의 하나로 지목할 수 있다. 성외 네 곳의 사장사는 남쪽은 남원, 북쪽은

---

[3] 『新增東國輿地勝覽』卷28 尙州 驛院, "南院 在州南二里 … 西院 在州西三里 … 北院 在州北二里".

북원, 서쪽은 서원, 동쪽은 복룡동 사지로 그 위치를 비정할 수 있다.

복룡동 사지는 읍성의 동쪽이므로 동방사東方寺를 지칭한다. 조선시기 기록에는 동방사를 상주 비보를 위한 사원으로 파악하였다. 1196년(명종 26)[최충헌 정권이 들어서던 시기] 상주를 방문한 이규보李奎報가 낙동강을 통해 선유船遊하고 돌아와 동방사에 머물렀다는 시서詩序를 남기고 있다. 석물과 조선시기 동방사 기록으로 볼 때 고려시기의 실제 동방사였다.[4] 이규보는 선유 후 다시 상주로 돌아와 주지를 만나 유음留飮한 곳의 사원을 지목하여 '자복사資福寺'라 말한다.[5] 이로 보아 동방사는 앞서 말한 유물과 이규보의 기록 등을 종합할 때, 상주 치소와 가장 가까운 상주 자복사이다. 후대 사장사의 동쪽 사원을 동방사 곧 자복사임을 짐작할 수 있다.

북원北院으로 비정된 북쪽 자복사는 조선시기 양로당養老堂 터에서 연화석이 발견되어 그 실재성을 뒷받침한다. 북쪽 자복사는 여말선초 읍내 자복사 철거시 산곡으로 이동하고 북원 시설로 되었다가 양노당으로 바뀐 것으로 추리된다.

서원西院은 달리 비정할 근거가 없다. 다만 앞서 서산서원비가 건립된 현충단과 그 부근에 성립된 서산서원지가 아닌가 한다. 통일신라기 석물을 검토할 때 본 연화대좌가 이 부근에서 나온 것이라면 그럴 가능성이 크다. 서쪽 자복사에서 서원西院으로 다시 서산서원西山書院으로 변화된 것은 아닌가 한다.

남쪽의 자복사 역시 현재 흔적은 알 수 없다. 단지 남원이 주에서 남쪽 2리 지점이라는 점을 감안하면, 1196년(명종 26) 이규보가 상주를 방문했을 때 읍내에 들어와 가장 먼저 다녀간 봉두사鳳頭寺가 될 수도 있다.[6] 봉두사는 지금 향교 앞 봉강서원 일대로 추정된다. 1915년 제작 지형도에 '봉두리鳳頭里' 지명

---

4) 『東國李相國集』卷6 古律詩, "入尙州 寓東方寺".
5) 『東國李相國集』卷6 古律詩, "九日 訪資福寺住老 留飮".
6) 『東國李相國集』卷6 古律詩, "題鳳頭寺".

〈사진 3〉 봉강서원

이 나오기 때문에 이곳을 지목할 수 있다.[7] 봉강서원은 진주 강씨 세거지에 1817년에 세운 강씨들의 세덕사인 경덕사景德祠에서 유래한다. 고종대 대원군의 서원 훼철령에 따라 없어졌다가 1977년 사림의 결의로 서원으로 승격되어 이름을 봉강鳳崗으로 하였다. 봉두사 석물로 추정되는 것들은 그곳과 가장 가까운 지금 향교의 낭무廊廡 기둥 주초에서 보인다.

석물 자료와 향토지 기록, 그리고 지형도의 지명 등을 고려하면, 9세기 현 상주 읍내는 도시로 정비되었다. 최소한 사지 1개소 정도는 있었다. 고려시기에는 신라 이래의 사원 기반을 계승하여 상주 읍내 자복사가 되었다. 자복사

---

7) 『近世韓國五萬分之一地形圖』 上, 尙州, 1915, 景仁文化社影印.

의 위치와 사명은 동쪽에 동봉사東方寺, 북쪽에는 양노당 일대 사원, 서쪽 서산서원 일대 사원, 남쪽 지금의 향교 근처 봉두리의 봉두사鳳頭寺 등으로 비정된다. 상주 읍내 네 곳 자복사는 동쪽과 남쪽은 고려시기 각각 동방사, 봉두사로 추정되고 나머지 두 사명은 알 수 없다. 이들 네 곳 자복사는 조선시기 향토사가에 의해 사장사四長寺로 지목되었던 것으로 생각된다.

상주의 입보산성은 금돌성今突城으로 불리는 백화산에 있는 산성이었다. 상주시가는 통일신라기부터 평지에 읍성이 없었다는 추정에 따르면, 그에 따른 입보성이 필요하였다. 고려시기 주리州吏 금조金祚가 거란의 침입을 피해 백화성白華城으로 갔다. 1254년(고종 41) 차라대가 상주성尙州城을 공격해 왔을 때 황령사黃嶺寺의 승僧 홍지洪之가 관병의 지원을 받아 과반의 사졸을 죽여 물리쳤다는 상주성은 지금 모동면 백화산白華山의 금돌성이다. 상주의 입보성은 통일신라기 자산산성에서 고려시기에는 금돌성으로 바뀐 것으로 보인다.

4. 행정체계와 위상

1018년(현종 9) 상주를 8목의 하나로 고쳤다. 내속 군현을 정리하여 목사를 두는 데서 지방관의 구체적 모습을 알 수 있다. 경산부, 안동부 등 영지사부를 제외하면 모두 7속군, 14속현이 내속된 상주목이 계내[영역]의 행정적 측면을 관할하였다.

『고려사』 백관지 외직조에 따르면 상주목에는 3품 이상 목사牧使 1인, 4품 이상 부사副使 1인, 6품 이상 판관判官 1인, 7품 이상 사록참군사司錄參軍事 겸 장서기掌書記 1인, 8품 이상 법조法曹 1인, 9품 이상 의사醫師 1인, 9품 이상 문사文師 1인 등으로 관속을 구성하고 각각의 품질을 가졌다. 대체로 경京과 대도호부와 동급이며 중도호부中都護府 이하 방어사防禦使, 지주군知州郡, 현縣,

진鎭 등과는 차이가 있었다.

『고려사』식화지 문종조 외관록조에 따르면 상주목사는 200석, 부사는 120석, 판관은 86석10두, 사록참군사 겸 장서기는 40석, 법조는 20석으로 녹봉이 규정되어 있다. 의사와 문사는 규정이 없다. 의사와 문사가 다른 방식으로 녹봉을 받았을 경우도 있고, 문종 무렵에 속관 구성에서 탈락되었을 수도 있다. 1105년(예종 즉위) 10월 제制에 따르면, 삼경三京 팔목八牧 통판通判 이상과 지주사知州事 현령縣令으로서 문과 출신인 자가 학사를 맡는 조치로 보아, 의사와 문사의 기능을 다른 속관이나 외관이 겸직했을 가능성이 있다. 이 규정은 대도호부와는 같고, 경京보다는 사, 부사, 사록참군사의 녹봉에서는 약간의 차이가 난다.

『고려사』여복지 아종규정에 따르면, 상주목사는 6명, 부사 5명, 판관 4명, 사록·법조 각 3명, 의문사 각 2명을 두었다. 중도후부사·부사·판관·법조·의문사아종醫文師衙從은 모두 대도호부大都護府와 같다. 방어진사·지주부군사·관사 5명, 부사 4명, 판관·법조 각 3명, 현령縣令·진장鎭將 3명, 부장副將·위尉 2명으로 되어 있다. 예지 가례에 따르면, 별초장교別抄將校와 별차관別差官은 안렴按廉과 계수관界首官에게는 몰계지읍沒階祗揖한다고 하였다.

상주목사와 그 속원의 제도상 대우에 대해 살펴보았다. 다음은 부사 이하 그 속원들의 역할은 무엇인지 알아본다. 품계상 6품 이상 참상과 그 아래의 참하로 나뉜다. 목사, 부사, 판관이 참상직에 들고 사록겸장서기 이하가 참하직에 속한다. 목사와 부사는 동시에 파견된 예가 거의 없다. 대개 목사가 파견된 경우 부사직은 비어 있고, 목사가 파견되지 않는 경우 부사가 그 직을 수행하였다. 판관은 '이거貳車'로서 목사 부재 시 관리 책임자였다. 곧 참하관을 관리하는 역할을 하였다. 이환, 이후진, 양원준(1089~1158), 최유청(1095~1174), 최함, 김신련, 최자(1188~1260), 김인경(?~1235), 이숙, 김영후(1292~1361), 방득세, 최득칭, 김준광, 안축, 이복시 등이 목사로 임명되어 활동한 것으로 찾아진다.

사록겸장서기는 기관 곧 향리를 지휘하고 행정 실무를 담당하는 실무직의 위치에 있었다. 등제자[과거급제자] 중 초사직으로 임명되는 경우가 대부분이다. 문한 능력이 있어 표문, 제문, 치어 등을 작성하고 국왕에 대한 하표 시 지표원 역할을 하였다. 참군사는 군사 지휘를 말한 것이므로 『고려사』 병지의 상주목 도내에 배당된 보승 665인, 정용 1,307인, 일품 1,241인을 실무적으로 지휘하였다. 이들을 동원하여 토목공사에 임하기도 하고 수취업무도 수행하였다. 중국 사록참군사에 사공, 사창, 사병, 사사 등 여러 부서가 있었던 사실로 유추하면, 983년(성종 2) 주, 부, 군, 현을 이직吏職 개편할 때 호부를 사호, 병부를 사병, 창부를 사창 등으로 하고 각각의 장을 호정, 병정, 창정 등으로 명명하였다. 이 무렵 외관이 파견되면서 그 속원이 이들을 지휘·장악하여 수취, 역역부과 등 업무를 지휘하였다. 이규보가 전주사록으로 '속군춘행관屬郡春行官'으로서 임무를 수행한 예로 미루어 보아, 매년 봄에 속군현을 순행하여 그들의 행정업무도 지휘·감독하였을 것이다. 이주좌, 정극영, 정항, 한충, 최기우, 최정분, 최자, 윤해, 정운경 등이 상주사록으로 활동하였다.

법조는 재판과 관련된 실무와 법률 자문을 맡았다. 조선시기 지방군현에서 법률 조항을 검토하는 검률이라는 직임에 비견된다. 고려시기에 법률에 밝은 사람은 잡업의 하나인 명법업에서 선발하였다. 명법업에서 선발하는 시험은 율과 령을 보았다. 외직 서용 시에는 육경만을 시험쳤다. 법조는 잡업 출신자의 사로仕路였다. 『보한집』에 따르면 상주목사 최자는 속현 산양현에 소재한 미면사의 중수를 상주계수관원 법조 왕공에게 명하여 진행하였다. 법조는 사원 중수 관련 공무도 수행하였다.

문사와 의사는 학원, 약점 등의 속사에 소속되어 교육과 질병 구제를 전담한 속관이었다. 경, 목, 대호부에만 파견된 품관직으로 속관의 말단을 형성하였다. 『고려사』 백관 외직 방어진조에서 보면, '파견되어 문학, 의학이라 하여 강학과 요병療病을 담당하였다'고 하였는 데서 알 수 있다. 987년(성종 6) 12목에 경학박사, 의학박사를 각각 파견하였던 것에서 기원한다. 1003년(목종 6) 3경 10도의 군요서관 중에 생도를 가르치는데 힘쓴 문유와 의복을 보고하게 하였는데, 문유·의복이 문사·의사에 해당되는 것이다. 점차 문사는 지방관, 판관이 대행하고 의사는 현지 의술이 있는 자로 대체되었다. 문종 이후 외관 녹봉조에는 보이지 않게 되었다.

수관의 영역 대표성을 나타내는 상주계수관 요원의 활동을 정리한다. 먼저 지역을 대표하여 국왕에 하표를 올리는 사례를 살핀다. 원정과 동지, 팔관회와 국왕탄신절에는 계수관에서 국왕에 하표를 올렸다. 상주목에서 올린 내용이 전한다. 최자가 재임한 상주에서 올린 여러 하표와 하장이 『보한집』에 전한다. 정기적인 국왕 상표진하 외에도 부정기적인 사례로는 1117년(예종 12) 상주에서 서맥瑞麥을 올렸다. 양 줄기에 세 이삭이 있는 것이어서 표를 올려 하례하였다.[8] 상서로운 동식물을 국왕에 올린 것은 신라시기에도 보인다. 계수관의 상표진하는 그 영역내의 여러 상서로운 현상도 국왕에게 하례하는 관행이 있었음을 보여준다.

계수관은 국왕이 파견한 사신관을 영송하는 역할도 하였다. 성종대 십도제를 마련할 때 영남도로 상주를 위시한 12주현을 포함한 곳에서 상주계수관이 운영되기 시작하였으므로, 감찰 구역의 단위이기도 하다. 파견된 사신관에 대해 지역을 대표한 영송의식도 주관하였다. 김부의가 상주 사록으로서 쓴 「상주연치어」에는 상주목사 이환이 서열상 위가 되고 다음이 접군사 한주, 그리고 안동지부사 홍약이가 그 아래가 된다. 홍약이가 송 사신으로 발탁되면서 안동지부를 떠나게 되어 우연히 상주에서 접군사를 만난다. 안동은 당시 상주계수관의 영지부사이므로 상주에 들러 계수관에 보고하고 개경으로 떠나는 것인지도 모르겠다. 상주목사는 안동지부사에게서 예를 받는 관계가 되었다.

---

8) 『高麗史』 卷14 世家 睿宗 12年 6月 丙寅, "尙州獻瑞麥 兩岐三穗 上表以賀".

최자가 동남로 진무사가 되어 상주를 순력할 때, 상주목사와 향교제유가 가시인계歌詩引啓를 바치는데 나란히 가로를 메웠다. 네 큰 늙은이가 있어 나이 칠팔십 남짓 되었는데 스스로 상원사노尙原四老라고 하면서 단인短引과 절구시 4수를 바쳤다. 상주목사가 새로 임명되어 온 안찰사를 맞는 환영연을 열고 있는 모습도 시로 전한다. "비온 뒤의 강 빛은 남청으로 물들고雨餘江色染藍靑 / 십리 기암절벽은 수묵화의 병풍일세十里奇巖水墨屛 / 자사가 새로 부임한 안부를 환영해刺史歡迎新按部/ 목란의 배 위에 띠로 이은 정자를 얽었네木蘭舟上構茅亭"라 하였다.

　동남로 곧 경상도 일대를 순력하는 사신관이지만, 영내로 들어오는 길목에 위치한 상주계수관은 사신관을 맞는 동남로[영남]에서 첫 번째 계수관이다. 영송에서 동남로를 대표하는 지역으로서 위상을 보였다. 상주계수관은 상주 주치일 뿐만 아니라 동남로 전체를 대표하였다.

　상주계수관에서의 불사를 살펴본다. 지방에서 행하여진 것은 연등회와 국왕 축수도량, 봄·가을의 경행, 백고좌인왕도량에 수반하는 반승, 국가 변란시의 진병법석 등이다. 이중 국왕 축수는 계수관 단위 중심 사원, 백고좌인왕도량은 주부州府 단위까지 행한다. 현縣 단위까지 국가 정기 행사는 연등회, 경행, 진병법석 등이다. 계수관 단위에서 진병법석은 국가 변란 시에 열리므로 부정기적이라 할 수 있지만, 나머지 4종은 정기적 의례이다. 인왕도량에 따른 반승은 3년 1회이다. 연등회, 국왕축수, 경행 등은 매년 열리는 정기불교 의례이다. 계수관 단위의 소재불사에서만 열리는 의례는 절일하표를 올리는 국왕축수도량의례 뿐이다. 상주계수관 지역을 대표한 국왕 축수였다. 소재불사는 상주계수관 자복사였다.

　상주계수관의 향공과 출판에서의 역할에 대해 살펴본다. 계수관 체제의 지방제도 정비가 끝난 뒤인 1024년(현종 15) 12월 판문을 보자.

제주현의 천정 이상 매년 3인, 오백정 이상 2인, 그 이하 1인을 제술업은 오언육운시五言六韻詩 1수로, 명경은 오경五經 각 1궤로 계수관이 시선 송경誦經하여 국자감에서 다시 시험 보아 입격한 자는 최종 고시에 응하게 하고 나머지는 돌려보내 학습한다. 만약 계수관이 자질이 안 된 자를 공거貢擧할 경우 국자감에서 고핵考覈하여 죄를 묻는다.[9]

현종대 계수관 체제가 성립되던 당시이므로 상주향교는 상주계수관시를 총괄하는 중심지로서 역할을 하였다. 상주에 영속된 2지사부와 7속군, 17속현의 향공을 총괄한 것으로 보인다. 1142년(인종 20) 판문에는 동당감시東堂監試에 부거제생赴擧諸生은 반드시 겨울 여름도회에 이름을 올리고, 재외 생도의 경우는 각 계수관의 향교도회에서 장을 지급하여 시험에 응하도록 하였다. 계수관 내에 각지 향교가 설립되고 많은 제생이 있음에 따라, 상주향교 도회에서 일정한 재능이 확인되면 이들에게 증서를 주어 동당감시에 응시하게 하였다. 뽑힌 공사貢士를 개경으로 보낼 때 소뢰小牢로 잔치를 하는데 관물로 충당하였다. 공사를 보내는 잔치는 상주계수관에서 했다. 상주향교는 상주계수관 내에서 도회소 역할을 하였다.

상주계수관 향교는 향공 선발의 중심적 위상을 지녔다. 계수관원으로 상주목사, 판관, 사록 등은 거의 모두 급제자이다. 속관 중 문사文師도 향교 교육과 깊은 관계가 있다. 지방관은 유신儒臣이 맡고 학사學事의 관구管句를 겸하였다. 상주향교에는 향공 시에 응시하려는 상주계수관 내에서 온 수재들이 모여들었고 이들이 상주향교의 재생을 구성하였다.

---

[9] 『高麗史』卷73 志 卷27 選擧1 科目1 顯宗 15年 2月 判 "諸州縣 千丁以上 歲貢三人 五百丁以上二人 以下一人 令界首官試選 製述業則試以五言六韻詩一首 明經則試五經各一机 依例送京 國子監更試 入格者 許赴擧 餘並任還本處學習 如界首官 貢非其人 國子監考覈 科罪".

〈사진 4〉 상주향교

　상주에서의 출판 사례는 1232년(고종 19) 이전에 『동파문집東坡文集』이 번각되었으나 몽고침입으로 소실되었다. 최지崔址가 국왕의 허락을 얻어 1236년(고종 23)경에 전주목全州牧에서 중간하였다. 1392년(공양왕 3)에는 상주목에서 『예기집설禮記集說』을 판각하였다. 이숭인이 간행의 위촉을 받고 상주목사 이시복李始復에게 이문移文하여 중간하였다. 권말에는 "洪武貳拾肆年 玖月 慶尙道都觀察黜陟使安翊進重刊陳澔集說禮記箋"라는 간기가 전한다. 현존하지는 않지만, 이인영이 잔본을 보고 권말을 인용하여 전한 것이다.

　계수관원의 계내 토목, 군사, 형옥, 도량형 검수, 수세 등의 활동에 대해 정리한다. 명종 때 함창현에 소재한 공검지를 상주 사록 최정분이 주관하여 수리하였다. 사록은 행정실무를 맡은 호장층을 지휘하는 직임이다. 호장을 지휘하고 노동역을 담당한 일품군을 동원하여 진행하였다. 계 내 외옥수에 대한 추검은 계수관 판관 이상이 항상 감행하였다. 가벼운 죄는 판결하고 중죄수는 갇힌 연월을 보고하고 연체한 관리의 죄를 부과하여 보고하였다. 판관 이상이 순행하면서 죄수들을 추검하였다.

계 내의 도량형도 검수하였다. 『고려사』 형법지에 따르면 1046년(정종 12) 판에 매년 춘추에 공사公私의 칭秤, 곡斛, 두斗, 승升, 평목平木, 장목長木 등을 평교平校한다고 하였다. 외관은 동·서경, 사도호부, 팔목에서 그것을 맡았다. 동·서경, 사도호부, 팔목은 곧 계수관 단위를 의미한다. 상주목은 계수관 내 공사의 도량형을 검수하였다. 계 내의 경제적 유통 질서를 관리한 셈이다. 부사副使, 사록司錄이 수결한 명문이 있는 청주 사뇌사지에서 발견된 기름말[油斗]에서[10] 확인된다. 청주 역시 계수관에 해당되므로 상주목에도 적용된다.

계수관은 권농사를 겸한다.[11] 권농을 위해 부역이나 옥송 등으로 해서 농사를 놓치지 않도록 유의한다.[12] 농업에 도움이 되는 수차와 같은 새로운 기계의 제작도 맡았다.

상주 읍격은 향리층의 구성 인원 규모로 짐작할 수 있다. 1018년(현종 9) 주현 정丁수에 따라 향리 수를 규정하였다. 주부군현의 경우 1000정 이상 호장 8명 부호장 4명, 500정 이상 호장 7명 부호장 2명, 300정 이상 호장 5명 부호장 2명, 100정 이하 호장 4명 부호장 1명으로 배정한다. 양계주진의 경우 1000정 이상 호장 6명 부호장 2명, 100정 이상 호장 4명 부호장 2명, 100정

---

10) 『고려공예전』, 국립청주박물관, 1999, 51쪽, "淸州牧官平校思惱寺傳受油斗印 住持重大師 宗常 可成 監 副使 (手決) 判官 司錄 (手決)".

11) 『高麗史』 卷79 志 33 食貨2 農桑, 文宗 20年 4月 "制曰 書曰 食哉惟時 一夫不耕 必有受其飢者 郡牧之職 農桑爲急 諸道外官之長 皆令帶勸農使".

12) 『高麗史』 卷79 志 33 食貨2 農桑, 靖宗 2年 正月 "御史臺言 諸道外官 使民不時 有妨農事 請遣使審察黜陟 從之".
『高麗史』 卷79 志 33 食貨2 農桑, 靖宗 3년 正月 "判 立春後 諸道外官 並停獄訟 專務農事 勿擾百姓 如有違者 按察使糾理".

이하 호장 2명 부호장 1명으로 배정하였다. 상주의 경우 계수관이므로 천정 이상으로 보면, 호장 8명, 부호장 4명으로 배정되었다.

『고려사』 향직에 호장에서 부호장, 그리고 사史 이하까지 나열되어 있다. 1051년(문종 5) 승진 규정에 따르면 후단사後壇史 - 병창사兵倉史 - 주부군현사州府郡縣史 - 부병창정副兵倉正 - 부호정副戶正 - 호정戶正 - 병창정兵倉正 - 부호장副戶長 - 호장戶長 등 9단계가 있다. 호장에는 안일호장安逸戶長, 치사호장致仕戶長, 상호장上戶長, 섭호장攝戶長, 권지호장權知戶長 등의 명칭이 보인다. 안일호장과 치사호장은 70세 이상의 은퇴 호장을 의미하고, 상호장은 여러 명의 호장 중 대표 호장을 지칭한다.

호장은 향리의 집무기관인 읍사를 대표하고 몇 가지 향촌 사회의 자율성을 증명하였다. 먼저, 장인행공掌印行公 즉 인신을 소지하고 지방 행정에 관한 제반 사항을 직접 결재하였다. 외관이 설치되지 않은 임내[속현]는 호장인신이 바로 관인이었다. 1읍 1개 인신이 존재한 것으로 보아, 이를 소지하고 행공할 수 있는 이는 상호장이었다. 이 인신은 중앙에서 주급鑄給한 것이다. 호장의 장인행공은 곧 호장이 그 지역의 행정을 실질적으로 맡고 있음을 보여준다. 고려시기 다기多岐한 행정단위와 임내의 발생에 따른 현상이다.

두 번째로 호장은 상경숙배上京肅拜한다. 『태종실록』에는 "외방인리外方人吏들이 매년 정조正朝에 진봉함은 바로 사방이 조하朝賀하는 예식이다"라 하고, 『경국대전』에도 "매년 정조에 해읍수리該邑首吏는 궐문 밖에 나와 숙배한다"라 하였다. 조선 초 자료로서 직접 고려시기를 반영하는 것은 아니지만, 충분히 개연성이 있다. 고려 중기 시문 비평집인 최자의 『보한집』에 원정元正, 동지冬至, 팔관八關, 성상절일聖上節日에 각 지방 계수관 이상에서 하표를 올리는데, 중서성에서 그 문장을 품평하여 공시하였다. 하표만 공문서로 오지 않고 조하자도 함께 왔다면, 그 속에는 곧 각 지방의 호장들도 포함되었을 것이다. 고대 중국에서도 원회元會는 지방 대표자가 원정에 상경하여 충성을 매년 갱신하는 의례였다. 호장은 지역을 대표하여 중앙 권력 곧 국왕에 충성을 매년 갱신한 셈이다.

세 번째로 각읍의 읍사 수호신에 대한 봉사의 주재자는 호장이다. 이는 사찬읍지에 전해지는 사례가 있다. 호장이 불사佛事 주관자로 활동한 사례는 고려 초 고문서, 금석문에 다수 있다. 불사를 주도하기 위해 향도를 구성하기도 하고, 상주 호장 김의균처럼 『법화경』을 읽는 모임을 주도한 예도 있다. 각 읍에서 호장은 고려시기 정기불교의례의 설행에 주도적 역할을 하였다. 정월 연등회, 3월 경행, 4월 불탄절, 11월 팔관회, 국왕 탄절 축수도량, 인왕회 등은 매년 전국적으로 동시에 행한 불교행사였다. 특히 경행經行은 주부군현에 해마다 행하여졌는데 외리外吏가 취렴할 때 많은 폐단이 있었다는 사실은 호장이 주도하였음을 보여 준다. 불사주도는 농경 사회에서 농업활동의 주도와도 연결될 수 있다. 호장이 각 읍의 농정권도 행사했을 것으로 보는 견해도 있다. 사상과 신앙을 통해 호장은 각 읍의 정신적 결속까지도 주도하였다.

1018년(현종 9)에 마련된 수령의 봉행 6조 중에 '흑수장리黑綬長吏의 능부能否를 살필 것', '장리[향리]가 전곡을 산실散失하는 것을 규찰할 것' 등 두 조항은 곧 수령이 호장을 감찰하는 역할을 하는 것이지 읍사의 행정을 실질적으로 장악하지는 않는다는 사실을 보여 준다. 고려 말 수령오사守令五事로 변용되는데 전야벽田野闢, 호구증戶口增, 부역균賦役均 등 농업 관련 실무를 직접 관리하였다. 고려시기에 호장은 농정권을 위임받았다.

그러나 호장의 지역 사회에 대한 권한은 견제도 받았다. 1018년(현종 9) '제도諸道의 외관이 호장을 거망擧望[추천]할 때는 임명된 기간의 구근久近과 단전행공壇典行公의 연수를 고열考閱하여 상서성尙書省에 구록具錄 신청하면 급첩給貼을 허락한다'라 하여 호장의 임명 제청은 해당 읍의 수령이 하였다. 호장이 되기 위해 청탁 사례까지 발생하였다. 사심관은 부호장 이하의 향직을 추천하였다.

수령의 호장에 대한 거망권, 사심관의 향직 임명권 등 호장을 인사권으로 견제하는 한편, 우대 또한 하였다. 동향의 사심관이 호장과 유착하는 것을 법제적으로 막기 위해 현종 초에 아버지와 친형제가 호장이 된 자는 사심관으로 차견하지 못하도록 규제하였다. 1018년(현종 9)에는 향리의 복색이 중앙 조관에 대응할 만큼 정비되어 있었다. 1022년(현종 13)에 장리가 병들어 직무를 수행하지 못하는 기한이 백일이 되면, 경관에 준하여 파직수전[직을 파하고 전토를 거두어 들임]하였다. 향리층이 관료제의 하부 조직으로 편입되었음을 보여 준다.

부정기적으로 숙배하는 호장에 대해 국왕이 물품을 사여하고, 무산계를 내리고, 그리고 궁과시선弓科試選을 통해 장교직을 겸하게 하여 경제적 혜택을 받을 수 있는 길을 열어 두는 등으로 그들을 우대하였다. 호장은 향리직의 최고직으로서 향읍을 실질적으로 대표하였다. 국가에서 복색과 수령의 거망권을 통해 견제하기도 한다. 그밖에 읍리전, 무산계 등을 사여하여 우대도 하였다. 따라서 호장층이라 함은 호장직을 의미하는 것이라기보다 호장직에 오를 수 있는 계층이었다.

고려 말 하륜河崙이 남긴 「비옥현관남루명기比屋縣館南樓名記」에 비옥현 세가 출신인 우정언지제교右正言知製敎 박서생朴瑞生은 자신의 고향에 대해 "나의 고향 비옥比屋은 옛날 상주의 속현이었다. 주에서 60여 리가 떨어져 현리縣吏가 5일에 한 번씩 주에 가서 명령을 듣느라 분주하였는데, 어쩌다 미치지 못하지 않을까 두려워하였다. 왕왕 완급한 일이 있어 주리州吏가 현에 도착하면, 현리를 욕보이고 현민縣民에게 해독을 끼치는 것이 이루 다 말할 수 없었다."라 하였다.[13] 비옥현 현리가 5일마다 주현 상주계수관에 보고하였고, 상주 주리 역시 빈번히 속현을 방문하였다. 속현과 계수관 사이에 빈번한 행정명령이

---

13) 河崙, 「比屋縣館南樓名記」, 『東文選』 卷81, "吾鄕比屋 舊爲尙州屬縣 去州六十餘里 縣吏五日一詣州 聽命奔走 猶恐不及 往往有緩急 州吏到縣 則施辱縣吏 流毒縣民 有不可勝言者矣".

있었고, 상주 읍사 소속의 주리가 속현 비옥현 현리에 군림하였다. 상주계수관 읍사가 속현 읍사를 통제하였다.

상주 읍사는 상위 외관청인 상주 목관牧官의 감찰도 받으면서, 실제 주내州內 행정 실무 문서도 발급하였다. 나아가 비옥현의 예에서 보듯, 상주계수관 영내제현領內諸縣의 읍사에도 일정한 업무를 보고받고 지휘하였다.

경상도 안찰사는 경내로 들어오면 상주계수관과 향선생의 문도로부터 헌시獻詩를 받는 환영을 받았다. 이로 보아 상주가 안찰사의 행영[임시본부]으로서 위상을 지녔다. 안찰사는 수령의 비리, 전국 사원 현황 조사 등에 대해서는 계수관별로 사록을 차사원으로 지휘하였다. 경상도 안찰사를 역임하고 경상도 계수관으로 보임된 예도 있었다. 고려 말까지 안찰사가 계수관의 상위직이나 중간기구의 역할을 한 것으로 보기는 어려웠다. 크게 보아 수령은 집행, 안찰사는 감찰의 역할을 하였다. 중앙에서는 안찰사를 통해 계수관을 감찰하였다.

5. 맺음말

상주계수관으로서 편제의 연혁을 살펴보았다. 상주는 사벌국에서 연원하여 신라 통일기에도 영역을 대표하는 계수관으로 존재하였다. 고려 태조의 후삼국 통일 전쟁에서 중시하고 성종대 성립된 10도 중 영남도를 관할하던 단계를 거쳐, 현종대 여러 군현을 재편성하여 영속함으로써 계수관의 성립을 보았다. 인종 대, 명종 대, 충렬왕 대를 거치면서 일부 속현의 주현화가 이루어지고, 영지사부 중에서 안동부가 승격되어 상주계수관 관할에서 벗어나 독립 계수관이 되었다. 상주계수관은 조선 초 세조 대까지는 고려시기보다 축소되었지만 지속되었다.

상주에서 역의 노선은 상주도와 경산부도가 교차하고, 낙동강 수계와도 교차하였다. 그리고 원과 사원이 역과 고개, 진 등의 교통시설을 보완하여 분포하였다. 상주계수관은 여러 교통망이 그 계 내[영역 내]를 수렴할 수 있는 체제로 성립되었다. 군현 영속, 교통망 등과 함께 하나의 영역으로 인식되었다.

상주계수관에 영속된 군현은 신라시기 상주 영군 10군을 분할하여 재편·영속하였는데 대체로 지역세가 강하던 곳을 약화시키고, 상주를 중심으로 군사 교통상 중요지역을 강화하여 편성하였다. 상주 영현은 신라시기 상주 3영현에서 지리적으로 상주 외곽을 형성하는 9영현을 거느려 강화되었다. 경산부는 상주의 영군이 아니었으나, 고려 태조의 견훤과의 쟁패에서 큰 도움을 주어 영지사부로 승격하여 새로이 형성되었다. 안동부 역시 930년 고창 전투에 군민의 도움을 받아 신라시기 상주 고창군 영군 3개소에서 영현 11개소로 증가되었다. 상주계수관 내의 부곡 분포는 계수관인 상주에 가장 많았고, 고려시기에 새로 영지사부가 된 경산부는 거의 존재하지 않았다. 상주 주위에 분포한 부곡은 상주의 공해전, 염창, 자기소 등의 운영과 관련이 있어 상주계수관의 위상을 반영하였다.

고려시기의 상주 치소는 외관청, 읍사, 주학, 신사, 자복사, 입보성 등으로 구성되었으며, 계수관 격에 맞는 건물이 성립되었다. 현재 읍성의 유구가 확인되는 왕산을 중심한 일대에 위치하였던 것으로 추정된다. 이는 통일신라기 8세기경 상주 시가지가 개발되고 구획이 정리된 사실은 지금의 도심 중에서 그 유구가 확인되었기 때문이다.

상주 관아의 구성은 목사가 머문 청사를 위시해서 사신관을 맞아 국왕의 명을 받는 객사客舍, 풍영루 등과 창고, 선군청 등의 부대시설로 이루어졌다. 특히 객사는 영남에서 제일 규모가 컸다. 상주계수관은 사신관이 영남으로 들어오는 관문격의 위상도 지니고 있었기 때문이었다. 상주 재지 기구인 읍사는 고려초 신라 이래 광역의 영속군현에 영향을 미친 관반官班에서 유래하였고, 향직 개편과 함께 주사州司로 정착되어 행정적 영향력을 주내州內와 영내제현領內諸縣 읍사邑司에 대해 업무를 관할하였다. 고려 말 조선 초 외관外官이 늘어나고 군현이 통폐합되면서, 다기한 행정단위의 읍사 업무가 통폐합된 외관청外官廳으로 단일화되면서 그 위상이 격하되었다.

그리고 주학州學으로 표현된 향교는 계수관 향교로서 계수관 내의 향공鄕貢을 위한 교육과 향공선발을 담당하였다. 신사神祠 시설도 있었는데 성황사城隍祠로 추정되었고 평지에 그 시설이 있었던 것으로 추정되었다. 고려시기에는 상주 읍내에 다수의 자복사가 있었다. 자복사의 위치와 사명은 동쪽에 동방사東方寺, 북쪽에는 양노당養老堂 일대, 서쪽 서산서원西山書院 일대, 남쪽 지금의 향교 근처 봉두리의 봉두사鳳頭寺 등으로 비정되었다. 상주 읍내의 네 곳 자복사는 동쪽과 남쪽은 고려시기 각각 동방사, 봉두사로 추정되었고, 나머지 두 사명은 알 수 없었다. 이들 네 곳은 조선시기 향토 사가에 의해 사장사四長寺로 지목되었다. 자복사는 국가불교의례와 상주 불교신앙의 구심점 역할을 통해 교권적 지배의 축을 담당하였다. 상주의 읍성은 고려 말에 성립되었다. 읍치 방어는 읍치 가까이 설정한 입보성이 그 기능을 하였다. 통일신라기 이래 자산산성에서 고려시기 어느 때에는 금돌성(상주산성)으로 바뀌었다.

상주계수관의 위상에 대해 계수관 요원의 역할을 중심으로 살폈다. 상주계수관원의 구성은 목사, 부사, 판관, 사록, 법조, 문사, 의사 등 각 1명에 각기 지위에 따라 배속된 아종으로 구성되었다. 과거 출신의 초사직 사록이 실무를 총괄하였다. 계수관원에 대한 주된 평가는 주로 송사를 공평하게 하는 데에 있었고, 후기에는 관사, 읍성 등 공사 수리 업적에 두고 있었다. 계수관의 역할은 하표, 하장, 국왕 사신관 영송, 국가 정기 불교의례의 주관을 통해 계내의 영역성을 대표하였다. 그리고 속군현의 범위를 벗어난 계내의 광범한 향공, 토목, 군사, 형옥, 도량형, 권농 등에 관여하여 문화적 대표성을 보였다. 상주 주리는 빈번히 속현을 방문하여 행정 명령을 내리고 감독하였다. 상주계수관 읍사가 속현 읍사를 통제하였다.

상주계수관과 중앙과의 관계를 보여주는 안찰사는 주로 대간 직을 겸대하고 6삭 갱대(6개월 임무 교대)하는 제도로 운영되었고, 이 직을 거쳐 다시 경상도 내 계수관으로 보임되는 경우도 있었다. 경상도 안찰사는 상주에서 부임 환영연을 받고 있어서, 상주계수관은 도내 순력의 출발점이자 종착지점이었다. 그리고 군사, 전국 사원 조사 등 계수관을 넘어선 지역의 조사나 활동에 그 지역 계수관원, 주로 사록은 안찰사의 차사원으로서 지휘를 받았다. 안찰사의 주된 역할은 국왕을 대리하여 계수관원을 감찰하였고 중간기구로서 기능은 없었다. 상주계수관은 동경유수관, 진주계수관과 함께 경상도 안찰사의 감찰 대상이 되었다.

02

고려시대 상주지역 교통로와 교통시설

한정훈

목포대학교 사학과 교수

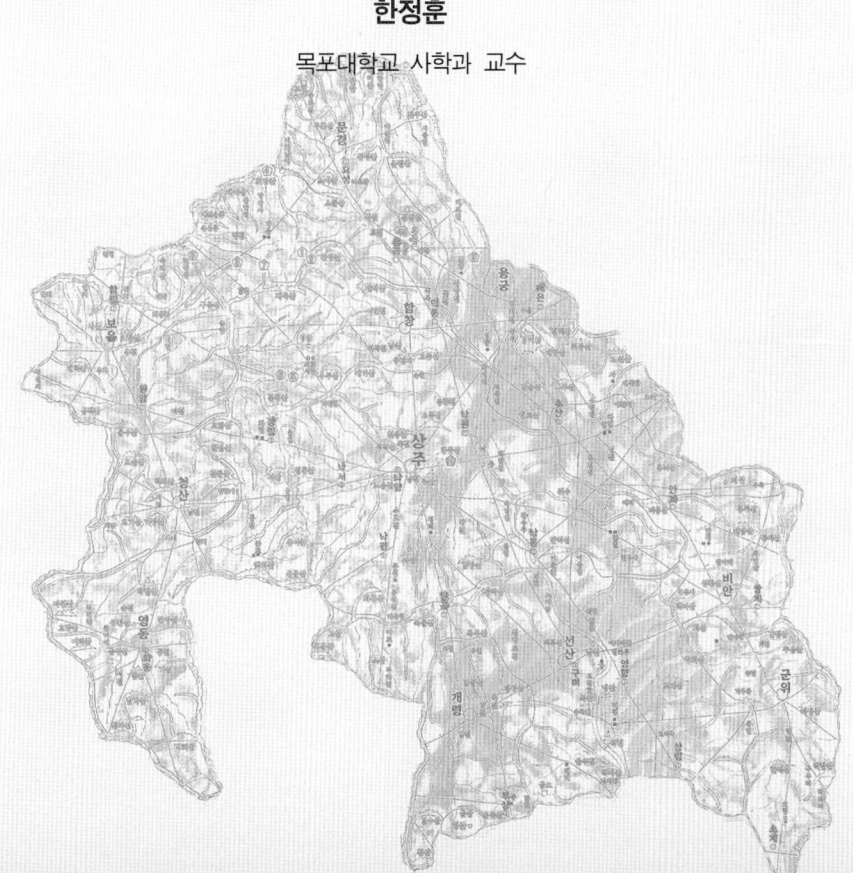

1. 머리말

　경상도를 대표하는 전통 문화도시, 상주는 전근대 시기 경상도 내의 지방행정뿐 아니라 중앙정부의 지방통치체계에서 중요한 거점 고을이었다. 고려·조선의 왕조 교체기를 살았던 권근權近은 풍영루風詠樓에 관한 기록에서 "상주는 산천이 수려하고 인물의 번성함이 경상도의 여러 고을 중에서 제일이다."고 말하였다.[1] 이러한 상주의 고을 위상에서 한 걸음 더 나아가 원 간섭기를 대표하는 정치가이자 학자였던 이제현李齊賢은 상주의 교통 입지에 관해 아래와 같이 지적하였다.

> 동남의 고을 중에서 경주慶州가 제일 크고 상주尙州가 그 다음이니, 그 도道의 이름을 '경상도慶尙道'라 한 것이 이 때문이다. 그러나 사명使命을 받든 자는 반드시 먼저 상주를 거쳐서 경주로 가게 되므로 풍화風化의 유행이 상주로 말미암아 남쪽으로 가고 경주로 말미암아 북쪽으로 오지는 않았다.
>
> 　　　　　　　　　　　이제현, 「送謹齋安大夫赴尙州牧序」, 『益齋亂藁』 권5, 서

　위의 문구는 1343년(충혜왕 4)에 상주목사로 부임하는 안축安軸에게 이제현이 보낸 시문의 일부이다. 경주가 경상도의 으뜸 고을이지만, 개경開京에서 내려진 국왕의 명령은 상주를 거쳐 경주에 이르렀기 때문에 사명使命 전달 경로와 행정체계의 측면에서 상주가 경주보다 우위에 있음을 강조하고 있다. 이와 같은 상주의 위상은 한양을 도읍으로 삼은 조선왕조로도 이어졌다. 고려시대 상주는 경상도의 계수관界首官 고을(경주·상주·진주) 중 한 곳으로, 개경에서 내려진 사명이 경상도 지역으로 전달되는 교통의 요지였다. 상주목사

---

[1] 권근, 『양촌선생문집』 권14, 「상주풍영루기」.

를 역임한 안축도 1344년(충혜왕 5)에 다시 수리한 상주객관의 기문記文에서 "상주는 여덟 방향으로 통하는 사거리[팔달지구八達之衢]에 있어서 역마를 타고 명을 받드는 관리[승전봉사자乘傳奉使者]들이 하루도 없는 날이 없다."고 표현하였다.[2] 위에 제시한 이제현의 시문과 함께 안축이 표현한 사통팔달의 교통요지라는 의미의 '팔달지구八達之衢'라는 구절이 상주의 교통입지와 활동 양상을 가장 잘 드러내고 있다.

고려시대 상주계수관은 크게 상주목 영역, 경산부 영역, 안동부 영역으로 구성되었다. 상주목은 지방관이 파견되지 않은 7개의 속군屬郡과 17개의 속현屬縣을 거느린 주읍主邑이자, 관내에 지사부知事府인 경산부京山府(속군현 15개)와 안동부安東府(속군현 14개)를 거느린 계수관界首官이었다.[3] 상주목 관내에는 문경·용궁·개령·보령·함창·영동·해평군의 7개 속군과 청산·산양·화령·공성·단밀·비옥·안정·중모·호계·어모·다인·청리·가은·일선·군위·효령·부계현의 17개 속현 총 24개의 관할 고을이 위치하였다. 이뿐 아니라 많은 수의 향·부곡·소도 거느렸다.[4] 오늘날의 행정구역에 견줘 보면, 상주목 영역의 대부분이 경북 서북부 지역에 걸쳐 있으면서 충북 보령군·영동군도 포함되어 있는 점이 특징적이다. 이러한 군현의 주속主屬관계는 당시의 지방행정구조뿐 아니라 교통로의 편성에도 많은 영향을 미쳤다.

이처럼 상주계수관이 전체 53개의 속군현屬郡縣을 아우르는 넓은 범위에도 불구하고, 다른 계수관에 비해 주읍主邑이 상주목·경산부·안동부 3개뿐인 점도 남다르다. 상주목 속군현 24개, 경산부 속군현 15개, 안동부 속군현 14개

---

[2] 안축, 『근재집』 권2, 「상주객관중영기」.
[3] 『고려사』 권57, 지리2 상주. 상주계수관의 지방행정과 불교문화 전반에 관해 다룬 연구서가 참고된다(한기문, 『고려시대 상주계수관 연구』, 경인문화사, 2017).
[4] 『동국여지승람』 권28, 상주목 고적조에 부곡(部曲) 14곳과 소(所) 2곳이 확인된다. 고려시대 상주의 장천부곡(長川部曲)이 『동국여지승람』 상주목 고적조에 누락된 것을 고려하면, 고려시대에는 17곳 이상의 특수행정구역이 분포하였을 것이다.

로 1개 주읍이 평균 17.66개의 속군현을 관할하였다.[5] 경상도의 다른 계수관인 동경유수관 경주는 관내에 방어군防禦郡 4개와 지사군知事郡 1개를 두었다. 지방관이 파견되었던 방어군 울주蔚州는 속현 2개, 예주禮州는 속군현 6개, 금주金州는 속군현 5개 그리고 지사군 양주梁州는 속현 2개를 각각 관할하였다. 경주계수관 내에 속군현이 총 29개이고, 주읍主邑이 5개(경주·울주·예주·금주·양주)이니 한 주읍이 평균 5.8개의 속군현을 거느리는 셈이다. 진주계수관의 주읍이 평균 6.6개의 속군현을 거느린 통계까지 고려하면,[6] 많은 속군현을 거느린 상주계수관에 주읍이 3곳밖에 없는 것은 매우 이례적이다. 그런 만큼 상주계수관 내에서 상주목·경산부·안동부가 관할 지역에서 차지하는 역할과 위상은 상당하였다.[7] 이러한 양상은 상주계수관 내의 역도 편성에서도 확인된다. 세부적인 내용은 다음 장에서 후술하겠지만, 22역도 중 하나로 상주도尙州道와 경산부도京山府道가 확인되는 것만 보더라도 지방 거점 고을로서의 상주와 경산부의 위상을 짐작할 수 있다.

본문 2장에서는 상주지역 교통로의 편성과 변화 양상을 살펴본 다음, 오늘날 상주시에 위치한 역驛을 중심으로 고려시대 상주지역 역로의 개설 현황을 알아볼 것이다. 역·역로의 변화상을 확인하기 위해 고려뿐 아니라 조선 초기의 관련 내용도 함께 다루고자 한다. 이어서 3장에서는 상주지역 교통로가 실제로 어떻게 활용되었는지를 알아본다. 문헌 자료상에서 확인되는 몇 가지 교통로의 이용 사례를 통해 역로를 보다 구체적으로 살피면서 그 성격과 역사

---

[5] 박종진, 「'주현속현단위'의 지리적 범위와 특징」, 『고려시기 지방제도 연구』, 서울대 출판문화원, 2017, 173쪽.
[6] 진주계수관 내 주읍은 진주목(9개 속군현), 합주(12개 속군현), 남해현(2개), 거제현(4개)이고, 평균 한 주읍당 6.6개의 속군현을 거느렸다.
[7] 이 글에서는 고려전기 상주계수관 내 고을의 주속(主屬)관계를 근거로 상주계수관의 교통입지와 관내 주읍(主邑)의 위상을 서술한다. 고려 중기 이후에 현령이나 감무(監務) 파견으로 인한 속읍의 주읍화(主邑化), 향·부곡·소의 소멸 등 지방 군현체제의 변동이 있었다 하더라도, 본문 내용과 같이 교통로의 변화가 크지 않은 것으로 판단하였다.

적 의미도 부여할 것이다.

2. 상주지역 교통로의 편성과 변화

상주계수관은 직할 속군현을 거느린 주읍主邑으로서 뿐 아니라 경산부·안동부 영역까지 아우르는 광역주廣域州의 범위와 의미를 포함한다. 이 장에서는 기본적으로 상주목 영역의 교통시설과 교통로를 살피면서, 후자에 해당하는 광역의 범위인 상주계수관 내 역로와 낙동강 수로로 구성된 수륙교통 네트워크의 편성 양상에 관해 파악해 보고자 한다.

1) 상주계수관 내에 편성된 역도

고려시대 상주는 개경·경기 지역과 경주慶州를 비롯한 동남쪽의 경상도를 잇던 수륙교통로상의 중요한 중간 기착지였다. 그러한 상주의 교통입지는 통일신라 시기로 거슬러 올라간다. 신라 왕경으로부터 대당對唐 교역의 거점이던 경기만의 당은포唐恩浦로 이르는 길인 당은포로唐恩浦路가 상주를 경유하였다.[8] 왕경에서 서북쪽으로 향한 간선로는 상주지역을 경유하여 크게 두 방향으로 나뉘어 뻗어 나갔다. 하나는 상주 북쪽의 계립령鷄立嶺이나 죽령竹嶺을 넘어 한강유역의 한주漢州 방면으로 향하였고, 다른 하나는 상주 관내에서 방향을 왼쪽으로 틀어 화령化嶺 혹은 추풍령秋風嶺을 넘어 서원경西原京이나 웅주熊州로 나아갔다.[9] 이처럼 상주는 신라시대부터 경기만 일대와 경주의 동남권

---

8) "王城東北當唐恩浦路日尙州"(『삼국사기』 권34, 지리1, 신라강계).
9) 정요근, 「통일신라시기의 간선교통로 - 王京과 州治·小京 간 연결을 중심으로 -」, 『한국고대사연구』 63, 171~172쪽. 그리고 『삼국사기』 권37, 지리4, 삼국유·명미상지분에 나오는 염지통(鹽池通)·북해통(北海通)·동해통(東海通)·해남통(海南通)·북요통(北傜通)의 이른바 전국 단위의

역을 잇는 간선 교통로상에 위치한 교통거점이었다.

후삼국을 통일한 고려 왕조는 10~30여 개의 역을 묶어서 관리하는 단위인 역도驛道를 두었는데, 전국을 22개의 역도로 편성하였다. 상주계수관 내에는 뒤에 제시한 〈표 1〉과 같이 상주도尙州道와 경산부도京山府道 그리고 안동부의 일부 영역에 평구도平丘道의 역로가 뻗어 있었다. 22개 역도의 명칭을 분석한 연구에 따르면, 역도 명칭은 크게 고을 명칭[邑名]을 붙인 것과 개별 역명驛名을 붙인 역도로 양분된다.[10] 앞의 두 역도 명칭(상주도·경산부도)이 전자에 해당하고, 남경南京(오늘날 서울)에 있던 평구역平丘驛에서 따온 평구도가 후자에 속한다. 고을 이름을 역도 명칭에 붙인 역도는 전공주도全公州道와 같이 '두 개의 읍명邑名을 붙인 경우'와 상주도와 같이 '한 개 읍명을 붙인 경우'가 있다. '한 개 읍명을 붙인 역도'는 거점 고을[상주·경산부]을 중심으로 여러 방향의 지선이 발달한 분포상의 경향성을 보인다. 상주도는 상주를 중심으로, 경산부도는 경산부京山府(현재 경북 성주군)를 중심으로 각각 사방으로 편성되었다. 앞서 언급했듯이, 상주계수관 내에 주읍의 명칭을 본뜬 상주도와 경산부도가 확인되는 만큼, 두 고을이 지역사회에서 차지하는 비중은 매우 컸다.

상주도는 상주계수관 내에 위치한 25개 역을 아우르는 역로망이었다.[11] 상주목의 속군현인 문경군·용궁현·함창군·해평군·비옥현 등 11개 고을에 위치한 13개 역(〈표 1〉 ①~⑬번 역)을 관할하면서, 이에 못지않게 안동부安東府 관내 7개 고을의 12개 역도 포괄하였다. 상주는 낙동강 이서以西지역에 위치하지만, 상주도는 안동부 영역과 상주의 속현 대부분이 위치한 낙동강 이동

육상교통망인 '오통(五通)' 논의에서는 북요통이 상주를 경유한 것으로 이해하였다(한정훈, 「신라통일기 육상교통망과 五通」, 『부대사학』 27, 2003).
10) 한정훈, 『고려시대 교통운수사 연구』, 혜안, 2013, 103~108쪽.
11) 상주도에 관한 내용은 다음의 연구를 참고하여 작성하였다(한정훈, 「고려·조선 초기 낙동강유역 교통 네트워크연구」, 『대구사학』 110, 2013; 한정훈, 「상주도」, 『한국민족문화대백과사전』 (http://encykorea.aks.ac.kr), 한국학중앙연구원, 2017).

<표 1> 고려·조선 초기 상주지역 역(驛) 현황

고을	역(驛)				나루
	고려시대	『세종실록지리지』	『경국대전』	위치	
상주	상주도 ①낙원역 ②낙동역 경산부도 Ⓐ낙양역 Ⓑ낙산역	유곡도 낙원역 낙동역 낙양역 낙서역	유곡도 낙원역 낙동역 낙양역 낙서역	상주시 낙상동 의성군 단밀면 낙정리 상주시 낙양동 상주시 내서면 낙서리	용포 회포 낙동진
문경군	상주도 ③요성역	유곡도 요성역	유곡도 요성역	문경시 문경읍 요성리	견탄
용궁군	상주도 ④지보역 -	유곡도 지보역 유곡도 용궁신역	유곡도 지보역 유곡도 대은역	예천군 지보면 지보리 예천군 용궁면 대은리	하풍진
개령군	경산부도 Ⓒ부상역	김천도 부쌍역	김천도 부쌍역	김천시 남면 부상리	
보령군	경산부도 Ⓓ원암역 Ⓔ사림역	증약도 원암역 함림역	율봉도 원암역 율봉도 함림역	보은군 삼승면 원남리 보은군 보은읍 학림리	
함창군	상주도 ⑤덕통역	유곡도 덕통역	유곡도 덕통역	상주시 함창읍 덕통리	
영동군	경산부도 Ⓕ회동역	증약도 회동역	율봉도 회동역	영동군 영동읍 회동리	
해평군	상주도 ⑥상림역	유곡도 상림역	유곡도 상림역	구미시 장천면 상림리	
화녕현	경산부도 Ⓖ장녕역	유곡도 장림역	유곡도 장림역	상주시 화서면 율림리	
공성현	-	유곡도 공성신역	-	상주시 공성면	
비옥현	상주도 ⑦쌍계역	유곡도 쌍계역	유곡도 쌍계역	의성군 비안면 쌍계리	
안정현	상주도 ⑧안계역	유곡도 안계역	유곡도 안계역	의성군 안계면 시안리	
중모현	경산부도 Ⓗ상평역	유곡도 상평역	-	상주시 모서면 도안리	
호계현	상주도 ⑨유곡역	유곡도 유곡역	유곡도 유곡역	문경시 유곡동	
어모현	경산부도 Ⓘ추풍역	김천도 추풍역	김천도 추풍역	영동군 추풍령면 관리	
다인현	상주도 ⑩수산역	유곡도 수산역	유곡도 수산역	예천군 풍양면 고산리	
청리현	-	유곡도 청리신역	유곡도 낙평역	상주시 청리면 청하리	
일선현	상주도 ⑪연향역 ⑫구어역 경산부도 Ⓙ안곡역	유곡도 영향역 유곡도 구며역 유곡도 안곡역	유곡도 연향역 유곡도 구미역 유곡도 안곡역	구미시 해평면 산양리 구미시 선산읍 화조리 구미시 무을면 안곡리	여차니진
효령현	상주도 ⑬조계역	유곡도 소계역	유곡도 소계역	군위군 효령면 화계리	

* 속현인 청산현·산양현·단밀현·가은현·군위현·부계현에는 역(驛)이 설치되지 않음.

以東지역에 주로 편성되었다. 〈표 1〉 상주 직할 군현 소재 상주도의 13개 역 중 낙원역(상주)·구어역(일선)을 제외한 대부분의 역이 낙동강 본류의 동쪽에 분포하였다. 따라서 상주도의 주요 진출 방향은 동북쪽의 안동부 관내의 예천·임하·의성 일대와 낙동강 건너편의 구미·군위 일대였다. 이처럼 상주도가 낙동강을 사이에 두고 분포한 만큼 상주도의 관할범위 내에는 낙동강을 건너는 나루 시설이 존재하였다. 낙동강을 지나가는 상주도의 역로는 크게 '덕통역德通驛(함창현) - 하풍진河豊津(용궁군) - 수산역守山驛(다인현)의 경로', '낙양역洛陽驛 - 낙동진洛東津 - 낙동역洛東驛(이상 상주)의 경로', '구어역仇於驛 - 여차니진餘次尼津 - 연향역連鄕驛(이상 일선현)의 경로' 세 개 정도이다. 이렇게 낙동강을 건너 동남쪽으로 향하던 상주도의 역로는 경주를 중심으로 편성되었던 경주도慶州道의 역로에 연결되었다.

그리고 상주도는 상주 동남 방면으로뿐 아니라 북쪽 소백산지로도 향하였다. 상주도의 요성역聊城驛(문경)에서 소백산지의 주요 고갯길인 대원령大院嶺(경북 문경~충북 충주)[12]을 넘으면 광주목光州牧 관내의 역을 아우르면서 충주 방면으로 뻗은 광주도廣州道의 안부역安富驛[괴주(충주시 상모면 안보리)]에 이르게 된다. 더불어 안동부에 위치한 상주도의 옹천역甕泉驛(안동)에서는 평은역平恩驛[순안현(경북 영주시)]에서 평구도平丘道의 역로망에 진입하여 소백산맥의 또 다른 고갯길인 죽령竹嶺(경북 영주~충북 단양)을 넘어 양광도楊廣道 권역으로 진출하였다. 이처럼 상주도는 상주 동쪽의 낙동강 너머 안동·의성·구미 방면의 역로와 북쪽 문경·영주를 통해 소백산지의 고갯길로 향하는 역로驛路로 구성되었다.

이에 반해 상주 남쪽과 서쪽에는 경산부도京山府道가 편성되어 있었다. 경산부에서 유래한 경산부도는 경산부 관내管內의 15개 역을 아우르면서 북쪽의 상주 관내 10개 역(〈표 1〉 Ⓐ~Ⓙ번 역)을 관할하였다. 주요한 역로는 경산부 서

---

12) 대원령은 신라 때에 계립령(鷄立嶺), 조선시대에는 초령(草嶺)·새재·조령(鳥嶺)으로 불렸다. 계립령과 조령으로 잘 알려진 이 고갯길을 대원령으로 표기한 이유는 고려시대 기록(『고려사』 권24, 고종 42년 10월)을 우선시하였기 때문이다. 고려시대 사람들은 오늘날의 충주 미륵대원을 경유하는 이 고갯길을 대원령으로 불렀을 것이다.

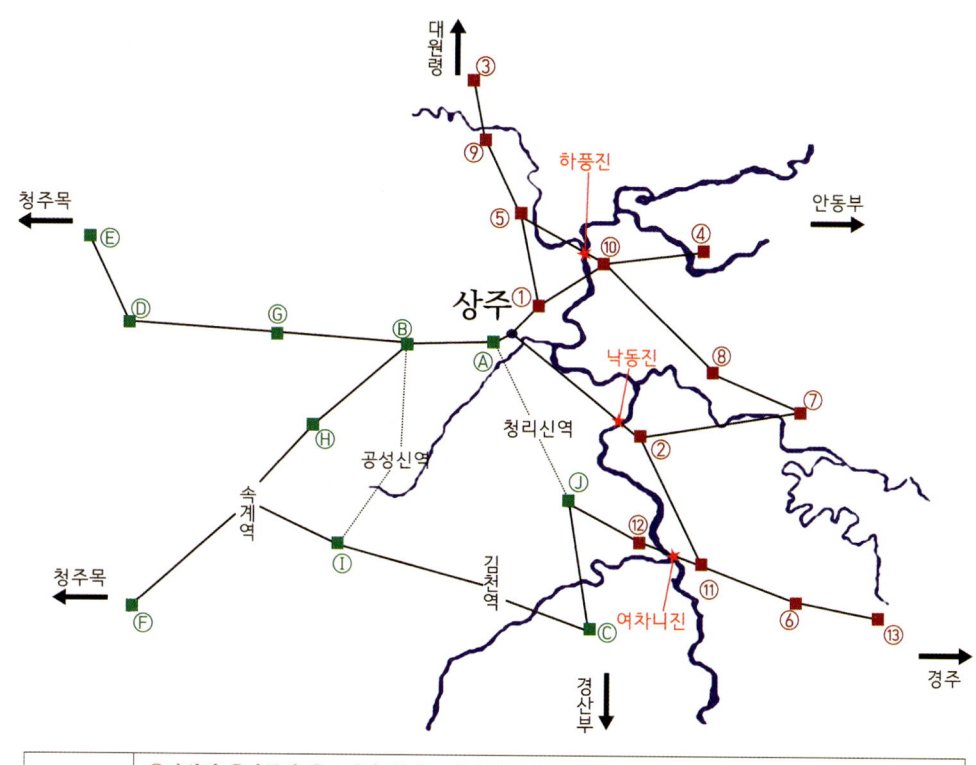

<그림 1> 고려시대 상주지역의 교통로

북 방면의 김천-추풍령秋風嶺-영동-옥천으로 이어지는 역로, 북쪽 상주목 관내로 향하는 역로, 남쪽 고령으로 이르는 역로 그리고 낙동강 건너편의 칠곡·달성군으로 향하는 역로 등이었다. 이 중 두 번째 상주목 서쪽의 장녕역(화녕현)-원암역-사림(이상 보령현)으로의 역로(<그림 1> 참조)를 참고하면, 경산부도는 경산부 관내뿐 아니라 상주에서 소백산지를 넘어 충청 내륙(보은·영동)지역으로 향하는 역도도 포함하였다.

그리고 오늘날의 경북 성주군을 중심으로 편성된 경산부도도 낙동강을 건너 낙동강 동쪽에 분포하였다. 경산부도 소속 역 시설의 분포 양상과 조선 초기 『경상도지리지』(1425년 편찬)에서 확인되는 나루의 존재를 통해 역로망을 추적할 수 있다. 경산부도 답계역踏溪驛(경산부)과 수향역水鄕驛(팔거현) 사이의 낙동강변에 동안진東安津(경산부)이 위치하였고, 경산부도 무기역茂淇驛(가리현)과 설화역舌化驛(화원현) 사이의 낙동강에 무계진茂溪津이 위치하였다. 조선시대 무계진은 위치와 역 이름을 참고하면, 고려시대에 무기진茂淇津으로 불렸을 가능성이 있다. 이렇게 나루를 통해 낙동강을 건너 수향역·녹정역(팔거현)과 설화역(화원현)에 이른 경산부도는 경주도慶州道의 범어역凡於驛(수성현)이나 장수역長守驛(신녕현)을 통해 경주 방면으로 연결되었다.[13]

상주·경산부와 달리, 고을 명칭을 붙인 역도가 없던 안동부安東府(속읍 14개)에는 총 17개의 역이 분포하였다. 이 중 12개 역이 상주도 소속이고, 나머지 5개가 평구도平丘道의 속역屬驛이었다. 안동부 영역의 역로망은 상주목을 중심으로 편성된 상주도의 범위에 포함되었지만, 일부는 죽령竹嶺을 넘어 남한강을 통해 남경南京으로 향하는 평구도에 속해 있었다. 30개 역을 관할한 평구도平丘道는 남경南京에서 시작하여 광주廣州를 경유한 다음 충주·원주의 남한강 상류 지역을 향하면서, 죽령을 넘어 경북 영주·봉화·예천에까지 관할 구역이 길게 뻗은 역도였다. 안동부 영역 내에는 유동역幽洞驛[감천현(예천군)]·도심역道深驛[봉화현(봉화군)]·창락역昌樂驛[흥주(영주시)]·평은역平恩驛·창보역昌保驛[이상 순안현(영주시)] 평구도 소속의 5개 역이 위치하였다.

이처럼 안동부 영역은 평구도의 역로를 통해 죽령을 넘어 충청·경기지역과 교통 활동을 전개하면서도, 때로는 대원령大院嶺을 이용하기도 하였다. 안동부의 속현인 기양현基陽縣은 안동과 상주 사이에 끼여 있는 고을로 상주도의

---

13) 경산부도는 다음의 연구를 참고하여 작성하였다(한정훈, 앞의 논문, 2013; 한정훈, 「경산부도」, 『한국민족문화대백과사전』(http://encykorea.aks.ac.kr/), 한국학중앙연구원, 2017).

통명역通明驛이 위치하였다. 오늘날의 예천군에 해당하는 기양현의 교통 입지에 관해 조선 세종대 학자인 윤상尹祥은 객관 기문에 '예천은 동쪽과 서쪽에서 죽령竹嶺과 초령草嶺(고려시대의 대원령) 두 재 사이에 끼어 죽령에서 상주 낙동으로, 초령에서 안동 방면으로 가려는 사신과 나그네의 오고 감이 번다繁多하였다'고 노래하였다.[14] 이처럼 고려시대 상주 관내는 대원령을, 안동은 죽령을 각각 경유하는 것을 기본으로 하면서 때로는 두 고갯길의 역로를 교차 이용하여 충청지역과 소통하였다. 고려시대 상주도 통명역(기양현)에서 기양현을 사이에 두고 30리 거리에 평구도의 유동역(감천)이, 45리 지점에 평구도 창락역(흥주)이 위치하는 점을 고려하면 상주도와 평구도의 역로를 연결하여 교통활동에 이용하였을 것이다.[15]

2) 상주목 관내의 역원과 역로

앞 절에서 상주계수관 내에 분포하였던 상주도·경산부도·평구도의 역도 편성 양상에 관해 간략히 살펴보았다. 이러한 전체 역도망에 대한 이해를 바탕으로 오늘날 상주시에 위치한 역驛을 중심으로 고려시대 상주지역 역로의 개설 현황에 관해 알아보고자 한다.

〈표 1〉은 고려시대 상주목 내의 역 분포와 변동 양상을 확인하기 위해 상주와 관내 24개 속군현屬郡縣의 역 현황을 정리한 도표이다. 고려시대 역에

---

[14] 『동국여지승람』 권24, 예천군 궁실 객관.
[15] 역(驛)간의 거리는 『경상도속찬지리지』 예천군 참역 통명역 내용을 참고하였다. 고려시대 상주도와 평구도의 역로를 보다 적극적으로 활용하기 위해 조선 초기에는 용궁신역(龍宮新驛(이후 대은역(大隱驛)으로 개명)을 신설하였다. 대은역은 상주도의 덕통역(함창)과 통명역(기양) 사이에 위치하였다. 『경상도속찬지리지』 용궁현 참역 내용에 따르면, 대은역과 통명역은 31리, 대은역과 덕통역은 22리 거리였다. 따라서 대은역(=용궁신역)이 신설되기 이전의 고려시대에 상주도 덕통역~통명역 거리는 53리로 원활한 왕래를 하기에는 먼 거리였고, 용궁신역의 신설로 인해 함창·문경과 예천·영주·안동지역 간 소통이 원활해졌을 것으로 추측한다.

관해서는 『고려사』 권82, 병지兵志2, 참역站驛조에 역驛 이름만이 열거되어 있어 관련 내용을 살피기가 어렵다. 그래서 조선 초기 『세종실록지리지』와 『경국대전』의 관련 내용을 참고하면, 역의 위치뿐 아니라 고려 말·조선 초기 변화 양상의 단면이라도 짐작할 수 있다.[16] 총 25개 고을 중 고려시대 역이 설치되지 않았던 공성·청리·청산·산양·단밀·가은·군위·부계현의 8개 고을을 제외한 16개 고을과 주읍主邑인 상주에는 1~4개의 역 시설이 분포하였다.

〈표 1〉에 제시한 고려시대 상주목 영역의 23개 역 중에서 행정구역상 현재의 상주시에 위치한 역은 낙원역·낙양역·낙산역(이상 상주), 덕통역(함창군), 장녕역(화녕현)·상평역(중모현) 총 6개이다. 상주의 낙동역은 오늘날 행정구역상 의성군 단밀면에 위치하였다. 『고려사』 권82, 병지 참역조의 역 일람 기록을 제외하고 상주 소재 역驛 중에서 거의 유일하게 문헌자료에서 확인되는 역이 덕통역德通驛이다. 고려 고종 때의 문신 정숙공 김인경金仁卿이 병마사에서 좌천되어 상주목사로 부임해 오는 길에 덕통역에 들러 시 한 구절을 남겼다.[17] 상주의 역 중에서 가장 북쪽에 위치하였던 덕통역은 머리말에서 언급한 경상도로의 사명로使命路의 길목에 위치하였다. 덕통역의 위상과 관련하여 조선 정조正祖 연간의 기록에서 '덕통역은 조령鳥嶺 아래의 첫 번째 참站으로 70개 고을에 명命을 전하는 중요한 곳이며 수백 호의 백성이 사는 큰 마을이다.'라고 하였다.[18]

〈표 1〉과 같이 고려시대 상주에는 치소治所로부터 서쪽 3리에 자리한 Ⓐ낙양역洛陽驛을 중심으로 가까운 거리에 Ⓑ낙산역洛山驛(서 19리)과 ①낙원역洛源驛(북 16리) 그리고 낙동강 너머에 ②낙동역洛東驛(동 31리)이 위치하였다.[19] 조

---

[16] 고려·조선 초기 상주지역 역로의 편성과 변화상은 선행의 연구 성과를 참고·작성하였다(한정훈, 앞의 논문, 2013, 90~93쪽).
[17] 『보한집』 권중, 貞肅公以左承宣 出爲東北面兵馬使.
[18] 『일성록』 권537, 정조 20년 7월 20일.

선 초기에 이르러 낙산역이 낙서역洛西驛으로 이름이 바뀌었고,[20] 산지가 발달하여 역이 없었던 상주 남쪽에 청리신역(靑里新驛; 낙평역洛平驛으로 개칭)을 신설하였다. 청리신역이 없던 고려시대 상주 낙양역에서 남쪽으로 가장 가까이에 위치한 역이 일선현一善縣의 ⓙ안곡역安谷驛이었다〈그림 1〉 참조).

조선왕조에 들어서 상주 서남 방면의 청리현과 공성현에 청리신역靑里新驛과 공성신역功城新驛을 각각 새로이 설치하였다. 두 신역新驛은 상주 아래쪽의 김산金山(김천시)·황간黃澗(충북 영동군)으로의 교통 활동을 위해 신설되었다. 조선 초기 역참시설의 전승 관계를 고려하면, 청리신역은 낙평역洛平驛(상주 남 26리)으로, 공성신역은 용산역龍山驛으로 개명한 것으로 이해된다.[21] 이들 역과 관련하여 조선 세조대 상주 서남부 역의 변동에 관한 기록이 주목된다. 세조 3년(1457)에 역무驛務가 많지 않은 용산역을 가까운 거리에 있는 낙평역에 합치는 조치를 내렸다.[22] 그런데 그 조치가 제대로 이루어지지 않았는지, 2년 뒤에 용산역을 비롯한 상주 역 시설의 통·폐합 작업이 대대적으로 논의되었다. 용산역뿐 아니라 낙서역·상평역이 사객使客의 왕래가 드물고 문서 전달 등의 일이 없었던 것에 반해, 낙양역과 낙평역의 경우는 사객의 왕래뿐 아니라 물건의 운반이 끊이지 않았다. 그래서 낙서역은 낙양역에 합치고, 용산역과 상평역은 낙평역에 합치도록 조치하였다.[23] 이에 따라 세조 초기에는 상주 관내의 낙서역·용산역·상평역이 혁파되고 낙양역·낙동역·낙원역·낙평역·장림역만이 분포하였다. 하지만 이후 편찬된 『경국대전』과 『동국여지승람』의 기록을 통해 세조 5년(1459)에 혁파되었던 낙서역은 다시 설치되어 이후에도 계속 존속한 것으로 이해된다. 반면에 공성신역을 계승한 용산역과

---

19) 『동국여지승람』 권28, 상주목 역원. 각 역 간의 거리는 『경상도속찬지리지』 상주목을 비롯한 주변 고을의 참역(站驛)에 상세히 기술되어 있다.
20) 『대동지지』 권32, 방여총지 4, 고려 역도 경산부도.
21) 청리신역은 『경상도속찬지리지』 상주목 참역의 "任內 靑里縣 洛平驛"이라는 내용이 참고된다.
22) 『세조실록』 권7, 세조 3년 4월 28일.
23) 『세조실록』 권17, 세조 5년 7월 28일.

고려시대 이래로 존속하였던 상평역은 세조대 이후로 영원히 사라졌다. 그러한 역의 변동 양상은 앞의 〈표 1〉에서 확인 가능하다.

이처럼 조선 초기에 충청 내륙으로 연결되는 상주 서남 방면에서 역驛의 신설과 혁파 등의 변동이 잦았던 것에 반해, 낙동강 유역의 역 시설은 고려시대 이래로 조선 전기까지 큰 변화가 감지되지 않는다. 다시 말해, 역로와 수로가 결합된 상주권역 낙동강 유역의 교통 네트워크가 고려시대에 이미 확립되었음을 의미한다. 앞 절에서 언급했듯이, 상주권역의 낙동강을 건너는 주요 나루인 낙동진洛東津과 하풍진河豊津을 통과하는 역로망이 개설되어 있었다. 이상의 상주지역 역의 현황과 조선 초기 상주 서남쪽 역·역로의 변화 양상을 염두에 두고, 이하에서는 고려시대 상주에서 사방으로 뻗어 나간 교통로의 현황을 살펴본다.

개경에서 출발한 사명로使命路는 상주를 통과해 남쪽으로 향하였다. 양광도 광주목에서 출발한 광주도廣州道의 역로를 통해 안부역(괴주)에 이르고, 그곳에서 대원사大院寺(오늘날 미륵대원지)를 지나 대원령大院嶺을 넘어 화봉원-③요성역(문경)-⑨유곡역(호계)-⑤덕통역(함창)으로 이어지는 상주도의 역로를 따라 남하하였다. ⑤덕통역에서 남쪽 30리 이내의 거리에 있는 상주 치소에 이르는 것은 어렵지 않았다. 오늘날 경북 문경과 충북 충주 사이의 소백산지를 넘는 고갯길은 이규보李奎報의 남유시南遊詩에서 확인되며 '대원령로大院嶺路'라고 부를 수 있을 것이다.[24]

상주 치소에서 남쪽으로 뻗은 상주도는 두 갈래로 나뉘었다. 북쪽에서 전달받은 사명使命이나 물자 등을 남쪽으로 하달하는 주요 통로는 동남쪽 낙동진洛東津을 건너 31리 280보 거리에 있던 ②낙동역洛東驛으로 이르는 길이었다.[25]

---

24) 한기문, 「高麗中期 李奎報의 南遊詩에 나타난 尙州牧」, 『歷史敎育論集』 23·24, 역사교육학회, 1999; 한정훈, 앞의 책, 182~184쪽 참고.
25) 『경상도속찬지리지』는 역간의 거리뿐 아니라, 해당 역에서 이를 수 있는 역이 명시되어 거리와 역로의 개설 여부까지 확인할 수 있어 유용한 정보를 전한다.

②낙동역에서 동쪽으로 43리 93보 거리의 ⑦쌍계역雙溪驛(비옥), 동남쪽 29리 91보 거리의 ⑪연향역連鄕驛(해평)으로 각각 연결되었다. 이들 역에서 경주도나 경산부도의 역로를 통해 경주에 이르렀다. 이렇듯 상주목 치소에서 동남쪽으로 나아갈 경우에는 치소와 가까운 낙양역에서 31리 280보 거리의 낙동역을 통과하였다. 하지만 개경으로부터 하달된 행정 및 군사 활동에 필요한 정보의 신속한 전달을 위해서는 덕통역(함창)에서 상주 치소와 낙양역을 경유하지 않는 경로를 이용하였을 것이다. ⑤덕통역에서 24리 5보 거리의 낙동강변 ①낙원역洛原驛(상주)을 경유하고, 그곳에서 28리 280보 떨어진 ②낙동역으로 바로 향하였다. 이렇게 상주목 북쪽에 위치한 요성역(문경) - 유곡역(호계) - 덕통역(함창) - 낙원역 - 낙동진 - 낙동역(이상 상주)으로 이어지는 상주도의 역로 구간은 개경·경기 지역과 경상도를 연결하는 이른바 '영남대로嶺南大路'의 주요한 간선로에 해당한다.

한국 중세 봉건왕조 시기 도읍과 동남 방면을 잇는 간선 역로는 수상교통 요지인 낙동진洛東津을 통과하였다. 문헌 기록상 『세종실록지리지』(1454년 간행)에서부터 확인되는 낙동진에는 항상 배가 배치되어 있었다.[26] 낙동진은 도하渡河 나루일 뿐 아니라, 갈수기渴水期 낙동강 수로의 가항종점可航終點이었기 때문에 수로를 소항溯航하는 크고 작은 배들이 정박하여 적재화물을 육로로 환승하는 지점이기도 하였다.[27] 이러한 교통 입지와 역할을 고려하면, 낙동진은 낙동강 유역 최고의 포구라고 평가할 수 있다. 낙동진에 인접한 ②낙동역은 앞서 언급한 상주 낙양역이나 낙원역뿐 아니라 동쪽으로 ⑦쌍계역(~43리 93보; 비옥)에, 남南으로 일선현 ⑫구어역(~31리)에, 동남東南으로 일선현 ⑪연향역(~29리 91보)에 이를 수 있었다. 낙동역에서는 쌍계역을 경유하고 청로역(의

---

26) 『경상도속찬지리지』 상주목 도진(渡津).
27) 세종대에 낙동강의 대표 포구로 낙동진이 거론되고 있다(『세종실록』 권48, 세종 12년 4월 12일). 낙동진의 자연입지와 인문지리적 조건에 대해서는 다음의 연구를 참고하였다(김재완, 「19세기말 낙동강 유역의 염 유통 연구」, 『지리학논총』 32, 서울대 지리학과, 1999, 122~129쪽).

성군)-우곡역(의흥현)을 통해 남하하는 상주도의 역로와 더불어 낙동강변을 따라 내려가 ⑪연향역-⑥상림역(해평군)-⑬조계역(효령현)의 상주도의 또 다른 역로를 통해 각각 경주에 이를 수 있었다.

물론 상주 치소에서 낙동진을 이용하지 않고 낙동강 동쪽으로 이동하는 방법도 있었다. 그러기 위해서는 일선현一善縣(=善州)까지 내려가서 도하하였다. 상주 낙양역에서 오늘날 상주시와 구미시의 경계에 위치한 기양산(해발 704.7m) 아래의 경산부도 안곡역安谷驛(일선현)을 경유하여 일선현을 통해 남쪽으로 내려가는 역로를 이용하였다. 고려시대 이 통로는 Ⓐ낙양역~Ⓙ안곡역의 다소 먼 거리에 산간 지형으로 인해 이용이 쉽지 않았다. 그러한 정황은 앞의 〈표 1〉 조선 초기에 청리신역靑理新驛(청리현)이 신설된 것에서 짐작할 수 있다. 조선 초기에 낙양역에서 남쪽 18리 100보 거리의 청리신역(낙평역으로 개명)을 지나, 그곳에서 15리 300보 떨어진 안곡역으로 연결되었다.[28] 이렇게 조선 초기에 청리신역(낙평역)이 신설됨에 따라 서남 방면 황간현으로의 이동도 용이해졌다. 고려시대에 상주 Ⓑ낙산역에서 44리 9보 거리의 속계역 屬溪驛(황간)에 이르렀다면, 조선 초기에 청리신역(낙평역)이 신설된 이후로는 역驛 간 거리가 단축되어 이동이 편리해졌다.[29] 이렇게 상주에서 남쪽의 김천 방면으로 향하는 교통로의 활성화는 조선 초기 청리신역(청리현)을 비롯하여 김산신역金山新驛(김산군)·양천역楊川驛(개령현)과 같이 김산군金山郡(오늘날의 김천시) 일대에 역 시설이 추가 설치된 이후의 일이었다. 그전의 고려시대에 상주에서 남방으로의 주요한 교통로는 낙동강변을 따라 내려가 일선현一

---

[28] 『경상도속찬지리지』에 따르면, 낙양역에서 안곡역까지의 직선거리는 30여 리이지만, 기양산 등 산지가 분포하여 청리신역(=낙평역)으로 우회하여 연결되었다.
[29] 황간현에 위치한 고려시대 속계역이 조선시대 신흥역(新興驛; 황간)으로 전승된 것으로 이해하였다. 이에 따라『경상도속찬지리지』에서 확인되는 낙서역과 신흥역 간의 거리를 그대로 대입시켰다.『경상도속찬지리지』에서 낙평역~신흥역의 거리는 확인되지 않지만『대동여지도』의 역로 편성 양상을 보면, 청리신역(=낙평역)에서 오도치(吾道峙)를 넘어 신흥역(황간)으로 이르는 경로가 낙서~신흥역 간 거리보다 훨씬 단축되었음을 확인할 수 있다.

善縣을 경유하는 코스였다.

상주목의 속현인 일선현에는 앞의 〈표 1〉과 같이 ⑨안곡역을 비롯하여 낙동강변에 ⑫구어역仇於驛(조선 초기 구며역·구미역)과 ⑪연향역이 위치하였다. 『경상도속찬지리지』에 따르면, 낙원역에서 55리 220보 지점이고, 낙동역에서 31리 지점에 위치한 구어역이 일선현을 통과하는 역로의 중심 역이었다. 낙동강 서안西岸의 구어역에서 낙동강을 건너 연결되는 연향역連鄕驛은 낙동강 동안東岸의 상주 ②낙동역에서도 바로 이를 수 있다. 이렇게 낙동강 양안兩岸에 위치하였던 상주도의 ⑫구어역과 ⑪연향역은 여차니진餘次尼津을 통해 연결되었다(〈그림 1〉 참조). 권근權近은 여차니진에 관해 "상주에서 남쪽 고을로 가는 손님들이 여기에 이르러 쉬는 실로 요충要衝이다"고 표현하였다.30) 여차니진의 낙동강 양안 가까운 거리에 구어역과 연향역이 위치하였지만, 길손의 왕래가 빈번한 길목에 해당하였기에 여차니진 동쪽에는 미라원彌羅院이라는 원院이 설치되어 여행자에게 편의를 제공하였다.31)

낙동강 서쪽에 위치하였던 일선현─善縣은 여차니진에서 낙동강을 건너 상주도尙州道의 역로를 통해 낙동강 동쪽의 여러 고을과 소통하였다. 그런데 고려 초기에 상주목의 속현이던 일선현은 1143년(인종 21)에 현령縣令이 파견되었고, 이 때에 상주목의 속현이던 낙동강 너머의 해평군海平郡·군위현軍威縣·효령현孝靈縣을 속현으로 삼았다. 이러한 군현 체계의 변화 속에서 ⑫구어역仇於驛－여차니진餘次尼津－⑪연향역連鄕驛(이상 일선현)을 경유하여 ⑥상림역上林驛(해평)－⑬조계역曹溪驛(효령)으로 이어지는 전통적인 상주도 역로의 중요도는 더욱 높아졌다. 상주도의 동남쪽 끝 지점의 조계역에서 영천·칠곡지역으로 나아가 경주도慶州道의 역로에 연결되었다.

상주목의 동쪽 역로는 ①낙원역에서 낙동강 건너 20리 2보 거리의 ⑩수산

---

30) 『양촌선생문집』 권13, 기류(記類) 월파정기(月波亭記).
31) 『동국여지승람』 권29, 선산도호부 역원.

역守山驛(다인)으로 연결된다. 이때 낙동강을 건너는 나루가 『고려사』에서 확인되는 하풍진河豐津일 가능성도 있지만, 하풍진은 ①낙원역보다 더 북쪽의 ⑤덕통역이 있는 함창현에서 흘러 내려온 영강潁江과 낙동강 본류가 만나는 지점에 위치하였기 때문에 낙원역에서는 다른 나루를 통해 도하渡河하였을 것이다. 그래서 조선 초기 『경상도지리지』에서 확인되는 상주와 다인현 사이에 위치한, 오늘날 상주시 사벌국면 매호리 운성진으로 비정되는 송라탄松羅灘에 주목한다.32) 이처럼 송라탄이 ①낙원역과 ⑩수산역 사이의 낙동강을 건너는 도하처로 기능하였더라도, 고려시대 낙동진과 더불어 낙동강 중·상류를 대표하는 나루 시설은 하풍진河豐津이었다. 하풍진은 가까이에 수산역(다인)이 위치할 뿐 아니라 수량이 풍부한 증수기增水期에는 가항可航 포구였기에 활용도가 높은 수운 시설이었다. 함창 덕풍역에서 남하하는 역로는 하풍진에서 도하한 다음, 덕통역으로부터 27리 5보 떨어진 ⑩수산역을 통과하여 동남쪽의 ⑧안계역(안정) - ⑦쌍계역(비옥) - 청로역(의성)으로 연결되었다.

　상주 서쪽 방면의 역로에는 경산부로 향하는 남쪽 방면과 마찬가지로 경산부도京山府道 소속의 역 시설이 분포하였다. Ⓐ낙양역 서쪽 15리 지점의 낙산역洛山驛에서는 서쪽과 서남쪽으로 향하는 두 개의 역로가 분기하였다. 하나는 서쪽 화령(化嶺, 火嶺)을 넘어 충북 보은으로 향하는 역로로 경산부도 Ⓑ낙산역(상주)에서 Ⓖ장녕역(화녕현)을 거쳐 Ⓓ원암역猿岩驛·Ⓔ사림역舍林驛이 있는 보령군報令郡(오늘날 충북 보은군)에 이르는 역로였다.33) 다른 하나는 Ⓑ낙산역에서 서남쪽의 Ⓗ상평역(중모현)을 경유하여 경산부의 속현인 황간현의 속계역屬溪

---

32) 『동국여지승람』 권28, 상주목 산천에서도 확인되는 송라탄은 『대동지지』 상주 진도(津渡)에서 용궁 하풍진 아래의 송라진(松羅津)으로 표기되어 있다. 송라탄의 위치 비정은 다음의 연구에 따랐다(郭熙祥, 「洛東江과 商州의 나루터 고찰」, 『商州文化研究』 18, 상주대 상주문화연구소, 1991, 45~46쪽).

33) 『경상도속찬지리지』에 따르면, 장림역~함림역 거리는 40리 170보였다. 두 역 사이에 원암역이 위치하였던 점을 참고하면 거리가 그렇게 멀지 않은데, 그것은 험한 산지인 점을 고려한 조치일 것이다. 장림역이 고려시대 장령역이고, 함림역이 고려시대의 사림역이었다.

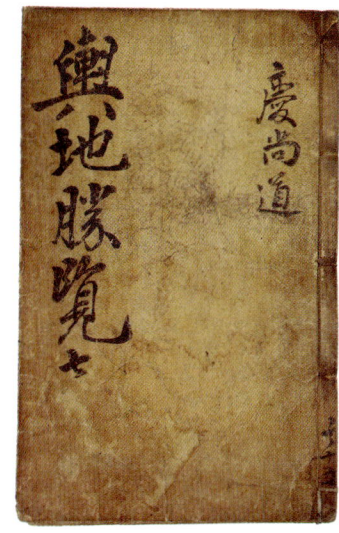
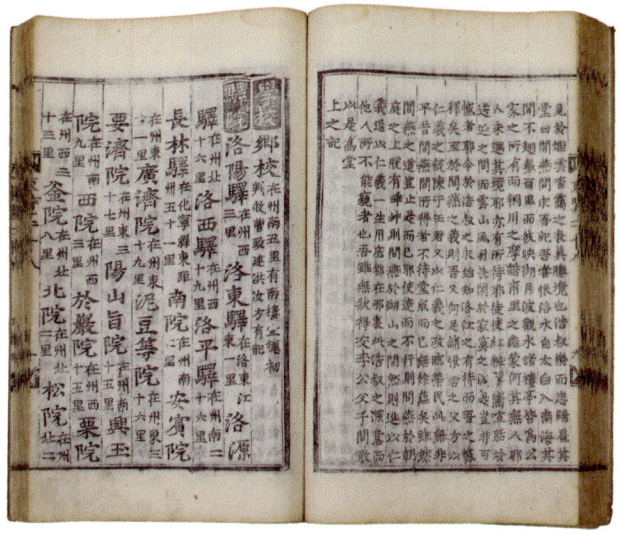

〈사진 1〉 동국여지승람 표지(左), 내지(右)

驛에 이르는 역로로 영동·옥주沃州로 연결되었다.[34] 이처럼 고려시대 화령과 추풍령을 넘어 편성되었던 경산부도의 역로는 인접한 청주목淸州牧 관내의 역로에 맞닿아 있었다.

이상과 같이 상주도와 경산부도의 역과 역로는 상주지역 교통 활동에 있어 중요한 역할을 담당하였다. 이와 함께 역을 보조하는 교통시설인 원院도 육상 교통로를 이용하는 여행자에게 각종 편의를 제공하였다. 고려시대 원의 설치 현황은 대개 『동국여지승람』 고을의 역원驛院조에 열거된 내용을 통해 짐작할 수 있다. 고려시대 상주목에서는 계수관급界首官級의 고을에 걸맞게 많은 원院이 운영되었다. 아래의 〈표 2〉에 제시한 『동국여지승람』의 내용을 중심으로 상주지역의 원院 시설에 관해 간략히 살펴본다.[35]

---

[34] 이러한 역로망은 '낙서역에서 남쪽으로 충청도 황간 신흥역이 44리 9보 떨어져 있다'는 『경상도 속찬지리지』의 내용에 의거·추정하였다. 낙서역을 고려시대 낙산역으로, 신흥역을 고려시대 속 계원으로 각각 이해하였다.

[35] 『동국여지승람』 권28, 상주목 역원. 상주지역 원원의 위치는 향토사 연구(김상호, 「상주의 영남

〈표 2〉『동국여지승람』에 수록된 상주지역의 원(院)

동	서	남	북
안빈원 - 동 11리 (헌신동)	서원 - 서 3리	남원 - 남 2리 (낙양동)	북원 - 북 2리 (북문동)
광제원 - 동 19리	어암원 - 서 15리 (내서면 낙서리)	흥옥원 - 남 9리 (인평동 월평리)	부원 - 북 8리 (부원동)
이두등원 - 동 36리 (낙동면 보양리)	율원 - 서 33리 (내서면 서원리 밤원마을)	양산지원 - 남 15리 (양촌면 양산리)	당제원 - 북 15리 (낙상동)
요제원 - 동 37리 (낙동면 낙동리)	동원 - 중모현 동쪽 상주 56리	유등원 - 남 24리 (낙동면 내곡리 장천)	송원 - 북 26리 (사벌국면 목가리 원터)
	중생원 - 중모현 남쪽 상주 65리 (모동면 신흥리)	대두원 - 남 24리 (청리면)	퇴산원 - 북 42리 (사벌국면 퇴강리 물미)
	장혜원 - 중모현 서쪽 상주 72리 (모서면)	공성원 - 남쪽 43리 (공성면 이화리 원말)	다방원 - 함창현 동 8리 (문경시)
		죽현원 - 竹峴 아래 (낙동면 용포리)	함제원 - 함창현 남 13리
			당교원 - 당교 곁 (함창읍 윤직리)
			관천원 - 관천 기슭 (함창읍 태봉리)
			반암원 - 산양현 서쪽 상주 57리

〈표 2〉에서는 편의상 상주지역의 원을 동서남북 방위에 따라 분류하였다. 상주 치소에서 동쪽으로 향하는 상주도의 주요 기착 지점인 낙동진으로 향할 때에 유등원柳等院(남 24리)을 경유하였을 가능성이 있다. 또한 낙동강 최대의 나루인 낙동진에 요제원要濟院이 위치한 것으로 알려져 있고, 낙동강변에 위치한 이두등원泥豆等院도 도하 시설과 관련이 있을 것이다.

지형이 험준한 상주목의 서쪽 방면은 원이 더욱 긴요하였다. Ⓐ낙양역에서

대로」,『尙州文化』16, 상주문화원, 2006, 323쪽) 내용을 참고하여 〈표 2〉에서 괄호( ) 안에 표기하였다.

보령군으로 향할 때에 ⓖ장녕역(화녕현)에 앞서 율현栗峴이 위치하였다. 낙양역에서 장녕역까지 60·70리 이상의 장거리였기에 밤티고개를 넘어야 하는 지점에 교통 편의시설인 율원栗院이 위치한 것이다. 그리고 상주 ⓑ낙산역에서 서남쪽의 ⓗ상평역(중모현)을 경유하여 영동군의 ⓕ회동역會同驛으로 향할 때는 중모현 서쪽의 장혜원長惠院(상주 72리)을 이용하였고, 중모현에서 남쪽의 속계역(황간현)으로 갈 때는 중모현의 동쪽에 위치한 동원東院(상주 56리)과 남쪽의 중생원重生院(상주 65리)을 통과하였을 것이다.

상주 남쪽 방면도 산간 지형으로 많은 역驛이 설치되지 않아 원院의 역할이 컸다. ⓐ낙양역~ⓙ안곡역(일선현)의 역로가 험하고 30리 이상의 거리를 고려하면, 상주 치소에서 흥옥원興玉院과 양산지원陽山旨院 그리고 대두원大豆院을 경유하여 안곡역에 이르렀을 것이다. 청리신역과 대두원의 위치를 고려하면, 청리신역(=낙평역)이 없던 고려시대에 대두원이 청리신역의 역할을 대신하였을 수도 있을 것이다.[36] 마찬가지로 공리신역이 없던 고려시대에 상주에서 속현인 어모현禦侮縣(김천시 어모면)으로 가는 경로상에 위치한 공성원功城院이 교통시설로 기능하였을 것이다. 『대동여지도』에 따르면, 공성功城에서 왜유령倭踰嶺을 넘어 어모현을 경유하여 김천역金泉驛이 있던 경산부의 속현인 김산현金山縣에 이르렀다.[37] ⓘ추풍역秋風驛이 있던 어모현에서는 추풍령을 넘어 속계역(황간)으로 연결되어 충청 내륙으로 향하는 경산부도-충청주도의 역로로 접속 가능하였다. 그리고 고려시대에 상주목과 일선현을 바로 연결하는 노선상에 역이 없는 대신에 상주와 선산의 경계인 죽현竹峴(상주 남 38리)에 있던 죽현원竹峴院이 중요한 임무를 수행하였다.

---

[36] 『경상도속찬지리지』 청리현에 따르면, 대두원이 청리현(靑里縣) 내리(內里)에 위치하였다. 이 내용을 참고하면, 인접한 거리에 위치한 대두원과 청리신역이 시간 차이를 두고 존재하였을 가능성도 있다.

[37] 서울대학교 규장각 한국학연구원 홈페이지(https://kyu.snu.ac.kr/) - 구(舊) 원문검색서비스 - 고지도 - 대동여지도(奎 10333) 활용.

상주에서 함창현을 경유하는 북쪽 교통로상에도 다수의 원이 확인된다. 상주의 관문인 ⑤덕통역으로 향하는 교통로상의 ①낙원역(북 16리)에 이르기 전에 북쪽 15리 지점에 당제원唐梯院이, 상주와 함창현 경계인 송현松峴의 송원松院이 각각 확인된다. 이어서 함창 이북의 역원을 연결하면, 송원에서 관천원串川院(함창 동 7리) - ⑤덕통역(함창 동 7리) - 당교원唐橋院(함창 북 6리) 순으로 경유하여 ⑨유곡역(호계)에 이르렀다. 그리고 퇴산원은 역로상에서 벗어나 낙동강변에 위치한 것으로 볼 때 하풍진河豐津의 이용과 관련이 있는 교통시설이었을 것이다.

3. 상주지역 교통로의 이용 실태

앞 장에서는 고려시대 상주계수관 내 역도 편성망의 대략적인 이해 속에서 상주목 영역의 역 설치와 역로의 분포 현황에 관해 살펴보았다. 이 장에서는 경상도의 길목에 위치한 상주지역의 교통로가 실제로 어떻게 활용되었는지를 알아보고자 한다. 이 내용을 통해 상주 교통로의 일부를 보다 세밀하게 복원하면서 교통 활동의 생생한 모습과 교통로의 성격에 관해서도 생각해 볼 것이다.

상주가 계수관의 상급 지방행정 단위였던 만큼 상주지역의 교통로는 1차적으로 '행정로'로서의 성격을 지녔다. 왕경에서 상주계수관으로 하달된 사명使命은 앞서 언급했듯이, 대원령大院嶺을 넘어 상주도의 ③요성역(문경) - ⑨유곡역(호계) - ⑤덕통역(함창) - 송원 - ①낙원역(이상 상주) 순으로 이어진 역로를 통해 상주 관아로 전달되었다. 이렇게 상주계수관에 전달된 행정사무는 다시 관내의 주읍인 경산부와 안동부로 하달되었다. 상주계수관에서 경산부에 이르는 경로는 경산부도京山府道의 역로 즉, 상주 Ⓐ낙양역에서 상주 남쪽의 산지를 지나 30리 이상 떨어진 Ⓙ안곡역(일선)을 통과하고 Ⓒ부상역(개령) - 답계역(경산부)을 경유하여 경산부에 이르렀다. 상주~경산부 역로의 존재는 두 고을의 경계에 산지가 있고 역驛 간의 거리가 멀어서 떠올리기가 쉽지 않지만, 무엇보다 경산부도라는 역도가 개설되어 있었기 때문에 고민할 필요가 없다. 또한 답계역~부상역간 거리는 40리이고, 안곡역~부상역 거리는 80리로 매우 먼 거리였다.[38] 하지만 80리의 역로상에 위치한 개령현의 용지원龍旨院(북 15리, 김천시 개령면 동부리)과 홍신원興信院(남쪽 8리, 김천시 남면 오봉리)이 교통 편의시설의 임무를 수행하였기에 공무 수행을 위한 왕래에 큰 어려움이 없었을 것이다.[39]

또 다른 주읍인 안동부로의 경로는 상주도의 역로를 이용하였다. 상주를 중심으로 편성된 상주도의 주요 진출 방향이 안동부였기에 경산부으로의 경로보다는 편리하였다. 상주에서 ①낙원역(상주)을 경유해 송라탄에서 낙동강을 건너 ⑩다인현의 수산역에 이르렀다. 그 다음 ④지보역(용궁) - 안교역安郊驛[풍산현(안동시 풍산읍)]을 지나 안동부에 도착하였다. 상주목·경산부·안동부의 주읍主邑은 관내管內 고을의 조세와 역역力役 수취를 비롯한 지방행정 업무를 관할하였다. 이들 주읍보다 상급 행정단위인 상주계수관은 관내의 대표 고을로서 농사 장려를 비롯하여 국가 행사 개최, 사신 접대, 방물方物 납부, 지역 인재 추천, 범죄자 심문, 도량형 관리, 지방군 점검 등 실로 다양한 임무를 수행하였다.

고려시대 계수관-주읍-속군현 순으로 하달되던 지방행정체계의 계통과 운영 실태를 알려주는 자료가 상주목 관할지역에서 확인되어 주목된다. 『동문선』에 실린 내용으로 조선 초기에 비옥현比屋縣이 고향인 박서생朴瑞生이 하륜

---

[38] 안곡역~부상역의 거리는 『경상도속찬지리지』 개령현 참역조 부상역 내용을 통해 유추하였다. 조선 초기에는 거리가 먼 두 역의 중간 지점에 양천역(楊川驛; 개령)을 신설하여 안곡역~부상역간 교통활동을 편리하게 하였다. 양천역이 없던 고려시대 안곡역~부상역 거리는 안곡역~양천역 거리 40리와 양천역~부상역 거리 40리를 합친 수치이다.
[39] 개령의 용지원과 홍신원의 위치 비정은 향토사 성과를 참고하였다(송기동, 「숙박 시설」, 『디지털 김천문화대전』, 김천시·한국학중앙연구원, 2011).

河崙을 찾아와서 전한 말[40]을 통해 고려시대 상주와 속현인 비옥현의 관계를 짐작할 수 있다. 해당 내용을 간략히 재구성하면 다음과 같다. 상주의 주리州吏가 60리 떨어진 비옥현으로 출장 가기보다는, 주로 비옥현의 현리縣吏가 5일 만에 한 번씩 상주로 나아가 사명使命과 행정업무를 받아 돌아오곤 하였다. 이때 비옥현 향리가 왕래한 경로는 비옥현(쌍계역 소재)에서 ⑧안계역(안정) - ⑩수산역(다인)을 경유한 다음, 송라탄(혹은 하풍진)에서 낙동강을 건너 ①낙원역을 지나 상주 관아에 이르렀다. 이렇게 속군현의 향리들은 앞에서 살펴보았던 상주도·경산부도와 평구도의 일부 역로를 이용하여 5일에 한 번씩 주읍(상주목·경산부·안동부)에 출장나갔다.

상주의 속군현 중 가장 먼 거리의 효령현·부계현에서 현리縣吏가 상주로 오갔던 경로는 효령현에 있던 ⑬조계역曹溪驛에서 ⑥상림역(해평) - ⑪연향역(일선) - ②낙동역(상주)을 지나 낙동진에서 낙동강을 건넌 다음, 상주 치소에 이르렀다. 이 경우가 상주도의 역로를 이용하는 가장 먼 행로였을 것이다. 효령현에서 상주까지의 70km 가량의 거리는 하루에 도착하기 어려웠다. 그래서 효령현 등의 향리들은 역원驛院에서 숙박하였다. 다행히도 고려 중기부터 효령·부계현에서 주읍으로의 이동 거리가 짧아졌다. 앞 장에서 언급했듯이, 인종 연간에 일선현에 현령이 파견되면서 두 고을이 일선현의 속현이 되었기 때문이다.

이상의 '행정로'에 이어 상주지역의 교통로는 경상도 지역의 세곡과 공납품을 비롯한 '물자의 수송로'로서도 중요한 임무를 수행하였다. 고려시대 전국 각처에서 진행된 물자 유통 활동 중에서 가장 두드러진 것이 지방 세곡을 경창京倉으로 수납하는 조운漕運활동이었다. 상주계수관 내의 고을에서 수취한

---

[40] "吾鄕比屋 舊爲尙州屬縣 去州六十餘里 縣吏五日一詣州 聽命奔走 猶恐不及 往往有緩急. 州吏到縣 則施辱縣吏 流毒縣民 有不可勝言者矣 前朝之季 事多倉卒 縣之勢日蹙矣. 至我國朝 具知其故 諸屬縣與州相阻者 皆置監縣官一人 使自爲治 吾鄕例得官 然後吏民稍至蘇息."(하륜, 『동문선』 권81, 「비옥현관남루명기(比屋縣館南樓名記)」)

세곡은 소백산지 너머의 충주 덕흥창德興倉에 집산되었고, 그곳에서 남한강 수운을 이용하여 경창京倉에 수납되었다. 각 고을의 세곡 수납과 운송활동은 해당 고을의 부담이었고, 그것에 대한 관리와 책임은 주읍主邑인 상주목·경산부·안동부에 파견된 지방관의 몫이었다.[41]

앞서 살펴본 상주목·경산부·안동부 관내에 편성되었던 상주도와 경산부도 등의 역로망이 충주 덕흥창으로의 수납 경로로 이용되었다. 상주와 경산부 관내의 세곡은 2장에서 소개한 '대원령로大院嶺路'를 통해 충주 덕흥창에 수납되었다. '대원령로'상에 위치한 상주도의 ⑨유곡역(호계)을 "사람으로 비유하자면 곧 영남의 목구멍[咽喉之地]이다."라고 표현한 것[42]에서 이 구간이 영남의 물산이 집산되는 요지였음을 알 수 있다. 이와 달리 안동부 관내의 세곡은 죽령竹嶺을 넘어 충주 덕흥창으로 수납하였다. 운송 경로는 안동부에서 상주도 소속 안기역-옹천역(이상 안동)과 평구도의 창보역(순안)-창락역(홍주)을 통과하고 죽령을 넘은 다음, 장림역(단산)-수산역(청풍)을 지나 무암산 창고(청풍)에 잠시 보관하였다가 충주 덕흥창으로 이동하는 루트였다. 이렇듯 상주계수관 내 고을 세곡의 충주 덕흥창으로의 수납은 장거리이면서 고갯길을 넘는 어려움 등으로 인해 힘든 수역輸役의 부담이 뒤따랐다.

이와 같이 상주계수관 내 세곡의 수납이 육로를 주로 이용하였지만, 운송 과정상의 어려움을 최소화하기 위해 낙동강 수운을 이용하기도 하였다. 앞 장에서 언급한 여차니진·낙동진 등 낙동강변의 포구에서 인근 고을의 세곡을 실어 낙동진이나 하풍진에까지 소항遡航하였고, 그곳에서 하역한 다음 위에 제시한 '대원령로'를 이용해 소백산지를 넘었다. 충주 덕흥창의 수납지역으로 분류되는, 경주慶州 관내 직할지역(속군 4, 속현 10)의 고을에서도 여차니진

---

41) 고려시대 상주계수관의 조세 수납체제와 경로에 관한 내용은 다음의 연구를 참고하였다(한정훈, 앞의 책, 2013, 182~186쪽).
42) 『동국여지승람』 권29, 문경현 역원 유곡역.

과 같은 포구에서 낙동강 수운을 적극적으로 이용하였을 것이다. 이때에 경산부와 상주목 관내의 나루와 역으로 구성된 교통로가 세곡 운송로로 기능한 것이다.

이러한 상주지역 교통로의 물자 수송로로서의 역할은 조선시대에 이르러 더 증가하였다. 조선시대에 들어 고려시대 경상도에 있던 조창(합포 석두창·사천 통양창)이 혁파됨에 따라 낙동강 수로가 경상도의 조운 활동에서 차지하는 비중이 높아졌다. 고려시대에는 경산부와 경주 관내 영역에서 주로 낙동강 수로를 이용한 것에 반해, 조선시대에는 낙동강 하류의 연안 고을에까지 확대되었다. 조선 세종대에 "낙동강 하류의 연강沿江 각 고을은 삼가세三價稅(선가船價·인가人價·마가馬價)를 거두어서 사람을 모집해 배에 싣고 거슬러 올라와 상주尙州에 이르러서 육로로 운반하여 문경 초점草岾을 지나 충주 경원창慶原倉에 바쳤다."[43] 이 내용을 통해 낙동강 수로를 이용한 조운의 증가, 상주에서의 운송방식(수운→육운) 전환 그리고 운송량의 증가 등을 짐작할 수 있다. 그러한 낙동강 수로와 연계된 상주지역 교통망의 중심에 낙동진과 하풍진이 자리하였다. 낙동강 연안 고을에서 출발한 조운선은 낙동강의 수위가 낮을 때는 낙동진까지, 수위가 높을 때는 하풍진까지 거슬러 항운航運하였다. 이들 포구에서 하역하여 육운으로 운송방식을 전환한 다음, 문경의 초점草岾(조령, 새재)을 넘어 충주의 조창으로 향하였다.[44] 이처럼 조선시대에 낙동강 수로와 연계된 상주지역 교통로의 중요성은 더욱 증가하였다.

고려시대 상주목 관내의 낙동강에는 이름난 낙동진·하풍진 이외에도 여러 포구가 자리하였다. 이규보가 남긴 남유시南遊詩에서 용포龍浦와 견탄犬灘(호계) 등의 수상 교통시설이 확인되었다. 이규보는 사원을 비롯하여 상주목 관

---

[43] 『세종실록지리지』 경상도 서문.
[44] 낙동진과 하풍진을 비롯한 상주지역의 낙동강 포구를 이용한 세곡 운송은 다음의 연구를 참고하였다(한정훈, 앞의 논문, 2013, 91~93쪽).

〈사진 2〉 낙동진

내를 이동할 때에 주로 하천 수로를 이용하였다. 특히 오늘날 상주시 낙동면 유곡리 관터마을의 장천변으로 비정되는 용포龍浦의 존재가 주목된다.[45] 용포는 낙동강 본류가 아니라 현재 배의 운항을 상상하기 힘든 소하천인 장천에 위치하였다. 이를 통해 고려시대에는 낙동진·하풍진과 같이 낙동강 본류의 이름난 포구시설 이외에 상주 시내를 가로지르는 북천과 남천(병성천)변에도 나루가 존재하였을 가능성이 열려 있다.

한편, 교통로는 전란戰亂 시기에 외적의 침략이나 그것을 대비하기 위한 군대의 이동 등 군사 활동이 활발히 이루어지던 공간이었다. 한국의 전통적인 서북~동남의 교통로상에 위치한 상주지역에서 그러한 교통 활동이 여럿 확인

---

[45] 韓基汶, 앞의 논문, 1999;「高麗時代 尙州 龍潭寺 景觀과 機能 - 李奎報의 南遊詩를 중심으로」,『尙州文化硏究』18, 경북대 상주문화연구소, 2008. 한기문의 연구논문(1999, 695쪽)에서 언급한 상주 서곡동 출토 '신해명 동종'이 제작된 회포사(廻浦寺)를 통해 상주 회포(廻浦)의 존재도 생각해 볼 수 있다.

된다. 그중에서 몽골의 침략과 대몽항전, 홍건적의 침입과 공민왕의 피난 그리고 왜구의 상주지역 침공 사례를 중심으로 살펴본다.

1231년(고종 18)부터 근 40년 가까운 몽골의 침략과 고려의 항전에서 상주지역도 자유롭지 못하였다. 선행 연구에 따르면, 기록상으로 몽골군은 9차례에 걸쳐 경상도 방면으로 침략하는 작전을 세웠다.[46] 몽골군의 침략으로 인한 1232년 대구 부인사의 대장경판과 1238년 경주 황룡사의 소실은 잘 알려져 있다. 이러한 문화유산의 피해도 상주를 침략한 이후에 이루어졌던 점을 고려하면, 상주지역민의 피해와 고난을 짐작하는 것은 어렵지 않다. 장기간에 걸친 상주지역의 대몽항전 중에서 기억할 만한 승전勝戰은 1254년 상주산성 전투이다.

1254년(고종 41) 9월에 차라대車羅大의 주력 군대가 충주산성을 공략한 다음, 대원령大院嶺을 넘어 경상도로 진입하였다.[47] 이때에 상주지역민은 방어를 위해 가까운 산성으로 입보入保하였다. 이후 10월 19일에 차라대의 부대가 상주산성尙州山城을 공격하자, 상주지역민은 상주 황령사黃嶺寺(상주시 은척면 황령리 소재) 승려 홍지洪之의 지휘 아래 결사 항전하였다. 그 결과 홍지가 쏜 화살에 몽골의 지휘관이 죽고 몽골 병사 절반을 죽이는 승리를 거두어 몽골군은 포위를 풀고 물러났다. 남쪽으로 방향을 바꾼 몽골군은 12월 말에 합주陜州(합천군)·단계丹溪(산청군)에까지 이동하면서 이듬해까지 각처에서 노략질을 일삼았다.

1254년 상주지역의 전투에서 교통로의 이용 양상이 명확히 드러나지 않지만, 확인되는 지명인 황령사와 상주산성을 중심으로 구성해 볼 수 있다. 홍지 스님이 주지로 있었던 황령사는 함창현 서쪽의 황령산에 위치한 사찰로, 상주·함창의 역원驛院 분포나 조선 후기 고지도 등을 참고하면, 황령사에서 동

---

46) 尹龍爀, 「蒙古의 慶尙道침입과 1254년 尙州山城의 승첩」, 『진단학보』 68, 1989, 28~31쪽.
47) 1254년 몽골군의 상주를 비롯한 경상도지역의 침략 과정은 『고려사』 권24, 고종 41년 9월~12월 내용을 바탕으로 하면서, 윤용혁 교수의 연구(위의 논문, 1989, 40~45쪽)를 참고하여 재구성하였다.

남쪽 상주 치소로의 역로는 개설되지 않은 채 ⑤덕통역이 있던 함창현을 통해 상주에 이를 수 있었다. 항몽의 승전처인 상주산성은 오늘날 충북 영동군과의 경계인 상주시 모동면 수봉리에 있는 백화산성으로 비정된다.[48] 그렇다면, 홍지를 비롯한 상주지역민은 앞 장에서 제시한 상주에서 속군屬郡인 영동군(혹은 황간현)으로 향하는 경산부도 역로의 일부 구간을 이용하여 백화산성으로 입보하였을 것이다. 상주에서 경상부도가 시작하는 Ⓐ낙양역 - Ⓑ낙산역(이상 상주) - Ⓗ상평역(중모)을 지나 Ⓕ회동역(영동)이나 속계역(황간)으로 향하는 도중에 백화산성이 위치하였다. 중모현 가까이에 자리한 백화산성은 주변 산세가 험하여 방어요건이 우월할 뿐 아니라, 물이 풍부하여 입보처로 적합하였다. 그리고 1256년(고종 43)에는 몽골군을 피해 현풍현 사람들이 40여 척의 선단을 구성하여 낙동강 수로를 따라 피난하였다.[49] 밀성군密城郡의 속현이던 현풍현의 피난 양상에, 상주목의 읍격邑格과 낙동진·하풍진 등 낙동강 수로를 적극적으로 활용하였던 포구의 존재까지 고려하면 상주지역에서도 낙동강 수로를 이용한 피난뿐 아니라, 군사 활동도 생각해 볼 수 있을 것이다.

그로부터 100여 년이 지난 시기에 홍건적의 침입으로 인한 공민왕 일행의 복주福州(안동)로의 피난과 환도還都의 경로[50]를 통해 당시 상주 일대 교통로의 편성 양상을 확인할 수 있다. 1361년(공민왕 10) 11월 19일에 왕실의 어가御駕는 개경을 출발하여 22일 양광도 광주 경안역, 24일 이천역, 25일 음죽현, 28일 충주를 경유하여 죽령竹嶺을 넘어 12월 15일에 복주(=안동)에 당도하였다. 양광도 광주~음죽현까지의 경로는 광주도廣州道의 역로를, 충주에서 죽령을 넘어 강주剛州(경북 영주시)의 평은역平恩驛까지는 평구도平丘道의 역로를 이용하

---

[48] 윤용혁, 앞의 논문, 1989.
[49] 『고려사』권24, 고종 43년 4월 7일.
[50] 공민왕 일행의 안동으로의 피난과 환도 경로는 선행 연구 성과를 참고하였다(金昊鍾,「恭愍王의 安東蒙塵에 관한 一研究」,『安東文化』創刊號, 안동대학교 안동문화연구소, 1980; 이정란,「1361년 홍건적의 침입과 공민왕의 충청지역 피난정치」,『지방사와 지방문화』21-1, 2018).

여 안동에 이르렀다. 이듬해 1월에 개경 수복의 소식을 듣고 2월 25일에 안동에서 환도還都하였는데, 피난 때와 달리 상주와 청주 관내를 경유하여 개경으로 돌아갔다.

환도의 대략적인 동선은 『고려사』의 해당 내용을 통해 확인할 수 있다.[51] 1362년 2월 25일에 안동을 출발하여 2월 27일에 상주에 도착하였다. 이후 6개월간 상주의 행궁行宮에 머물다가 8월 13일에 상주를 출발하여 청주로 향하였다. 공민왕의 어가御駕는 8월 15일에 속리사俗離寺에 행차하였고, 다음날에는 ⑪원암역元岩驛에서 묵었는데, 큰 비가 내려 호종하던 여러 관청들의 장막이 떠내려갔고 심지어 죽은 사람도 있었다. 8월 18일에는 옥주沃州(충북 옥천군)로 향하다가 물이 범람하여 샛길[間道]로 보령현報令縣으로 되돌아가 머물렀고, 다음날에 회인현懷仁縣을 거쳐 20일에 청주목에 도착하였다. 어가 행차의 경로를 조금 더 상세히 언급하면, 안동에서 상주로의 경로는 앞서 소개한 안동~상주의 상주도尙州道 역로를 이용하였다. 안교역(풍산) – ④지보역(용궁) – ⑩수산역(다인)을 경유하여 송라탄에서 낙동강을 건너 상주의 ①낙원역을 통과하여 상주에 이르렀다. 다음 행선지인 속리산 서쪽의 속리사로의 경로는 상주 서쪽의 ⑧낙산역 – 율원栗院 – ⑥장녕역(화령) – ⑪원암역(보령)을 통과하였다. 원암역에서 속리사에 이르기 전에 속리산(=구봉산)의 왕내원王內院에서도 하루를 묵은 것으로 전한다.[52] 이유는 알 수 없지만 보령현 남쪽의 옥주(=옥천군)로 향하였다가 수해水害로 인해 다시 보령현으로 돌아왔다. 결국 보령현에서 차의현車衣峴을 넘어 청주목의 속현인 회인현에 이르렀고, 이곳에서 다시 피반령皮盤嶺을 넘어 청주목에 도착한 것이다.[53]

---

[51] 『고려사』 권40, 공민왕 11년 8월 13일~8월 20일.
[52] 『동국여지승람』 권16, 보은군 역원의 원암역과 왕내원의 세주(細註)에 공민왕의 행차 내용이 확인된다.
[53] 차의현과 피반령의 존재는 『동국여지승람』 권16, 회인현 산천에서 확인된다. 내용에 따르면, 피반대령(皮盤大嶺)은 고갯길이 아홉 번 꺾여 가장 높고 위험한 곳이었다.

한편 내륙 깊은 곳에 위치한 상주는 연해 지역에 비해 고려 말엽 왜구의 침략이 빈번하지는 않았다. 한두 차례 확인되는 상주 관내의 약탈 중에서 1380년(우왕 6)에 침략한 왜구는 상주에 장기간 주둔하면서 큰 피해를 남겼다. 진포鎭浦대첩으로 잘 알려진 '경신년庚申年 왜구'의 주요한 공략지역 중 한 곳이 상주였다. 8월에 금강 하구에 500척의 왜선倭船을 정박하고 병력 대부분이 육지로 곡식과 재화를 약탈하는 사이에 최무선崔茂宣 등이 이끄는 고려군은 화포 공격으로 왜선의 대부분을 불살랐다. 이로 인해 퇴로가 막힌 왜구는 내륙 각처를 돌아다니면서 닥치는 대로 살인과 약탈을 일삼았다. 경산부의 속현이던 옥주沃州(=관산현)를 시작으로 상주계수관 영역으로 진입한 왜구는 이산利山(충북 옥천)·영동·황간·어모현을 불태우고, 중모·화령·공성·청리현을 침략한 이후 상주에 이르러 7일을 머물면서 술판을 벌였다. 이후에 선주善州(일선현)와 경산부 그리고 신곡부곡薪谷部曲을 침략한 다음, 남쪽의 경상도 함양지방의 사근내역沙斤乃驛(이안현)에 이르렀다.54) 이곳에서 팔량현八良峴을 넘어 남원지방으로 향하던 왜구를 이성계李成桂가 무찔렀는데, 이 전투가 유명한 황산대첩荒山大捷이다.

왜구가 충청 내륙지역의 옥주(증약역)-이산현利山縣(토현역)-영동현(Ⓕ회동역)-황간현(속계역)-어모현禦侮縣(Ⓘ추풍역)까지는 경산부도京山府道의 역로를 이용하였다. 어모현에서 한 무리는 공성현·청리현을 침략하고 남쪽에서 상주로 향하였고, 다른 무리는 중모현(Ⓗ상평역)·화녕현(Ⓖ장녕역)을 통해 서쪽에서 상주로 진입하였다. 오늘날 김천과 상주의 경계인 어모현(어모면 구례리)과 공성현(공성면 영오리) 사이의 여남재라는 고개는 '왜넘이재' 혹은 '왜유령倭踰嶺'이라 불렸다. 이 지명은 경신년 왜구의 상주 침공에서 유래된 것으로 이해

---

54) 왜구의 이동 경로는 다음의 사료를 통해 재구성하였다(『고려사』 권134, 열전 47 우왕 6년 8월·권126, 열전 39 변안열;『고려사절요』 권31, 우왕 6년 8월). 또한 선행 연구에서도 상세히 다루고 있어 많은 도움이 되었다(이영, 「'경신년(1380년) 왜구'의 이동과 전투」, 『잊혀진 전쟁, 왜구』, 에피스테메, 2007).

된다.⁵⁵⁾ 왜구는 상주에서 경산부도의 역로를 통해 다시 선주善州와 경산부를 침략하였고, 그 과정에 경산부의 신곡부곡도 약탈하였다. 『대동여지도』상에 확인되는 신곡현薪谷峴의 존재를 통해 신곡부곡의 위치를 오늘날의 김천시 조마면 신곡리로 비정할 수 있다.

이상과 같이, 상주지역의 교통로는 상주계수관과 주읍 그리고 속군현 고을의 지방행정이 이루어지던 통로, 상주계수관을 포함한 경상도의 세곡·공물을 비롯한 물자의 수송로, 상주산성에서의 대몽항전·공민왕의 피난과 환도還都·왜구의 약탈과 같이 전란 시기 왕실과 군대의 이동과 같은 군사도로 등으로 이용되었다. 다양한 임무를 수행하였던 고려시대 상주지역의 교통로는 지역민의 숨결이 스며있는 역사의 현장이었다.

4. 맺음말

한국 전근대 시기 교통로는 지방통치 수단의 일환으로 개설되었다. 고려시대 광역의 상주계수관 내에는 상주목·안동부·경산부의 주읍主邑과 이들 주읍에 소속된 53개의 속군현이 위치하였다. 계수관-주읍-속군현으로 이어지는 지방행정구조는 상주계수관 내의 역도망(상주도, 경산부도) 편성에도 영향을 끼쳤다. 53개의 속군현을 거느린 상주계수관에는 주읍이 세 개뿐이었고, 그로 인해 한 주읍이 17.7개의 속군현을 관할하는 것도 지방제도사에서 특징적이었다. 그런 만큼 상주목을 비롯한 세 주읍이 계수관과 관할구역 내에서 차지하는 위상은 매우 컸다.

이 글에서는 고려시대 상주지역의 역원驛院과 나루 등의 교통시설과 이들로

---

55) 이영, 위의 책, 214~216쪽.

구성된 교통로에 관해 살펴보았다. 2장에서는 광역의 상주계수관 내 역도의 편성 양상을 개관한 다음, 오늘날 상주시를 중심으로 고려시대 교통시설의 분포와 조선 초기 변화상에 관해 서술하였다. 이어서 3장에서는 상주지역에 뻗어 있는 교통로가 역사 속에서 어떻게 이용되었는지를 검토하였다. 상주의 계수관界首官급 중심 거점 고을의 위상에 걸맞게 상주의 교통로는 다양한 교통 활동에 이용되었다. 본문에서 언급한 상주의 교통로에 관한 내용 중에서 주안점을 다시 한번 간략히 언급하면서 글을 맺고자 한다.

첫째, 위에 언급한 상주계수관 내 주읍(상주목, 경산부)의 위상과 마찬가지로, 상주도와 경산부도가 계수관과 관할구역에서 차지하는 비중은 절대적이었다. 상주목과 경산부 영역 전체에 상주도와 경산부도의 역로가 분포한 것은 물론이고, 안동부에서도 역이 있는 11개 고을 중 7개 고을에서 상주도의 역이 분포하였다. 상주계수관 내에 소재하는 55개 역 중 안동부에 소재하는 평구도의 5개 역을 제외한 50개 역, 전체 90% 가량의 역이 상주도와 경산부도 소속의 역이었다. 이 통계를 통해 상주계수관 내에서 상주도와 경산부도의 비중과 역할을 짐작할 수 있다.

둘째, 산지가 발달한 상주목 관내의 서쪽과 남쪽에 편성된 경산부도에는 역 시설이 충분하지 않았다. 그래서 조선 초기에는 청리신역·공성신역을 신설하였다. 이들 역이 신설되기 이전의 고려시대에는 중모현의 장혜원·중생원이나 상주의 공성원·죽현원 등의 원院 시설을 통해 영동군·황간현이나 김산현(김천)·일선현(구미)으로의 교통 활동을 지원하였다. 이처럼 상주의 서남 방면이 조선 초기에 역의 신설과 통·폐합이 잦았던 것에 반해, 상주 동(남)쪽 낙동강을 건너는 역로망은 그대로 유지되었다. 고려시대에 하풍진(용궁군)·낙동진(상주)·여차니진(일선현)에 연계된 역로망이 확립되어 교통운수활동에 활용되었고, 큰 변동 없이 조선시대에도 이어졌다.

셋째, 상주지역의 교통로는 지방행정 업무의 하달과 보고를 위한 행정로,

지방 세곡을 비롯한 물자의 수송로, 전란 시기 군대와 물자가 이동하는 군사로 등으로 다양하게 활용되었다. 상주가 경상도의 첫머리에 자리하였기에 행정로와 물자 수송로의 역할이 컸다. 특히 산지를 넘고 장거리의 물자 운송을 위해 낙동강 수운과 결합된 교통로를 적극 활용하였으며, 조선 초기에 경상도의 조운체제가 변함에 따라 상주지역 교통로의 활용 가치는 더욱 증가하였다. 그리고 1254년 백화산성에서의 대몽항전, 1362년 공민왕의 상주를 경유한 환도還都 과정 그리고 1380년 경신년 왜구의 상주 침공 내용 속에서 당시 상주지역 교통로 개설 현황과 실제의 교통 활동을 확인할 수 있었다.

넷째, 본문에서 열거한 수많은 교통시설과 역로 중에서 상주지역의 주요한 교통로를 추려보면 다음과 같다. 상주에서 낙동강 나루를 통과하는 상주도의 주요 경로는 ⑤덕통역-하풍진-⑩수산역의 코스, 상주 치소-낙동진-②낙동역의 코스, ⑫구어역-여차니진-⑪연향역의 코스이다. 중앙에서 상주계수관으로 사명이 전달되던 상주도의 경로는 소백산지의 대원령大院嶺을 넘어 화봉원-③요성역(문경)-⑨유곡역(호계)-⑤덕통역(함창)을 경유하여 상주 치소에 이르렀다. 또한 산지가 많은 상주의 서남 방면에 Ⓑ낡산역-Ⓗ상평역(중모현)을 지나 영동군이나 황간현으로 이르는 경산부도가 개설되어 있었다. 마찬가지로 산지 지형의 상주 남쪽에서 대두원-Ⓙ안곡역을 통해 낙동강변의 일선현에 도착하였다. 그리고 Ⓙ안곡역에서는 용지원·홍신원의 교통시설을 거쳐 Ⓒ부상역(이상 개령군)-답계역(경산부)을 통해 또 다른 주읍인 경산부에 이르렀다.

03

고려 대몽항쟁과 상주산성(금돌성)

윤용혁
공주대학교 역사교육과 명예교수

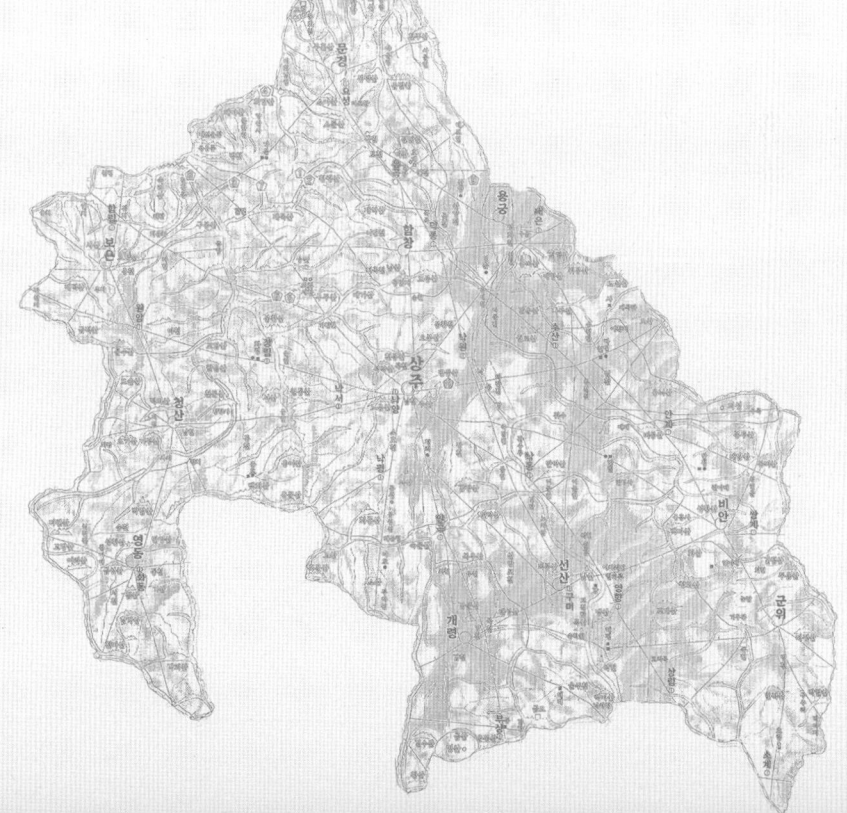

한국은 동아시아 세계에서 독자적 역사의 정통성을 오랜 기간 유지해온 나라 중의 하나이다. 대륙과 해양, 양 방향에서의 이민족의 침략은 여러 차례 한국을 위기에 빠뜨리는 요소였다. 한국 역사에서 경험한 많은 외세 침입의 사례 가운데 13세기 몽고군의 침입은 가장 널리 알려진 사건이다.

'칼의 노래'의 작가 김훈이 『남한산성』을 출판하고서, "다음에는 약육강식에 대하여 쓸 것"이라고 하였다. "아름다움은 홀로 존재할 수 없습니다. 세상의 더러운 것과 악한 것 그 속에서 함께 존재하는 것입니다. 그렇기 때문에 아름다움을 말하는 것은 더러운 것을 함께 말하는 것입니다." 아름다움과 더러운 것, 그것이 함께 있었던 시대의 소재로서 그의 시야에 있었던 것은 미증유의 전란과 문화 창조가 함께 있었던 13세기의 몽고 침입기의 역사였다. "나는 고려시대 몽고 강점기에 황룡사가 불타고 전국이 초토화되는 현실을 목도한 일연이 70세 나이에 산에 들어가 『삼국유사』를 써야 했던 그 처연한 마음을 생각합니다. 그는 황룡사의 불타는 모습을 쓰지 않고 황룡사를 만들 때의 꿈과 희망을 썼습니다."[1] 소설가 김훈이 쓰고자 했던 새로운 작품의 역사적 배경이 바로 몽고군의 침략이었던 것이다.

몽고군의 침입으로 경주가 불탄 것은 1238년(고종 25), 몽고군의 3차(3-3) 침입 때의 일이었고, 상주산성(백화산성)에서 벌어진 몽고와의 전투는 1254년(고종 41) 6차(6-1) 때의 일이었다. 그리고 1238년(고종 25) 경주를 불태운 몽고군도 물론 상주를 거쳐서 간 군대들이었다. 경주로부터 16년 뒤의 일이었던 백화산성에서의 전투는 대몽항쟁사에서 손꼽히는 전투 중의 하나이다. 특히 몽고군의 주력부대와 겨루었던 이 전투가 고려의 정규군이 아닌, 평범한 상주의 사람들, 농민과 승려들이 주도적으로 치렀던 전투였다는 점에서 1254년(고종 41) 백화산을 배경으로 한 상주산성 전투는 상주 역사에서 빼놓을 수 없는 중요한 역사의 한 장면이라 할 수 있다. 그러나 동시에 몽고 전란기에 몽고군은 여러

---

1) 『중앙일보』, 2007년 11월.

차례 경상도에 침입하였고, 그때마다 상주 사람들이 몽고군에 의한 큰 피해와 고통을 피할 수 없었다는 사실도 함께 기억해둘 필요가 있는 일이다.[2]

1. 13세기, 몽고군이 쳐들어오다

1) 몽고군의 고려 침입

고려에 있어서 13세기 몽고 전란은 세 시기로 구분된다. 첫 번째는 1231년(고종 18)부터 1259년(고종 46)에 걸친 몽고군의 고려 침입이다. 이 기간 고려는 무인정권의 시대였으며, 권력을 장악한 무인집정자를 중심으로 고려가 몽고에 강력하게 저항하였던 시기이다. 1259년(고종 46) 고려 태자가 몽고에 입조하였는데, 제2기는 그로부터 1273년(원종 14)까지의 기간이다. 몽고와의 타협은 이루었지만, 고려는 친몽과 반몽으로 분열되어 무인정권과 삼별초 중심의 반몽세력이 몽고에 대한 저항을 지속하였다. 특히 강화도에서 개경으로 환도한 1270년(원종 11)부터 1273년(원종 14)까지는 반몽세력인 삼별초가 진도와 제주도를 거점으로 항전을 지속하였다. 1274년(원종 15)부터 1281년(충렬왕 7)까지의 제3기는 몽고가 고려를 동원하여 일본 원정을 감행하는 시기이다. 이상의 세 시기는 전란의 성격이 각각 다르고 전투의 공간이 같지 않지만, 전란은 실제로 계속하여 이어진 하나의 사건이었다. 그리고 그 기간은 1231년(고종 18)부터 1281년(충렬왕 7)까지 50년이라는 긴 시간, 반세기에 걸치고 있어서 이 시대 사람들의 참상이 어떠하였을까를 짐작하게 한다.

---

[2] 필자는 상주산성 승첩의 역사적 의미에 대하여 누구보다 일찍 주목하여 기왕에 「몽골의 경상도 침입과 1254년 상주산성의 승첩」, 『진단학보』 68, 1989; 「1254년 상주산성 승첩과 백화산성」, 『여몽전쟁과 강화도성 연구』, 혜안, 2011 등의 논문을 발표한 바 있다. 본고의 작성에서는 기왕의 논고를 많이 참조 하였다.

여기에서 주제가 되는 1254년(고종 41) 상주산성(백화산성) 승첩은 몽고 전란의 제1기의 뒷부분에 해당한다. 제1기 29년간 이어진 여몽간의 전쟁은 그 기간이 길었던 만큼 피해 지역의 범위가 광범할 수밖에 없었다. 전란은 압록강에서 제주도까지, 그야말로 한반도 전역에 걸치는 것이었다. 직접적인 전투 이외에도 몽고군의 방화와 약탈, 그리고 농사를 짓지 못하는 시간이 길어지면서 생존 그 자체가 크게 압박을 받는 시기이기도 하였다.

이상과 같은 사정을 좀 더 구체적으로 이해하기 위하여, 몽고 전란 제1기에 해당하는 시기 몽고군의 고려 침입 경과와 고려의 대응 내용을 간략히 정리하면 다음과 같다.

〈몽고군의 침입과 고려의 항전(1231~1259)〉

침입차례	침입기간	주요 침입, 전투지	주요 지휘자	주요 사항
제1차 침입	1231.8~1232.봄	안주, 철주, 귀주, 자주, 광주(廣州), 충주	박서, 최춘명, 이원정, 이희적	
제2차 침입	1232.8~1232.12	광주(廣州), 용인, 대구	이세화, 김윤후(승)	강화천도(1232.7), 적장 살례탑 사살
제3차 침입 (1)	1235.윤7~1235.12경	지평(양평), 안주, 안동, 경주		
(2)	1236.6~1237.초	황주, 서울, 죽주(안성), 아산, 예산, 부안	송문주, 현려, 전공렬, 박인걸	팔만대장경 조판작업 (1236~1251)
(3)	1238.8경~1239.4	개경, 경주		경주 황룡사 소실 (1238.12경)
제4차 침입	1247.7~1248.3	수안, 염주, 전라도		최우 사망, 최항의 정권 계승(1249)
제5차 침입	1253.7~1254.1	철원, 춘천, 원주, 충주, 양양	대금취, 이주, 최수, 박천기, 정지린, 김윤후	적장 야굴 소환
제6차 침입 (1)	**1254.7~1255.2**	**충주, 진천, 상주, 교하(파주), 산청**	**장자방, 임연, 홍지(승)**	**상주산성 승첩**
(2)	1255.8~1256.10	충주, 현풍, 광주(光州), 신안(압해도)	송군비, 한취, 이천	몽고, 연안의 섬 침공
(3)	1257.5~1257.10	태천, 개경, 직산, 전라도	정인경, 이수송	
(4)	1258.6~1259.3	개경, 충주, 강원도(금강산)	안홍민	적장 차라대 사망 (1259.3경)

2) 경상도에서의 몽고 전란

앞의 표에서 정리되어 있는 바와 같이 1231년(고종 18)부터 1259년(고종 46)까지, 대략 30년 동안의 몽고군 침입은 도합 6차, 11회에 걸치고 있다. 11회의 침입 중 몽고군이 경상도에 침입한 것은 1232년, 1235년, 1238년, 1255년, 1256년의 5회에 이르고, 1231년, 1247년, 1253년, 1258년의 경우도 중도에 좌절하거나 포기하였지만 몽고군의 침략이 경상도 방향을 취한 경우였다. 몽고군의 남하는 경상도가 주된 목표점이었던 것이다.

몽고군의 경상도 침입은 고려 정부의 강화천도 직후인 1232년(고종 19)부터 시작되었다. 1232년(고종 19)에 대구 팔공산 부인사에 소장되어 있던 고려대장경이 몽고군에 의하여 소실되었던 것은 널리 알려진 바와 같다. 1235년(고종 22)의 3차 침입 때 몽고군은 개경을 거쳐 경상도로 침입하였다. 이때 몽고군이 어디까지 남하하였는지는 기록에 나와 있지 않지만, 9월에 해평(선산군), 안동을 침입하고 다시 경주로 향했다는 것에 의하여, 경상도 북부 일대에 두루 그 침략이 미쳤다는 것은 분명하다.

1238년(고종 25) 3-3차 침입의 몽고군은 또 경상도로 침입하였는데 이때 경주의 황룡사가 불태워졌다. 이와 관련한 기록은 『고려사』에는 잘 나와 있지 않다. 그러나 이듬해(1239) 초 2월에 지은 이규보의 시에 "기러기는 벌써 북으로 돌아갔는데, 오랑캐는 아직도 남쪽에 남았구나"[3]라고 하여, 몽고군이 경상도에 대한 구략寇掠을 계속하고 있음을 알려주고 있다. 1247년(고종 34) 경상진안동도慶尙晉安東道 안찰부사 전광재全光宰는 경주에서 선승들을 불러 모아 법회를 주관하기도 하였다. 경상도에 침입한 몽고군의 병란을 진정시키려는 법회였을 것이다.

---

3) 이규보, 『동국이상국집』, 「二月虜兵猶在南」.

고려시대의 상주

몽고군의 3(1)차 침략(1235년)	몽고군의 2차 침략(1232년)
	몽고군의 3(3)차 침략(1238~39년)

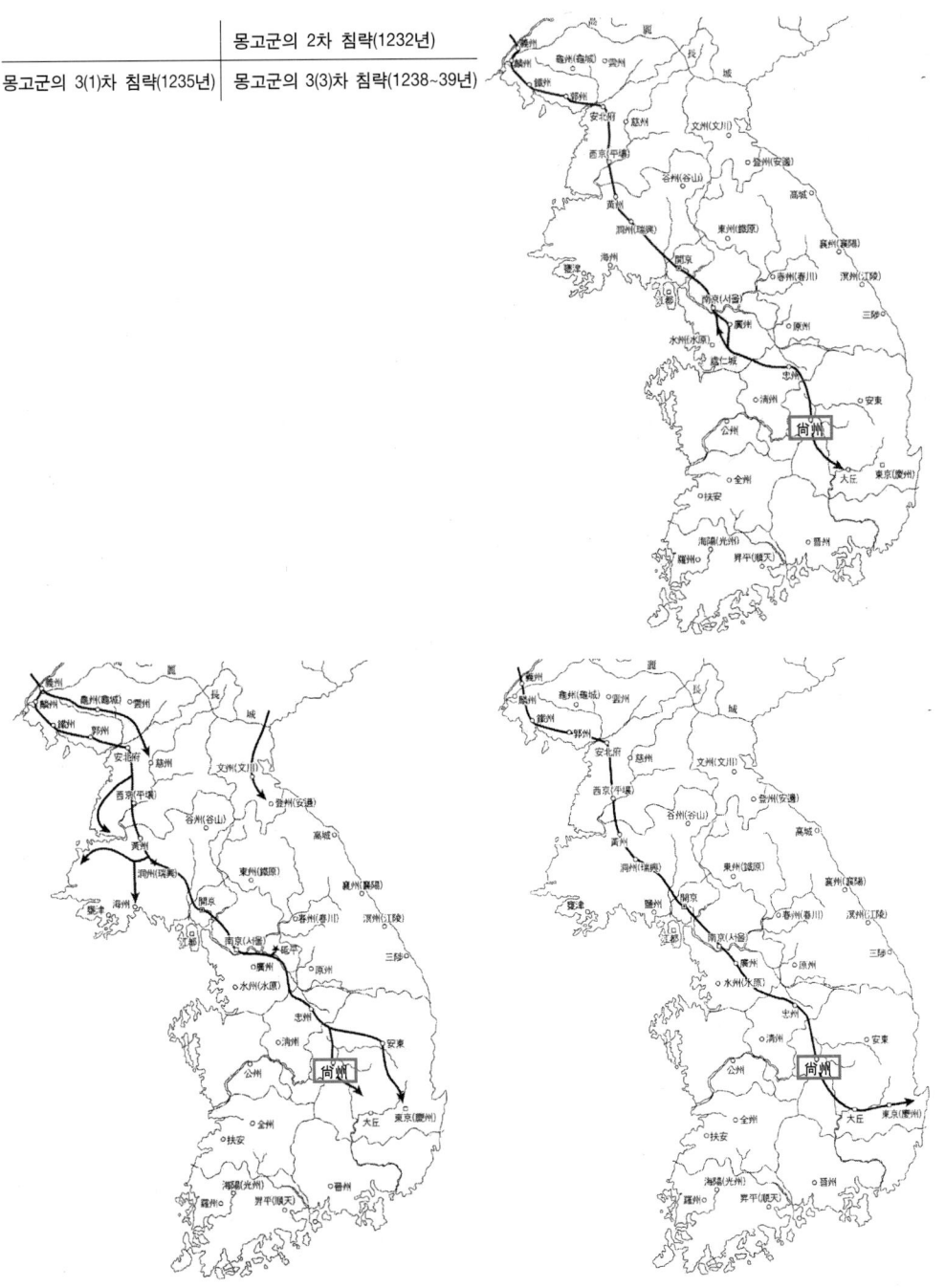

이후 몽고군이 경상도에 다시 진입하는 것은 1254년(고종 41)도의 제6(1)차 침략과 이듬해 제6(2)차 침략 때였다. 그중 1254년(고종 41)의 경우는 차라대의 주력이 경상도의 남해안까지 압박해 들어옴으로써 심각한 피해를 야기하였는데 상주산성에서 입보민들이 몽고군을 패퇴시킨 사건도 이때의 일이었다. 1254년(고종 41) 7월 압록강을 건넌 차라대의 몽고군은 9월에 충주산성을 거쳐 경상도로 진입하였는데, 백화산의 상주산성(금돌성)에서 황령사黃嶺寺의 스님 홍지洪之의 반격으로 크게 타격을 받는다. 이 사실이 10월 19일자에 기록되어 있다. 상주산성에서 퇴각한 몽고군은 각처에서 보복적인 구략을 일삼았고, 이후 단계丹溪(경남 산청군)에까지 내려간다.[4]

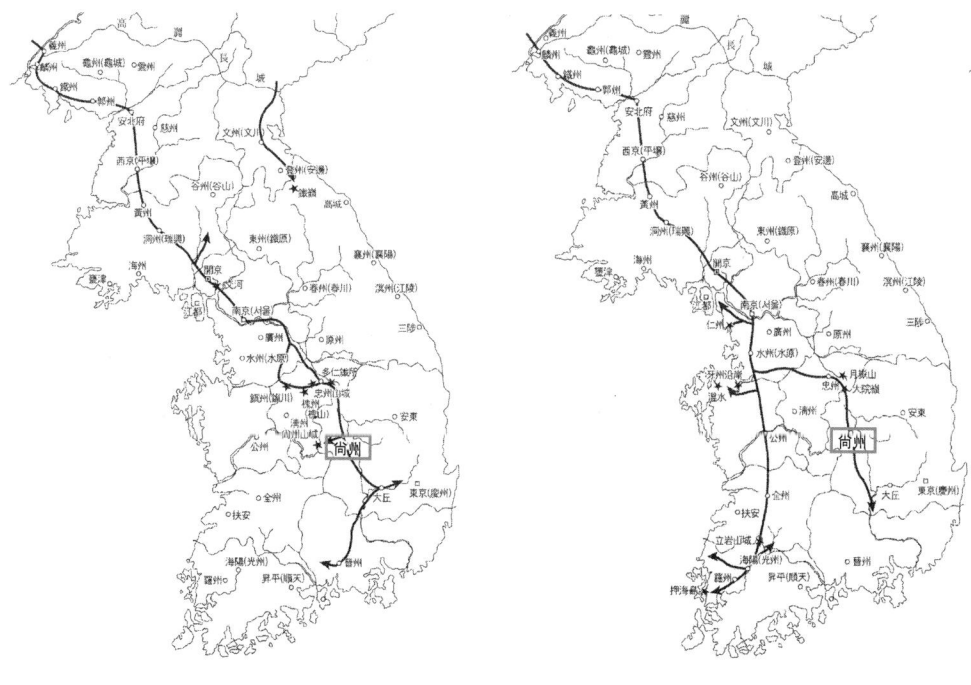

몽고군의 6(1)차 침략(1254~55년)　　　　몽고군의 6(2)차 침략(1255~56년)

---

[4] 여기에서 사용하는 몽고군의 침입 지도는 윤용혁, 『삼별초－무인정권.몽골, 그리고 바다로의 역사』, 혜안, 2014에서 옮겨온 것이다.

몽고군은 경남지역으로 남하하는 과정에서 대구를 경유하였다. 구체적인 내용은 기록이 남아 있지 않지만, 이듬해 철수하는 몽고군에게 포로로 잡혀가던 대구 사람들이 도망하여 당시 몽고군의 상황을 제보하고 있고, 대구 인근 사람들이 팔공산의 공산성公山城에 입보하였던 사실에서도 짐작할 수 있다. 1260년(원종 원년) 2월, 원으로부터 귀국하는 원종을 따라 고려에 입국한 강화상康和尙, 강수형康守衡에 대하여 그가 '진주사람'으로 일찍이 포로가 되어 몽고에 들어갔던 자라고 소개하고 있다. 몽고군이 진주에 들어왔다면 그것은 바로 1254년(고종 41) 차라대군을 지칭하는 것이라 할 수 있다. 이렇게 본다면 당시 몽고군의 진로는 상주로부터 대구, 산청을 경유, 최씨 정권의 경제적 기반지인 경상도 남해안의 진주까지 남하하는 것이었다.

이후 물러났던 차라대군은 1255년(고종 42) 8월에 다시 고려를 침입하여 해를 넘겨 이듬해 1256년(고종 43)까지 각지를 유린하였다. 1256년(고종 43) 상반기 기록에는 이때 몽고군이 전라도와 경상도 양 지역에 동시에 진입하였음을 보여준다. 당시 차라대의 주력은 전라도 방면에 깊이 투입되어 있었기 때문에 경상도의 몽고군은 상대적으로 규모가 작았을 것이다. 경상도의 몽고군은 같은 해 4월, 현풍현(대구시 달성군) 인근에 출현하여 강에 정박중인 현풍현玄風縣의 선박 40여 척을 추격, 남녀 재물을 탈취하였다. 이들 현풍현인들은 중앙에서 파견된 권농사勸農使 김종서金宗敍의 지휘하에 몽고군을 피하여 이동 중이었는데, 김종서는 이때 몽고군의 공격으로 사살되었다. 권농사는 바로 전년인 1255년(고종 42)에 중앙에서 파견된 관리들인데 그것은 농업과 관련된 것이라기보다는 각도 군현민들의 입보를 지휘하는 것이 중요한 업무였다. 입보 이후 상황이 회복되면 다시 돌아와 농사를 짓도록 한다는 취지에서 보면, 권농사의 업무가 입보 지휘와 전혀 관련이 없는 것은 아니라고 할 수도 있다.

현풍현인들은 낙동강 중류에서 40척 선단을 구성하여 인근의 군현에 정박 도중 몽고군의 기습을 받았다. 따라서 이들의 피습현장은 현풍에서 얼마간 떨어진 인근 군현이었다. 건너편 대안對岸의 고령군 지역이거나 보다 남쪽에 있는 창녕·합천(경남) 지역일 수도 있다. 이렇게 볼 때 1256년(고종 43)도의 몽고군은 경상도 북부지역을 종단하여, 아마 경남 지경까지 이르렀을 것이다. 몽고군은 경상도에 모두 5차례에 걸쳐 침입하였다. 그 가운데 상주 경유 여부는 기록상으로는 다 확인할 수 없지만, 상주가 경상도로 진입하는 통로였다는 점에서 그때마다 매번 몽고군이 상주에 침입하였을 가능성은 높다.

2. 몽고군의 상주 침입

1) 상주에 다섯 차례나 침입하다

11회에 걸치는 몽고군의 고려 침입 가운데, 5회는 몽고군이 경상도에까지 침입하였다. 그리고 중부 지역의 통로가 되는 상주는 그때마다 몽고군의 경상도 침입에 통로가 되었을 가능성이 높다. 이와 관련하여 한기문 교수는 『호산록湖山錄』의 시를 근거로 1254년(고종 41)의 백화산을 배경으로 한 상주산성 전투가 상주에서의 세 번째 전투에 해당한다고 하였다.[5] 『호산록』에 의하면 산양현의 신민서申敏恕는 진정국사眞靜國師 천책天頙(만덕산 백련사 제4대 주지)에게 다음과 같이 말하고 있다.

> 상주는 …… 비록 두 번이나 병화에 거듭 짓밟혀 남은 것이 없을 정도로 쓸쓸하게 되었지만, 예부터 하늘이 좋은 세상을 만들 때는 이인異人을 내려보내는 경우가 있었습니다.　　　　『호산록』「유사불산기游四佛山記」[6]

---

[5] 한기문, 「상주의 역사와 백화산」, 『백화산』, 상주문화원, 2001, 63~64쪽.
[6] 『호산록』은 허흥식, 『진정국사와 호산록』, 민족사, 1995를 참고함.

진정국사 관련의 이 기록은 대략 1244년경의 것이므로, 1254년(고종 41) 상주산성에서의 전투 이전에 상주는 이미 두 차례 몽고군의 피해가 있었음을 말해주고 있는 것이다. 그렇다면 1254년(고종 41) 이전, 2회에 걸친 몽고군의 상주 침입은 언제의 일이었을까. 이에 대하여 한 교수는 대구 부인사 대장경의 소실이 있었던 1232년(고종 19)과, 경주 황룡사가 불태워졌던 1238년(고종 25)을 들었다. 아울러 1247년(고종 34)에도 경상도의 안찰부사 전광재全光宰가 경주에 출진出鎭, 선승禪僧을 모았다는 기록으로 미루어 몽고군의 상주 침입 가능성이 높다고 파악하였다.[7] 1247년(고종 34) 경주에서의 선승 집회에 대한 기록은 "정미년(고종 34, 1247)에 금성(경주)에 출진, 선승들을 불러 모으고 서룡선로瑞龍禪老 연공連公을 초청 법회를 주관케 함으로써 몽고군의 침입을 물리쳤다"고 한 기록이다.[8]

그렇다고 보면 몽고군은 1254년(고종 41) 상주산성 전투 이전에 1232년, 1238년, 1247년의 경상도 침입 때마다 상주에 침입한 것이라고 할 수 있다. 뒤이어 몽고군은 1254년 백화산의 상주산성에서 전투를 벌였고, 1255년과 1256년 사이에도 상주를 경유했던 것으로 보인다. 요컨대 몽고군은 1231년부터 1259년 사이에, 모두 5차례에 걸쳐 상주에 침입하여 경상도 일대로 남하하였다는 사실을 알 수 있다. 이에 따른 상주지역의 피해가 적지 않았을 것은 짐작하기 어렵지 않다. 앞의『호산록』기록에 상주가 1232년과 1238년의 병화에, "거듭 짓밟혀 남은 것이 없을 정도로 쓸쓸하게 되었다"는 기록에 의해서도 이 점은 입증되는 바가 있다.

---

7) 한기문,「상주의 역사와 백화산」,『백화산』, 상주문화원, 2001, 64쪽.
8) "越丁未歲 出鎭金城 裒集禪侶 請瑞龍禪老 連公 主法點示 以禳蒙寇"(『고려대장경』제45권(보유), K.1500)

2) 난을 피하여 산성으로 입보하다

몽고군의 침입에 대한 고려 정부의 가장 중요한 대응 조치는 산성 혹은 섬으로 사람들을 입보시키는 것이었다. 군현의 수령, 혹은 중앙에서 파견된 방호별감 등의 지휘에 의하여 입보책이 적극적으로 추진되었지만, 일종의 피란으로서도 산성 입보는 흔히 이루어진 몽고군에 대한 대응 방식이었다. 내륙에서는 산성으로의 입보, 해안 지역에서는 섬으로의 입보가 주로 이루어졌는데, 섬이 거의 없는 경북지역에서는 산성으로의 입보가 일반적이었다.[9]

경상도에서의 산성 입보에 대한 기록은 차라대 침입기인 전쟁의 후기에 주로 나타난다. 1254년(고종 41) 2월의 기록에 "충청, 경상, 전라 3도 및 동주도東州道와 서해도西海道에 사신을 보내 산성과 해도에 피난한 곳을 둘러보고 토지를 헤아려 주도록 하였다"[10]고 하였다. 이것이 2월에 내려진 몽고 5차 침입 이후의 대책이었다는 점에서, 이 자료는 전년인 1253년(고종 40)에 산성 입보가 경상도에서도 광범하게 이루어졌음을 말해준다. 경상도에 대한 몽고 침입이 그 이전에 진행되었던 만큼 실제 경상도에서도 전쟁 초기부터 입보는 진행되었을 것이다. 가령 1232년(고종 19) 팔공산 부인사에 있는 대장경이 소실되었는데, 당시 대구 사람들 다수가 팔공산으로의 입보가 이루어진

몽고 전란기 상주의 대표적 피란 입보처 백화산 원경

---

9) 경북지역에서의 해도 입보는 거의 가능하지 않았을 것이다. 다만 울산의 연자도 유적을 필자는 해도 입보의 사례로서 파악하였고, 이때 입보민의 일부는 경주에서도 입보했을 가능성을 언급한 바 있다. 윤용혁, 「여몽전쟁기 경상도에서의 산성·해도 입보」, 『군사』 100, 2016, 58~63쪽 참조.
10) 『고려사』 78, 식화 1, 경리(經理).

가운데 벌어진 일이었을 것이다.

1253년(고종 40)에 이어 1254년(고종 41) 차라대의 6차 침입인 1256년(고종 43) 몽고군의 침입에서 경상도의 여러 지역은 수령이나 중앙에서 파견된 관리들에 의하여 산성 입보책이 광범히 전개되었던 것으로 보인다. 특히 1256년(고종 43)에 정부의 경상도민에 대한 적극적인 입보조치가 이루어지고 있는데 이는 고종 41년의 전쟁에서 다수의 경상도민이 몽고군에 의해 포로가 되었던 것과 무관하지 않다고 생각된다.

고종 41년(1254)도 차라대의 침략은 고려 각처에 혹심한 피해를 입혔다. 『고려사』 「고종세가」 41년 10월, 재신宰臣들이 대묘大廟에 올린 글에는 "백성은 형세가 궁하여 죽은 자는 해골을 묻지 못하고 산 자는 노예가 되어 부자父子가 서로 의지하지 못하고 처자妻子가 서로 보존하지 못한다." 하였고, 또 "이 해에 몽고병에게 사로잡힌 남녀가 무려 20만 6천 8백여 인이요, 살육된 자는 무려 헤아릴 수가 없었고, 지나가는 곳마다 모두 잿더미가 되었다."는 것이다. 상주산성 전투가 있었던 1254년(고종 41) 한 해에 포로만 20여 만이라 한 것은 이 전쟁이 얼마나 고려에 많은 피해를 입혔는가를 짐작하게 한다. 그 많은 피해의 일부는 경상도와 상주 지역에서의 피해였던 것이다.

몽고군에 의한 피해는 직접 적군의 칼날에 죽임을 당하거나 포로가 되는 것 이외에도, 침략군을 피하여 산성 등지에 황급히 입보하여 목숨을 보존하였던 입보민들에게도 심각한 것이었다. 경상도 지역에서의 대표적 입보 거점은 상주, 대구, 경주, 진주 등이었다. 상주에서는 백화산 금돌성이 대표적 입보처였고, 대구에서는 팔공산의 산성에 입보하는 이들이 많았다. 물론 여타 지역이나 다른 산성에서도 몽고군의 침입 때마다 입보 피란이 되풀이되었을 것이다. 진주는 남해도의 입보 가능성이 있고, 경주의 경우는 서쪽에 위치한 부산성富山城이 주요 입보처였던 것이 아닐까 추측한다. 이러한 가운데 경상도민은 전쟁과 피란의 갈래에서 안팎으로 심각한 고통을 경험하였으며, 다른 한편으로는 침략군에 직접 맞서 무력항전을 벌이기도 하였다.

3) 충주에서의 전투 상황과 상주

몽고 침입기 충주에서의 전투 상황은 상주지역의 상황과 밀접한 관련을 갖는다. 몽고군이 상주에 이르기 위해서는 먼저 충주를 경유하게 되는데, 충주에서 여러 차례 전투가 벌어지고 그 결과가 상주에 직접적인 영향을 미쳤기 때문이다.

대표적인 전투는 상주산성 전투 전년인 1253년(고종 40) 10월, 충주성을 둘러싼 공방전이었다. 무려 70여 일을 계속한 이 전투에서 당시 몽고군은 주장主將 야굴也窟의 지휘하에 부장副將 아무간阿母侃, 그리고 반역자 홍복원洪福源과 이현李峴 등의 안내를 받은 주력군이었다. 그러나 충주 관민들의 항전은 강력하였다. 당시 충주민들의 치열한 항전상은 이듬해 고려 정부가 산천신山川神에 제사하는 기고문祈告文에 다음과 같이 묘사되고 있다.

> 또 전년(고종 40)에 적이 대거 침입하여 동쪽 지역의 몇 성이 며칠 사이 모두 짓밟히매 적은 승승장구, 예봉을 풀어 곧 군사를 충주로 옮겨 빗발 같은 시석矢石과 우뢰같은 전고戰鼓로 여러 달 공격하니 남은 성들이 거의 위태하였습니다. 이때를 당하여 만약 이 성이 함락되었던들 그 밖의 여러 성보城堡는 가볍게 석권될 수밖에 없었는데 다행히 월악대왕月嶽大王께서 큰 위력을 나타내어 도와주시므로 이에 능히 지킴으로써 만세의 공을 이루었습니다.
>
> 『고려사』 24, 「고종세가」 41년 12월 갑신

충주성 포위 다음 달인 11월에 몽고의 야굴也窟이 기병 1천을 거느리고 먼저 전선에서 물러난다. 야굴이 소환된 이후, 몽고군은 부장副將 아무간阿母侃과

충주시 마즈막재 언덕에 세워진 대몽항쟁 전승기념탑

홍복원의 지휘로 충주성 공격을 계속하였다. 그러나 충주성은 끝까지 사수되었다. 그리하여 12월 18일자 『고려사』의 기록에는 "충주에서, 몽고군이 포위를 풀었다는 것을 치보馳報하였다."고 적고 있다. 10월부터 12월 중순까지 무려 70여 일에 걸친 끈질긴 공격을 방어해 냄으로써 충주민은 5차 침략의 몽고군을 좌절시켰던 것이다. 이 전투에서 특별히 공을 세운 것은 충주산성 방호별감 김윤후金允侯였다.

1253년(고종 40) 전투 이후에도 충주에서는 여러 차례 크고 작은 전투가 벌어졌다. 1254년(고종 41)에는 차라대가 충주산성과 다인철소에서 전투를 치른 후 경상도로 남하하였으며, 이때 황령사 승 홍지가 지휘하는 상주 백화산성에서 격파되었다. 이듬해 1255년(고종 42) 10월 2일에는 몽고군이 대원령大院嶺을 넘는데 충주에서 정예를 파견, 몽고군 1천여 명이 격살되었다. 충주민들이 지리적 여건을 이용, 인근의 대원령에서 남하 중인 몽고군을 요격한 것이다. 이같이 여러 차례의 전투를 승리로 이끌었지만 1256년(고종 43) 4월 충주는 몽고군의 포위 공격으로 함락되었다. 구체적인 경과는 알 수 없지만 당시 충주의 관리들과 일부의 충주 사람들은 인근의 월악산에 피하여 있었다. 몽고군은 성을 함락하자 그동안 충주에서의 연속적 패배에 대해 보복하는 의도 때문이었는지 충주성에 대한 비참한 '도륙'을 자행하였다. 이처럼 충주에서는 여러 차례 전투가 있었고, 충주에서의 전투 사정에 따라 경상도로 진입하기도 하고, 충주에서 되돌아가기도 하였다. 백화산성에서의 승첩이 있었던 1254년(고종 41)의 경우에도, 충주에서의 전투가 치러진 후 차라대군이 상주로 남하해 온 것이다.[11]

3. 1254년 상주산성 승첩과 홍지

1) 1254년 상주산성 승첩

백화산 상주산성에서의 승첩에 대한 『고려사』의 기록은 「고종세가」 41년 10월 19일자에 기록되어 있다.

> 차라대가 상주산성을 공격하므로 황령사黃嶺寺의 승僧 홍지洪之가 제4관인第4官人을 사살하였다. 사졸의 죽은 자도 과반수에 달하여 드디어 (적이) 포위를 풀고 물러갔다.

라고 한 것이 그것이다. 이에 의하여 상주산성에서의 전투가 1254년(고종 41)의 10월에 있었던 사건임을 알 수 있다. 1개월 전인 9월, 이들 차라대군은

---

[11] 충주에서의 항몽 전투에 대해서는 윤용혁, 「몽골의 침략에 대한 고려 지방민의 항전 – 1254년 진주(진천)민과 충주 다인철소민의 경우」, 『국사관논총』 24, 1991; 윤용혁, 「충주민의 대몽항전과 몇 가지 관련 문제」, 『예성문화』 16·17, 1996 등 참고.

충주에서 전투를 벌이고 있었다. 당시 충주에서의 전투는 충주산성과 다인철소에서의 전투가 기록에 남아 있다. 1254년(고종 41) 9월 14일자 기록에서는 "차라대車羅大가 충주산성을 공격하는데 갑자기 비바람이 크게 휘몰아쳤다. 성안 사람들이 정예를 뽑아 맹렬히 반격하자 차라대가 포위를 풀고 드디어 남쪽으로 내려갔다"고 하였다. 여기에서의 충주산성은 현재 제천시에 위치한 월악산月嶽山의 산성으로 추정된다. 충주의 관리와 백성들은 몽고군이 침입하자 월악산성(덕주산성)에 피란하여, 적의 포위 공격에 대응하였다. 성안의 충주 민들은 이미 여러 차례 항전의 경험을 가지고 있었던 터라 자체적으로 방어조직을 편성, 적의 공격에 치밀하게 대응한 것이다.

이 무렵 충주시 이류면利柳面 일대로 비정되는 다인철소多仁鐵所에서도 몽고군과의 전투가 벌어졌다. 철소鐵所란 철의 생산 및 철제 농기구와 무기류 등을 제작하는 지역이다. 전시에는 특히 무기류 생산이 중요한 작업이었을 것이다. 이 전투에 대해서는 "고종 42년, 다인철소의 사람들이 몽고군을 막은 공이 있었으므로, 소所를 올려 익안현翼安縣으로 승격시켰다"는 기록이 있다. 1254년(고종 41) 전투의 승전에 대하여 이듬해(1255) 군현 승격이라는 포상이 이루어진 것이다. 다인철소민의 항전이 어떠한 것이었는지 구체적 상황은 거의 알 길이 없지만, 이 전투의 공으로 이듬해 1255년(고종 42) 철소가 현으로 승격한 것이다.

상주산성에서의 전투는 규모나 의의에 비할 때, 그 내용을 알리는 기록은 극히 소략하다. 위에서 인용한 『고려사』 기록에 의하면, 당시 상주산성 방어전을 지휘했던 인물은 황령사黃嶺寺의 홍지洪之라는 스님이었고, 이 전투에서 몽고군은 사졸의 과반을 잃을 정도로 큰 피해를 입었다. 이름은 밝혀져 있지 않으나 차라대 휘하의 유력한 부장이었던 '제4관인'이 사살당할 정도로 그 피해는 심각하였다.

차라대의 충주산성 공격 및 남하에 대한 기사는 9월 14일자였고, 상주산성에서의 전투는 10월 19일자에 기재되어 있다. 이로써 생각하면 상주산성의 전투기록은 여몽간의 공방전이 대략 20여 일 이상의 장기전이었음을 암시한다. 상주에 침입한 몽고군이 산성에 입보한 사람들을 추격하여 백화산에까지 이른 과정을 생각하면 몽고의 상주산성에 대한 포위 공성攻城은 대략 20여 일로 추정되는 것이다.

상주산성 전투에서 무엇보다 주목되는 것은 당시 이 산성의 입보민들이 중앙정부와 아무런 관련을 갖지 않은, 순수한 지역민들에 의한 자위적自衛的 항전이었다는 점이 그 중요한 특징이다. 여기에서 전투의 지휘가 정부의 공식 직함을 갖지 않은 지역에 거주하던 승려에게 맡겨진 사실에 주목하게 된다. 이것은 당시 관리들이 이 성에 입보해 있지 않았다는 것을 말해주기 때문이다.

몽고군은 상주에 여러 차례 침입하였다. 상주의 관리들은 그때마다 관아에서 지리적으로 가까운 병풍산屛風山에 주로 입보하였을 것이다. 병풍산의 산성은 '상주 동쪽 10리' 지점, 낙동강변의 병풍산(해발 366m)에 위치, 주州 관아와의 지리적 근접성 등을 고려할 때 쉽게 입보가 가능한 곳이다. 『경상도속찬지리지慶尙道續撰地理誌』(1469) 등에 그 이름이 등장하는데 『신증동국여지승람新增東國輿地勝覽』에서는 '사벌국 고성沙伐國古城'으로, 그리고 『여지도서』에서는 '후삼국시대 견훤의 부 아자개의 거성이었다'고 하고 있어, 역사적으로 매우 중요한 지역이었음을 말해준다.

조사 결과에 의하면 산성은 병풍산의 두 봉우리를 연결하였으며, 둘레는 1,864m이다. 내성과 외성으로 되어 있으나, 테뫼형의 내성은 230m 정도에 불과해 외성과의 관계가 불확실하다. 토축 혹은 토석 혼축이며 경사가 급하여 훼손이 심한 상태이다. 전망이 뛰어나 낙동강과 상주 일대가 잘 파악된다. 삼국시대의 치소성이라기 보다는 후대의 피난성일 것으로 추정된 바 있다.[12]

---

12) 박종익, 「상주 병풍산성」, 『상주 병풍산』, 상주박물관, 2014, 93~112쪽 참조.

관아와의 근접성과 지형적 특성에서 생각하면 상주의 관리들이 몽고군을 피하여 입보한 성이었을 것이다.

1254년(고종 41) 황령사의 승려를 비롯한 인근 주민 다수는 멀리 백화산성의 계곡에 들어가 있었다. 상주의 관리들은 당시 이곳에 입보해 있지 않았을 것이다. 방호별감이나 관리가 들어와 있었다면 그들이 전투를 지휘했을 것이기 때문이다. 이러한 상황에서 상주민들은 백화산의 지형을 효과적으로 활용하여 몽고군을 궤멸시키기까지 이른 것이다. 백화산에서의 승첩은 지역민들의 순수한 항전으로 이루어졌지만, 관리들이 함께 있지 않은 탓으로 그 역사적 사실과 의의가 간과되고 묻혀버리는 결과를 가져온 것도 사실이다.

2) 상주산성 승첩의 의의와 황령사 승 홍지

1254년(고종 41)의 상주산성에서의 승첩은 고려의 대몽항전사에서 1232년(고종 19)의 처인성 승첩과 여러 가지 점에서 유사하다. 두 전투가 모두 지역민들의 순수한 자위적 항전이었다는 점, 지휘자가 관리나 무반 장군이 아닌 현지의 승려였다는 점, 전투 결과 고려 측이 크게 승리한 전투였다는 점 등이 그렇다. 이러한 점에서 상주산성의 승첩은 적장 살례탑을 사살했던 처인성 승첩과 함께 대몽항전사의 중요한 전투 사례로서 주목되어야 할 것이다. 이 전투에 대해 극히 간략한 기록밖에 남아 있지 않은 것은, 경상도 각처에서의 몽고군의 구략과 유린에 대하여 자위적 차원에서 항전하였을 많은 사실 역시 기록되지 못한 채 침묵 속에 묻혀버렸을 것이라는 확신을 갖게 한다.

1254년(고종 41) 상주산성 전투의 영웅은 첫째는 입보한 상주민들이고, 둘째는 황령사의 승 홍지였다. 홍지는 상주산성 전투에 참여한 사람으로서는 유일하게, 그 이름과 신분이 밝혀져 있는 인물이기도 하다. 삼별초 이전 몽고와의 전투에서 가장 널리 알려진 영웅은 역시 처인성 승첩의 승 김윤후이다. 김윤후는 1232년(고종 19) 승첩 이후 다시 1253년(고종 40) 충주에 방호별감으로 파견되어 큰 공을 세운 바 있고, 그에 대한 기념탑이 충주시에 건립되어 있다. 여몽전쟁에서 김윤후에 필적하거나 버금가는 인물을 들라면 황령사 승 홍지가 꼽힐만하다. 전투에서 큰 승리를 거두었다는 점도 그렇지만, 군사적 책임을 가진 것도 아닌 승직, 민간인 신분으로 상주의 입보민을 지휘하여 큰 공을 세웠다는 것은 더욱 그 의미를 높이는 것이다.

홍지가 속해 있었던 황령사에 대해서는 『신증동국여지승람』 29, 함창현咸昌縣에서 현의 서쪽 37리, 황령산에 소재한 것으로 되어 있는데, 상주시의 북쪽, 은척면銀尺面 황령리黃嶺里이다. 이곳은 충청에서 진입하는 경상도의 초입부初入部에 해당한다. 조선시대의 각종 지지류와 지도에도 그 이름과 위치가 표시되어 있다. 이로써 생각하면 황령사는 몽고군의 침입으로 피해를 보았으나 전란 후에 다시 복구되어 조선시대 후기까지 그 법맥을 유지하였던 절이다. 그러나 고려시대의 유구는 경내에서 아직 확인된 바가 없기 때문에 추후 세밀한 고고학적 검토가 요구되는 것이기도 하다.

승 홍지에 대해서 한 가지 지적해두지 않으면 안되는 것은, 그 공에 대한 포상 기록이 없다는 점이다. 여몽전쟁기 무인정권의 강도 정부는 지방에서의 항전을 격려하는 차원에서 여러 방식으로 전쟁 포상을 시행하였다. 지역민의 세금 면제, 군현 위계의 승격, 개인 포상 등이 그것이다. 가령 1232년(고종 19) 처인성 전투에 대한 포상에서는 지휘자 김윤후를 낭장으로 임명하고 처인부곡을 처인현으로 승격하였다. 1253년(고종 40) 충주성 전투에 대한 공으로 충주는 국원경으로 승격하고, 이듬해 1254년(고종 41) 충주 다인철소 전투에서는 철소를 익안현으로 승격하는 조치를 취하여 그 공을 공식적으로 보상하였던 것이다.

상주시 은척면의 황령사와 항몽기념탑의 승 홍지

　위와 같은 전례에 비추어 상주산성 승첩은 충분히 정부의 포상을 받아야 하는 전투였는데도 불구하고, 포상에 대한 기록이 남아 있지 않다. 기록이 남아 있지 않다는 것은 실제 포상이 이루어지지 않았기 때문일 가능성이 많다. 그 이유가 무엇 때문이었는지는 잘 짐작이 되지 않는다. 그러나 다른 전쟁의 유공자들과 달리 1254년(고종 41)의 전쟁 영웅 홍지와 상주민들의 공에 상응하는 포상을 받지 못했다는 것은 후대의 사람들이 기억해주어야 할 일이라 하지 않을 수 없다. 미흡하지만 후대인들의 기억이 영웅의 위업에 대한 적지만 하나의 보상이 될 수 있기 때문이다.

　승 홍지의 상주산성 전투 참여는 홍지 개인이 아니라 황령사를 비롯한 승려들의 참여를 암시한다. 홍지가 원래 상주 출신인지는 알 수 없으나, 그는 상주의 황령사에 몸을 담고 있었고, 1254년(고종 41)의 상주산성 전투에서 큰 공을 세웠다는 점에서 고려시대 상주의 인물로서, 무엇보다 상주와 상주사람들로부터 우선적으로 기억되고 주목을 받아야 할 인물일 것이다.

4. 상주산성, 백화산성, 금돌성

1) 상주산성과 백화산성

황령사의 승 홍지의 지휘로 차라대의 몽고군에게 타격을 주었던 전투지에 대해『고려사』에서는 '상주산성'이라 하였다. 이 상주산성이 어디를 가리키는 것인지에 대해서는 엄밀한 검토의 과정이 필요한 문제이다. 가령 몽고전란기 대표적 전투지였던 '충주산성(충주성)'의 경우는 지금도 여전히 현장이 확정되지 않은 채 논란이 이어지고 있는 실정이다. 1253년(고종 40) 김윤후와 함께한 충주항전의 전투 현장은 기왕에 충주시 소재의 남산성으로 알려져 왔으나, 근년의 일련의 조사에 의하여 이 성이 고려 대몽항전 당시의 성으로 보기는 어렵다는 결론에 이르렀다. 문제의 '충주성(충주산성)'이 충주읍성에 해당하는 충주성이라는 의견도 있고, 대림산성이었을 것이라는 견해가 제기되어 있지만, 여전히 문제가 정리되지 않은 상태인 것이다. 이 때문에 항전기념비는 전투의 현장과 무관한 제3의 장소에 세워지고 말았다.

충주산성과는 달리 상주산성에 대해서는 대략 백화산성(금돌성)이라는 것으로 의견이 모아져 있다. 백화산이 입보처로서의 일반적 조건에 부합할 뿐만 아니라, 조선조의 자료이기는 하지만 상주산성을 '백화산성'으로 지목한 구체적인 자료들이 있기 때문이다. 조선조 상주읍지『상산지商山誌』에서 "고려 고종 때 몽고병이 충주로부터 상주 백화산성을 공격하므로 황령사의 승 홍지가 화살을 쏘아 (적의) 관인과 사졸의 죽은 자가 과반이었으므로 드디어 포위를 풀고 물러갔다"고 한 것이 그것이다.[13] 이 기록은『고려사』고종 41년 상주산성 전투에 대한 기록을 거의 그대로 전재하면서 '상주산성'이 실제로는 '백화

---
13) 『(증보)상산지』 고적조.

산성'임을 명시한 것이다.

　백화산성이 대몽항전 당시 상주민들의 일반적인 입보처로서 활용된 성곽이었다는 것에 대해서는 다음과 같은 자료도 있다.

> 고려 때에 상주의 아전吏 김조金祚에게 만궁萬宮이라는 일곱 살 난 딸이 있었는데 부모가 단병丹兵을 피하여 백화산성白華山城으로 가다가 쫓는 군사가 가까워지자 창황하여 길가에 버리고 도망하였다가 사흘 뒤에 수풀 밑에서 찾았다. …… 15세가 된 뒤에 호장戶長 김일金謐에게 출가하여 록祿이 세 아들을 낳았는데 맏아들이 득배得培이다.　　　　　　　『세종실록지리지』 상주목 인물조

　공민왕조에 정당문학政堂文學을 지낸 상주인 김득배金得培(1312~1362)의 선계先系와 관련한 위의 기록은 고려시대 외적의 침구시 상주민들이 난을 피하여 백화산성에 입보하였던 사실을 말해주는 것이다.[14] 그런데 여기에서 사건의 배경이 되고 있는 단병丹兵의 침입이라는 것은 대몽항전기의 몽고군을 지칭하는 것이다. '단병丹兵'이라는 표현 때문에 이 사건을 고종조 거란족의 침구(1216~1219)와 연결해 볼 수도 있는데, 당시 거란족이 상주에까지 침입한 사실이 없는 데다 연대적으로도 합치하지 않는다. 즉, 외적의 침입은 김득배의 증조모인 만궁萬宮이 7세였을 때의 일인데, 15세에 출가하여 큰 손자 득배가 1312년(충선왕 4)에 출생한 사실을 전제할 때 1백년의 차이가 벌어져 맞지 않는 것이다. 따라서 위에 인용한 상주민들의 백화산성 입보는 거란족 이후의 사건인 몽골침입기, 즉 고종조 말년의 일로 파악된다.

　몽고군 침입을 '단병丹兵'의 침략으로 기록한 사례는 『여지도서』 황해도 서흥현瑞興縣에서도 보인다. 여기에서는 1247년(고종 34) 몽고 아모간 침입시의

---

14) 같은 내용의 기록이 『고려사』 113, 김득배전에 실려 있다.

사건을 '단병丹兵'으로 기록하고 있다. 김조金祚의 백화산성 입보를 1254년(고종 41) 상주산성 전투 시의 경우로 간주하게 되면 김득배의 증조모 만궁萬宮이 출가한 것은 1262년(원종 3)이 되어, 손자 득배得培의 출생과 50년 간격이기 때문에 적당한 터울이 된다. 이러한 전제 가운데서 보면 상주의 아전 김조金祚가 몽고군을 피하여 백화산성에 입보하였던 이 사건도 1254년(고종 41) 9월경, 차라대의 상주 침입 당시의 일이었다고 확정할 수 있다.

2) 입보처로서의 백화산

백화산성은 상주로부터 서쪽으로 50여 리 떨어진 속현屬縣 중모현中牟縣에 소재하는데 '높고 험하며' 성안에 계곡과 더불어 샘이 다섯, 그리고 군창의 시설이 있었던 것을 보면,[15] 방어적 측면에서 유리한 여건이었음을 짐작할 수 있다. 실제로 백화산의 산성은 소백산맥의 줄거리에 위치하며 계곡이 깊고 또한 험준한 산록에 위치해 있다. 물이 풍부하고 지리적 측면에서도 방어 요건이 우월하였기 때문에 입보한 상주민들이 황령사 승 홍지의 지휘 하에 성을 지키는 한편으로 유격전의 방법을 활용하였음이 분명하다. 항몽 승전지 '상주산성'이 백화산성일 것이라는 공간의 문제는 의심의 여지가 없다고 할 수 있다. 백화산은 소백산맥의 지맥으로 예로부터 빼어난 산수로 이름이 있는 곳이다.

> 백화산은 중모현 서쪽에 있는데 상주와의 거리는 77리이다. 소라껍데기 같은 모습의 우뚝 솟은 봉우리들이 가로로 펼쳐져 다 기록할 수 없다. 그 아래로는 큰 내가 산을 감싸고 흘러 남으로 사담沙潭에 이르러서는 혹 맑고 깨끗한 물이

---

15) 『세종실록지리지』 상주목.

깊어져서 못 골[담동潭洞]을 이루기도 하고, 혹은 흩어져 비단 폭을 이루기도 한다. 개울을 따라서는 가파른 절벽이 깎아 세운 듯 섰는데 절벽 사이에는 묵은 소나무와 기이한 화초가 많다. 　　　　『상산지』 창석본蒼石本

이 백화산의 최고봉인 한성봉(933m)을 중심으로 그 남쪽 계곡을 내외 2중의 포곡식으로 둘러쌓은 것이 백화산성이다. 한성봉은 일제 때 포성봉捕城峰으로 이름이 바뀌어 근년까지도 공식적인 지명으로 되어 있었으나 지역주민들의 노력으로 2008년 그 이름을 되돌려 국토지리원의 공식적 지명 개정이 이루어졌다.

백화산성은 삼국시대 신라의 대백제 전초기지로 유명한 금돌성今突城으로 간주되고 있거니와, 근년의 조사 결과에 의하면 석축의 내·외성으로 축성되고 성으로의 접근을 방지하는 차단성이 다시 그 전면에 시설되어 있다. 내성은 한성봉의 계곡에 형성된 보문곡을 'ㅁ자' 모양으로 둘러쌓았는데 전체 길이가 4,230m, 면적은 934,122m²이다. 남벽에는 남문지와 암문지, 망대와 망루지 등의 시설이 있고, 북벽의 북문지 부근 약 80m 구간은 성벽을 복원하였다. 외성은 내성의 아래쪽, 계곡 입구 쪽에 내성에 덧붙여 축조하였는데, 내성을 보호하는 차단성의 기능을 하는 것으로 보인다. 길이 1,945m, 면적은 325,673m²이다. 내·외성의 외곽에 다시 차단성이 시설되어 있는 점은 백화산성의 한 특징이다. 차단성은 백옥정白玉亭 아래 석천 입구에서 1.4km 안쪽 계곡 능선 상에 구축되어 있다. 이는 계곡으로 진입하는 대규모 적을 일차적으로 차단하는 기능을 갖는 것이다. 험한 산세에 비하여 계곡부의 공간이 개방된 것에 대한 대응책인 것으로 보인다.[16]

백화산록白華山麓의 계곡, 저승골은 몽고군이 고려군의 유격에 협공당하여

---

16) 최재현, 「상주 백화산 금돌성」, 『상주 백화산』, 상주박물관, 2015, 82~118쪽.

몰살했다는 전설이 내려오고 있다. 백화동천白華洞天 제1경인 '저승골'은, 워낙 계곡이 험하고 암벽의 경사가 심하여 한번 들어가면 도저히 나올 수가 없는 곳이라고 한다. 그 밖에 방성재, 전투갱빈 등의 지명이 전한다. '방성재'는 홍지 등에게 격파된 몽고군의 패잔병이 방성대곡을 하며 넘어갔다는 고개이고, '전투갱빈'은 몽고군의 침입 때 전투가 일어난 '강변'이라는데, 그 위치는 모동면 수봉리 사담沙潭에서 500m 정도의 하류에 해당한다.[17] 몽고군과의 대대적 전투를 뒷받침하는 것으로 인용하기도 하지만, 다른 한편 이들 지명 전설에 대해 의견을 달리하는 주장도 있다. 저승골의 이름은 몽고군 격살의 현장이라기보다 "너무 위험하여 도저히 오르기가 어려운 계곡"이라는 의미일 수 있다는 것이다. 저승골은 백화산성에 이르는 도중에 암벽으로 이루어진 이 절벽 같은 계곡을 경유할 이유가 없다고 하고, 이 때문에 저승골보다 방성재나 전투갱빈이 실제 전투지였을 가능성이 많다는 것이다.

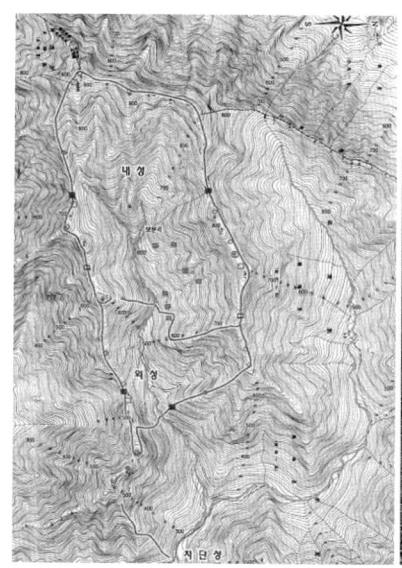 

백화산성(금돌성) 실측도[18]와 산성의 복원 석축

---

17) 곽희상, 「지리」, 『백화산』, 상주문화원, 2001, 45쪽; 조희열, 「성」, 『백화산』, 473~479쪽.
18) 최재현, 「상주 백화산 금돌성」, 80쪽에서 옮김.

후대의 일이기는 하지만 임진왜란 때에도 의병과 피란민이 백화산성에 입보하였다. 당시 상주의 인물 월간月澗 이전李㙉과 창석蒼石 이준李埈의 우애를 담은 〈형제급난도兄弟急難圖〉(경북도 유형문화재 217호)는 임란 당시 의병과 상주민들이 이 산성을 이용하였던 사실을 전한다. 임진왜란 이듬해인 1593년 봄 백화산 기슭의 향병소에서 왜적의 급습을 받은 위급한 상황에서 이전은 갑자기 곽란을 일으킨 아우 이준을 업고 백화산성으로 피하여 구사일생하였다는 것이다. 또 같은 시기 역시 백화산에 피란한 송량宋亮 부자의 이야기도 있다. 왜군에 의하여 막내 송이진이 희생되고 딸도 순절하였다.[19] 마음이 처연해지는 이들 아픈 가족사 이야기는 피란처에서 일어난 임진왜란 때의 이야기이지만, 기록이 남겨져 있지 않은 13세기 몽고 전란기의 상황을 이해하는 데 도움이 되는 자료가 되기도 한다.

3) 백화산성과 금돌성

백화산의 산성이 사람들로부터 처음 주목받은 것은 항몽전쟁 때문이 아니고, 이 성이 660년 백제 정벌전에 출정하는 과정에 신라 무열왕이 머물렀던 '금돌성金突城'으로 비정되었기 때문이었다. 당시 무열왕은 5월 26일 경주를 출발, 6월 18일 남천정南川停(이천시)에 이르렀다. 여기에서 왕은 태자 법민法敏에게 병선 1백 척으로 소정방의 13만 당군을 서해 덕물도(덕적도)에서 영접하게 하고 자신은 금돌성에서 머물러 7월로 예정한 5만 김유신군의 사비 도성 공함 작전을 후방에서 지원하였던 것이다. 무열왕이 부여 사비 도성에 이른 것은 의자왕이 항복하고 난 이후인 7월 29일이었다. 신라의 백제 공격 작전의 중요한 전진 기지로서 기능하였으며 대백제 전선의 주요 거점성이었다는 이

---

[19] 이욱, 「백화산 주변의 유교문화와 임진왜란」, 『상주 백화산』, 상주박물관, 2015, 193~211쪽.

금돌성이 바로 백화산성이었다는 것이다.[20]

역사적 실상을 잘 확인하기 어려우나 백화산성 안에 있는 '대궐터' 유적은 무열왕이 머물렀다는 금돌성의 실제 지점으로 추정되는 곳이다. '대궐안' '궁궐터'라고도 불리는 대지에는 높이 12m, 좌우 길이 약 30m 크기의 석축이 남아 있다. 석축은 상·하단으로 되어 있는데 중앙은 2단, 동측은 3단으로 되어 있다. 축대 위의 대지는 약 300평 정도이고, 1m×1.2m 크기의 사각형 초석이 부분적으로 남아 있다. 부근에 물이 솟는 샘까지 있어 특별한 용도의 건조물이 있었던 곳임은 분명하다.[21]

백화산성이 금돌성이라는 것은 안정복의 『동사강목』에서 금돌성을 '상주 백화산성'이라 하였고, 특히 정영호 교수 등이 이에 동의함으로써 일반화하였다. 이러한 견해는 『상산지』 등 상주의 지지에서도 이를 뒷받침하고 있고, 조선시대 시문 가운데도 백화산성을 금돌성으로 인식한 여러 문장들을 접할 수 있다. 적어도 조선시대 사람들이 백화산의 성을 금돌성으로 생각한 것은 사실인 것 같다. "신라 왕이 옛날 이곳으로 왔었는데, 남겨진 성책이 구름 속에 보인다네(나왕석파천羅王昔播遷 유첩운중렬遺堞雲中列)."라고 한 황원선黃源善(1798~1873)의 시, 황난선黃蘭善(1825~1908)의 '금돌성' 시 등이 그 예이다. 그러나 백화산성이 신라시대 '금돌성'이라는 사실이 고고학적으로 확인된 바 없다는 점은 유의해야 할 사항이다. 이와 관련하여 백화산성의 조사 결과에 대하여 현새의 백화산 석축 산성이 신라시대에 축조된 것인지에 대해서도 "현재 지표상으로 확인되는 산성의 구조로 볼 때 무리가 있어 보인다"는 견해가 피력되어 주목된다.

백화산성 성내에서 신라시대 유물이 전혀 확인되지 않은 점, 심지어 무열왕

---

[20] 정영호, 「김유신의 백제 공격로 연구」, 『사학지』 11, 1972.
[21] 정영호, 「상주 백화산 금돌성의 역사적 고찰」, 『항몽대첩과 백화산』, 상주항몽대첩탑 건립추진위원회, 2013, 51~52쪽.

이 머물렀다는 대궐터에서조차도 신라시대 유물은 확인되지 않았다는 것이다. 반면 산성 내에서의 출토 유물은 몽고군에 대승을 거둔 고려시대와 합치되고 있다고 하였다. 조사자는 성벽의 평면 구조와 성벽 구축 양상도 삼년산성, 고모산성, 적성 등 신라시대의 산성과는 다르다고 하였다. 이들이 단곽식 單廓式으로 축성된 것에 비하여 백화산성은 내·외성의 복곽식複廓式이라는 것이다. 신라 산성이 기반층을 구축한 후 성벽을 쌓는 데 반하여, 백화산성은 원래 지형 위에 그대로 성을 쌓았다. 성돌을 제대로 다듬지 않은 할석으로 허튼 쌓기를 한 점, 성벽의 폭을 좁게 쌓은 부분이 포함된 점 등도 고려시대의 성임을 뒷받침하는 것으로 보았다. 백화산성에 대한 조사자의 결론은 이렇다. "성곽 축조 전문가에 의하여 계획적으로 이루어졌다기보다 일반인을 동원하여 짧은 시간에 최소한의 공력으로 최대한의 효과를 얻을 수 있는 방법으로 축성한", 고려시대 산성이라는 것이다.[22] 이것은 백화산성이 몽고전란기의 필요에 의하여 축성된 성일 가능성을 높이고 있다.

　백화산성은 김호준이 분석한 바에 의하면 몽고전란기의 전형적 내륙 지역 입보용 산성이다. 입보용 산성은 대개 5~7km의 대규모 산성이고, 해발 600m 이상의 험산에 위치한다. 암석이 많은 산악지대가 선호되었다.[23] 입보용 산성을 본격 축성한 것은 몽고군의 3차 침입 이후의 일이었다. 그러한 경향을 참고한다면 백화산성은 대략 1240년대에 처음 축성된 이후 지속적으로 확대·보완되었다고 생각할 수 있다. 물론 몽고 침입 때만이 아니라 왜구 침입, 임진왜란 등 고려, 조선시대 전란기에 이후 피란처로서 중요하게 이용되어온 산성인 것이다.

　백화산성은 『고려사』에서는 상주산성, 『삼국사기』에는 금돌성 등으로 시기

---

[22] 최재현, 「상주 백화산 금돌성」, 『상주 백화산』, 상주박물관, 2015, 126~127쪽.
[23] 김호준, 「대몽항쟁기 입보용 성곽의 특징과 성격」, 『고려 대몽항쟁과 축성』, 서경문화사, 2017, 280~285쪽.

에 따라 이름이 다르게 되어 있다. 삼국시대에는 금돌성, 고려시대에는 상주산성, 그리고 조선시대에는 백화산성이 되는 셈이다. 따라서 성의 명칭을 '금돌성'이라 할 경우는 삼국시대 관방시설로서의 의미에 초점이 맞추어지고, '상주산성'이라 할 경우 고려시대 1254년(고종 41) 몽고대군을 격파한 현장으로서의 의미가 강조되는 것이다. 이러한 점에서 현재의 공식 명칭인 '금돌성'은 고려시대 항전 승첩 현장으로서의 역사성을 배제한 명칭이라는 문제점이 드러난다. 더욱이 백화산성이『삼국사기』에서 말하는 '금돌성'인지에 대해서 확정되어 있지 않다는 점도 문제이다.

위와 같은 점을 고려할 때, 1254년(고종 41) 항몽전쟁 전투 현장 명칭으로 '금돌성'이라는 이름은 적절하지 않는 것으로 판단된다. 객관적으로는 후대에 사용하고 혼동의 우려가 없는 '백화산성'이 적합하다고 생각되지만, 현재 문화재 지정 명칭 '금돌성'이 공식적인 이름이어서 '백화산성'으로 칭하는 것도 어려운 점이 있다. 따라서 이 글에서는 고려시대 항몽전쟁과 관련해서는『고려사』의 기록대로 '상주산성'이라는 이름을 사용하며, 그것이 '백화산성'이고, 현재의 '금돌성'을 지칭하는 것임을 부기한다.

5. 고려의 항몽전쟁을 기념하다

1) 항몽 전투지의 문화재 지정

몽고와의 전쟁은 우리 역사에서 가장 길고 참혹했던 전란의 역사이다. 동시에 전란의 무대와 상처가 한반도 전 지역에 널리 분포되어 있다. 그 가운데 국가 사적으로 지정된 곳은 삼별초 관련의 진도 용장성(사적 제126호), 제주 항파두리 항몽유적(사적 제396호), 전남 장성군의 입암산성(사적 제384호)이 있고,

근년에 강원도 인제군 한계산성(사적 제553호)이 국가사적으로 지정되었다. 예산 임존성(사적 제90호)은 국가사적으로 지정되어 있기는 하지만, 삼국시대 백제부흥운동 거점으로서의 역사성으로 지정된 유적이다. 도 지정 문화재로서는 용인시 처인성(경기도 기념물 제44호), 안성시 죽주산성(경기도 기념물 제69호), 춘천시 봉의산성(강원도 기념물 제26호), 제천시 덕주산성(월악산성, 충북도 기념물 제35호) 정도를 들 수 있고 상주 백화산성은 '금돌성'이라는 이름으로 경상북도 문화재자료 제131호에 지정되어 있다. 그러나 이들 문화재 가운데는 몽고항전의 역사성과는 무관하게 단순히 관방시설로서의 고고학적 가치만으로 지정된 경우도 포함되어 있다.

대몽항전의 역사성을 적극 활용하여 문화재 지정 승격을 이룬 최근의 사례가 인제 한계산성이다. 한계산성은 강원도 기념물로 지정되어 있던 관방 유적인데, 대몽항전의 역사성과 성곽의 고고학적 특성을 적극 부각, 2019년 10월 국가 사적으로 승격 지정되었다. 관방 유적의 문화재 지정에 있어서 단순히 고고학적 요소만이 아니라, 그것이 가지고 있는 역사성을 강조함으로써 문화재로서의 부가 가치를 높일 수 있다는 점에서 대몽항전의 역사적 사실을 적극 활용하는 것은 매우 중요한 일이다.

백화산성이 '금돌성'이라는 이름으로 경상북도 문화재자료에 지정된 것은 1985년의 일이다. 이 시기에는 1254년(고종 41) 상주산성 승첩 현장으로서의 백화산성이 갖는 역사성은 아직 부각되지 않은 상태였다. 이 때문에 신라의 백제 공격 시 무열왕이 거점으로 활용했던 '금돌성'의 역사성을 내세워 문화재 지정을 하게 된 것이다. 다시 말해서 '문화재자료 제131호 금돌성'에는 1254년(고종 41) 몽고군 주력부대의 공격을 정부의 도움 없이 상주민의 자율적 힘으로 물리친 위대한 역사적 의미가 포함되어 있지 않은 것이다. 이 점에서 문화재 가치의 재평가가 반드시 이루어져서 고려시대 상주 역사의 자랑스러운 역사의 하나로 기억할 수 있도록 하는 일이 필요하다.

⟨여몽전쟁 관련 유적⟩

	유적	소재지	지정종별	내용	비고
1	처인성	경기 용인시 남면	기념물 44호	1232년 살리타이 사살	기념비
2	죽주산성	경기 안성시 이죽면	기념물 69호	1236년 송문주의 승전	동상
3	읍내리산성/성안말산성	충남 아산시 온양		1236년 향리 현려의 승전	
4	봉수산성	충남 예산군 대흥면	사적 90호	1236년 전투	
5	봉의산성	강원도 춘천시	기념물 26호	1253년 야굴군에게 함락 도륙됨	기념비
6	권금성	강원도 속초시		1253년 전투	
7	금돌성	경북 상주시 모동면	자료 131호	1254년 전투, 상주민과 승 홍지	기념탑
8	입암산성	전남 장성군 입암리	사적 384호	1256년 전투	
10	덕주산성	충북 제천시	기념물 35호	1256년 전투	
11	한계산성	강원도 인제군	사적 553호	1259년 전투	
12	용장성	전남 진도군	사적 126호	1270년 삼별초	기념탑
13	항파두성	제주도 북제주군	사적 396호	1271-3 삼별초	기념비
14	환해장성	제주도 연안	기념물 49호	1271-3 삼별초	

2) 대몽항쟁 기념물의 건립

문화재 지정과 관련이 있는 것이기도 하지만, 항전의 현장에 그 역사적 사실과 의미를 보여주기 위한, 기념비 혹은 기념탑 등의 시설이 이루어진다. 상주산성의 승첩을 기념하는 기념탑은 2013년에 세워졌다. 상주산성 승첩의 의미를 살려 민간단체를 통하여 사업이 시민들의 성원을 받아 이루어졌다는 점도 특기할 만하다. 많은 예는 아니지만 다른 항몽 전적지에는 어떤 기념물이 세워졌으며, 상주와는 어떤 차이가 있는지를 확인하는 것은 향후의 사업을 위해서도 필요한 일이다.

전국 항몽 전적지에 건립된 기념물의 수는 현재 기념비 4건, 기념탑 3건, 동상 2건 등이다. 50년 전란의 역사성에 비추어 본다면 관련 기념물의 건립은 대단히 미미한 수량이다. 대몽항전 역사에 대한 관심의 수준을 보여주는 것이기도 하다. 기념탑 3건 중의 하나가 상주의 항몽대첩기념탑이다.

　대몽항쟁 기념물 가운데 처음으로 세워진 것은 1977년 제주 항파두리 유적지를 정비하면서 세운 '삼별초 항몽순의비'이다. 화강석의 대석에 오석의 판석을 부착하고 박정희 대통령의 친필로 '항몽순의비'라는 비석명을 새겼다. 이에 뒤이어 세워진 것이 1979년 용인시 소재 처인성 승첩 기념비이다. 1232년(고종 19) 12월 강화천도 직후 침입한 몽고군의 공격에 대해 처인성(경기도 용인시)에서 적장 살례탑이 사살한 사건을 기념한 것이다. 당시 처인성에는 인근 백현원의 승 김윤후가 입보하여 주민들을 지휘하였는데 이 사건은 고려의 대몽 장기항전의 중요한 기틀을 마련하였다. 기념비는 토축으로 만들어진 처인성 남쪽 밖에 화강석의 대좌와 오석의 판석에 '처인성승첩기념비'라는 제목을 새겨 세운 것이다.

　1983년 춘천 봉의산에 '봉의산 순의비'가 건립된다. 1253년(고종 40) 9월 20일 춘주성(춘천) 도륙의 현장이다. 현재 춘천 시내에 소재한 봉의산성(봉산성)이 있는 곳이다. 기념비는 성벽을 묘사한 화강석 판석을 쌓아 대석을 마련하고 그 위에 자연석을 활용한 비석의 본체를 올렸다. 비석 중앙에 종서로 '봉의산 순의비'라고 비명을 새긴 오석을 부착하였다. 기단부에는 동판에 봉의산성에서의 항전 모습을 묘사하였다. 1993년에는 강화읍의 외포리 항구를 강화 삼별초 출발지라 하여 기념비를 세웠다. '삼별초군 호국항몽 유허비'라는 제목이 새겨져 있는데, 이 외포리항이 삼별초군의 남행 출발지라는 인식하에 사업이 이루어진 것이다. 외포리 항은 지금도 석모도, 교동도 등 강화도의 부속도서를 왕래하는 데 가장 중요한 항구이다.

　2013년 진도 용장성의 삼별초 기념탑은 용장성의 정비 사업 일환으로 삼별초 궁궐지 앞에 세운 기념탑이다. 명칭을 삼별초 기념탑이라 하지 않고 '고려 항몽충혼탑'이라 한 점이 눈에 뜨인다. 항몽의 상징인 삼별초와 농민들을 포

진도 용장성의 삼별초기념탑과 안성의 송문주 동상

함하여 '충혼'을 특별히 강조하는 의미를 담은 것이다. 높이 9.8m, 길이 20.5m, 너비 7.3m 규모이다. 원통모양 석주가 3단으로 돌아가며 솟구치는 구조물을 중심으로 하여 삼별초와 농민들의 전투 장면을 브론즈 조각과 부조물로 형상화하였다.

이상의 기념비들이 정부나 지자체의 의지에 의하여 건립된 것인데 비하여 지역민의 발의에 의하여 처음으로 세워진 것이 충주의 대몽항쟁 전승 기념탑이다. 충주는 대몽항전 기간동안 가장 치열한 전투가 되풀이되었던 대표적인 도시이다. 그 가운데 가장 대표적인 것이 1253년(고종 40)의 전투이다. 전투는 70여 일을 끌었는데 주장 야굴의 지휘 하의 주력부대 몽고군에 대하여 충주성(충주산성)에는 1232년(고종 19) 처인성에서 적장 살례탑을 저격한 인물로 유명한 김윤후가 방호별감으로 지휘하여 적의 공격을 좌절시켰다. 이 충주산성이 어디인지는 아직 확정되어 있지 않은 상태이고 이 때문에 충주산성 기념비는 전투 현장을 벗어나 세우게 된다. 그것은 1253년(고종 40) 전투만이 아니라 대몽항전에서 있었던 충주지역의 모든 전투를 포함하는 의미일 것이다. 화강석 기단에 석주형 본체를 올리고 기단에는 김윤후와 민중들이 청동으로 제작되어 있으며 기단에 '대몽항쟁 전승기념탑'이라 쓰고, 본체의 상단에 '1253'이라는 연대를 표시하였다. 현대적 감각으로 설치한 작품으로서의 특징을 가지고 있다.

진도 배중손의 동상은 진도 삼별초의 상징적 인물을 보여준 것이다. 1270년(원종 11) 8월 진도에 입거한 삼별초를 지휘한 배중손은 이듬해 5월 여몽연합군의 대공세로 진도가 함락되면서 전몰한 것으로 믿어진다. 진도 임회면에 배중손 장군의 동상이 세워져 있다. 팔각의 높은 화강석 대석 위에 청동으로 만들어진 배중손 장군의 동상은 갑옷을 입고 왼손에는 칼을 쥐고, 오른손은 불끈 쥔 주먹을 하늘로 들어 올린 모습이다.

2017년 경기도 안성시 죽주산성 부근에 죽주성 전투의 영웅 송문주宋文冑 장군의 동상이 건립되었다. 높은 기단 위에 키 5m, 기단 포함 총 11m 크기이다. 장군은 갑옷과 투구를 착용하고, 왼손에 비스듬히 큰 칼을 쥐고 오른손은 적이 다가오는 방향을 가리키며 지휘하는 모습이다. 죽주성 전투는 1236년(고종 23) 8·9월 방호별감 송문주 장군이 성 안에 입보하여 있는 죽주민들을 독려하여, 적을 확실하게 격퇴하였던 대표적인 항몽전투 사례이다. 보름 정도의 전투기간 중에 전개된 다양한 방식의 공성전 내용이 주목된다.

3) 상주 항몽대첩 기념탑

위에서 언급한 대몽항전과 관련한 기념물의 사례를 간략히 정리하면 다음과 같다.

〈대몽항전 관련 기념물 사례〉

순번	기념물	소재지	내용	건립연대
1	처인성 승첩 기념비	경기 용인시 남사면	기념비	1979
2	춘천 봉의산 순의비	강원 춘천시 봉의산	기념비	1983
3	충주 대몽항쟁전승 기념탑	충북 충주시	기념탑	2003
4	상주 항몽대첩 기념탑	경북 상주시	기념탑	2013
5	삼별초군 호국항몽 유허비	인천시 강화군 외포리	기념비	1993
6	송문주장군 동상	경기도 안성시	동상	2017
6	진도 배중손장군 동상	진도군 임회면	동상	1999
7	삼별초 공원	진도군	공원	2013
8	삼별초 자료전시관	진도군	공원내 전시관	2013
9	용장성 삼별초 자료전시관	진도군 용장성 입구	용장성 전시관	2010
10	용장성 고려항몽충혼탑	위와 같음	기념탑	2010
11	삼별초 항몽순의비	북제주군 애월읍 항파두리성 내	기념비	1977
12	삼별초 전시관	위와 같음	전시관	1977
13	이천함		(잠수함)	1992

마지막으로 백화산의 상주산성 승첩 기념물에 대하여 언급한다. 1254년(고종 41) 상주산성 승첩의 현장이 백화산성이라는 것에 대해서는 다행히 거의 이의가 없다. 상주산성 승첩이 1232년(고종 19) 처인성 승첩과 유사한 성격을 갖는 대표적 민중항전의 성격을 가진 점에 주목하여 상주시의 민간단체 '백화산을 사랑하는 모임'을 중심으로 기념탑 건립 논의가 이루어졌다. 처음 사안이 발의된 것이 2008년, 이후 여러 과정을 거쳐 2013년에 상주시 모동면 수봉리 구수천 변 언덕에 기념탑을 완공한 것이다. 탑의 크기는 폭 7.5m, 높이 11.5m이고, 탑 하부에 전투에 참여한 승려, 농민의 모습을 브론즈로 구성하였고 상부에는 "전투의 배경이 되는 백화산의 자연환경을 물방울 형상 투조 형식으로 재구성한" 것이라 하였다.[24]

상주시 수봉리에 건립한 상주 항몽대첩 기념탑(2013년 완공)

　　백화산성으로 가는 계곡의 초입구 천변 언덕에 조성한 기념탑은 3개의 계단참으로 나누어 구성한 77개 계단을 올라 동향으로 시설되어 있다. 3개의 계단참은 1254년(고종 41) 상주산성 승첩 이외에 1592년(선조 25)의 임진왜란, 1950년의 6.25전쟁을 의미하여 상주 역사에서 보여준 호국의 맥락을 보여주는 것이라 하였다. 그러한 역사적 터 위에 상주 항몽대첩의 기념탑이 세워져 있는 것이다.

　　1254년(고종 41) 상주산성 승첩의 현장인 금돌성에 직접 오르는 일은 쉽지 않다. 그 현장을 대신하여 보여주는 것이 이 '항몽대첩 기념탑'이라 할 수 있다. 1254년(고종 41) 상주승첩의 역사적 의미를 새길 수 있는 실제적 장소라는 점에서 산성의 현장 못지않게 중요한 의미를 갖는 장소라 할 수 있다. 그러나 이러한 기념탑의 의미에도 불구하고 지역에서 기념탑은 아직 잘 알려져 있지 않은 것 같다. 상주가 자랑할 수 있는 고려시대의 커다란 역사를 현장

---

24) 상주항몽대첩탑 건립추진위원회, 『항몽대첩과 백화산』, 2013.

하는 차원에서, 이 기념비를 보다 적극적으로 활용하고 홍보하는 일이 필요하다고 생각된다. 동시에 상주 항몽의 상징 인물로서 홍지에 대한 주목과 강조도 반드시 필요하다는 점을 덧붙인다. 승첩의 큰 공을 세웠음에도 불구하고 당대에 적절한 포상을 받지 못한 것처럼 보이는 홍지에 대하여 8백 년 뒤 상주의 사람들이 그 이름을 기억해준다면, 미흡하지만 그것이 홍지에 대한 조그만 보상이 될 수 있을 것이다.

04

고려 말 목은 이색의
함창 유배와 함창음咸昌吟

이익주

서울시립대학교 국사학과 교수

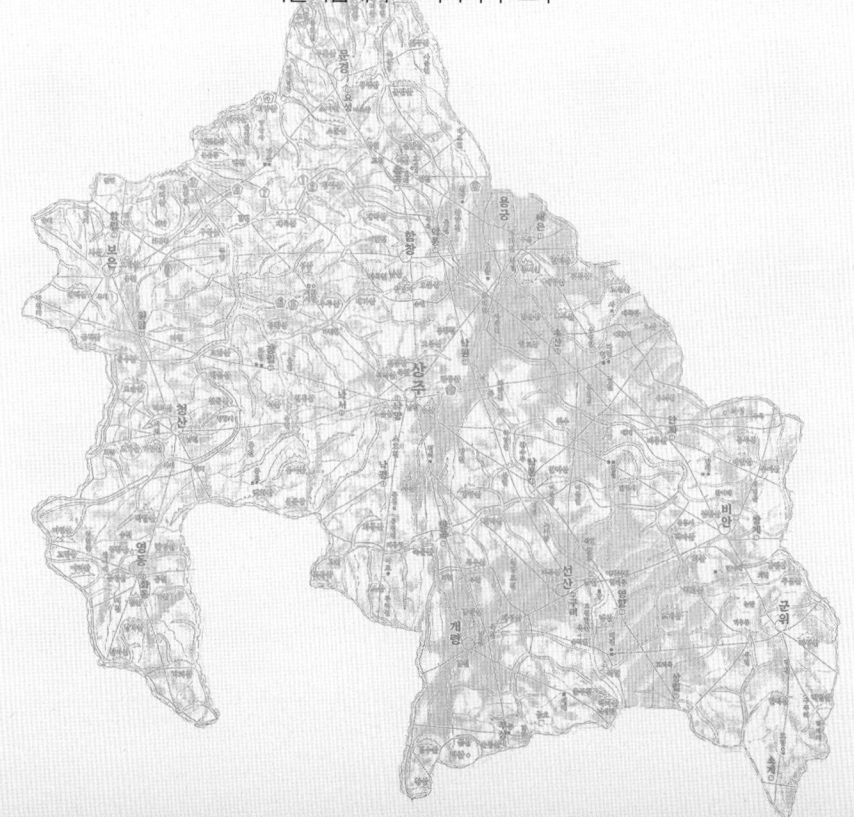

1. 머리말

　함창咸昌은 고려시대 상주목의 속군屬郡이었다.[1] 그래서였는지 고려시대 내내 사서에는 이름이 잘 드러나지 않는다. 그러던 함창이 고려 말에 가서 등장하는데, 그 대부분은 목은 이색의 함창 유배와 관련된 것이었다. 『고려사高麗史』와 『고려사절요高麗史節要』에는 1390년(공양왕 2) 4월에 이색을 함창으로 옮겼다는 기록이 있고,[2] 1391년(공양왕 3) 6월에도 이색을 함창으로 유배했다는 기록이 있다.[3] 또 이색의 문집인 『목은집牧隱集』의 연보年譜에는 그 사이인 1390년 8월에 이색이 함창으로 유배되었다는 기록이 있다.[4] 이것을 종합하면, 이색은 1390년과 1391년 사이에 세 차례 함창에 유배되었음을 알 수 있다. 이 사실은 이색이 함창에 세 번째 유배되었을 때 지은 시에서 "함창에 세 번째 오니 감흥이 더욱 새로운데 / 예나 이제나 물고기, 새와 역시 친하게 지낸다오"라고 한 데서도[5] 확인된다.

　이색李穡(1328~1396)은 고려 말의 대표적인 학자이자 문장가이며, 정치적으로도 매우 중요한 위치에 있었다. 그런 그가 왜 함창으로 세 번씩이나 유배를 왔을까? 물론 이성계 등 조선 건국 세력과 갈등을 빚다가 탄압을 받은 것이라고 추측은 되지만, 구체적으로 어떤 상황에서 함창까지 유배를 당하게 되었는지는 면밀하게 검토하고 정리할 필요가 있다.

　한편, 이색은 평생 동안 4,262편이나 되는 시를 지었고, 그의 시는 『목은시

---

[1] 『高麗史』 권57, 志11 地理2 慶尙道 尙州牧 咸昌郡 "咸昌郡本古寧伽倻國 新羅取之 爲古冬攬郡〈一云古陵郡〉景德王改爲古寧郡 光宗十五年爲咸寧郡 顯宗九年來屬 後更今名 明宗二年置監務".

[2] 『高麗史』 권45, 世家45 恭讓王 2년(1390) 4월 5일(戊戌) "徙李穡于咸昌 鄭地于橫川 李琳于鐵原 李貴生于固城 流禹仁烈于淸風 杖李乙珍・李庚道"; 『高麗史節要』 권34, 恭讓王 2년(1390) 4월.

[3] 『高麗史』 권45, 世家45 恭讓王 3년(1391) 6월 13일(戊辰) "流李穡于咸昌 又流李種學・李乙珍・李庚道于遠地"; 『高麗史節要』 권35, 恭讓王 3년(1391) 6월.

[4] 『牧隱集』 牧隱先生年譜 洪武 23년(1390) "八月 又貶咸昌".

[5] 『牧隱詩藁』 권35-076, 寄松軒 *卷數의 35-076은 『牧隱詩藁』 제35권의 76번째 작품이라는 뜻이다. 이 글에서는 모두 같다.

고『牧隱詩藁』에 35권 분량으로 실렸다. 『목은시고』의 시들은 지은 순서대로 배열되어 있어 시마다 지은 시기를 알 수 있으므로 역사 연구에서 사료적 가치가 높다.[6] 특히, 이색이 고려 말에 유배지에서 지은 시들은 〈장단음長湍吟〉, 〈함창음咸昌吟〉, 〈금주음衿州吟〉, 〈여흥음驪興吟〉 등 유배지별로 소제목을 달아 제35권에 모두 모아 두었으므로 시를 지은 시기를 분명하게 알 수 있을 뿐 아니라 각 유배지에서의 심경을 살피기에도 편하게 되어 있다.

〈함창음〉에는 모두 50편의 시가 실려 있다. 이색은 1390년(공양왕 2) 4월부터 6월 초까지 1차, 8월부터 11월 초까지 2차, 1391년(공양왕 3) 6월부터 11월까지 3차로 함창에서 유배 생활을 했는데, 1차 유배 때는 지은 시가 없고, 2차 때 8편, 3차 때 42편의 시를 지었다. 이들 시에는 함창에서의 생활상과 당시의 감정이 고스란히 드러나 있다.

이 글은 고려 말에 이색이 함창에 유배된 사정을 당시 정치 상황 속에서 풀이해 보고, 〈함창음〉의 시들을 읽으면서 유배지 함창에서 이색의 생활과 심경을 헤아려 보려는 것이다. 이런 미시적인 관찰을 통해 우리가 지금까지 알고 있던 고려 말 정치 상황과 이색의 정치적 위상에 대한 이해를 조금이나마 수정하고 새로운 사실을 보완할 수 있을 것으로 기대한다. 특히 이성계, 정몽주, 정도전 등 고려 말 주요 인물들과의 인간관계에 대해서는 『고려사』 같은 정사류에서 볼 수 없는 새로운 사실을 발견할 수 있을 것으로 기대한다.

---

[6] 이익주, 『이색의 삶과 생각』(일조각, 2013)의 〈부록: 『牧隱詩藁』 작품연보 및 해설〉 참조.

2. 고려 말 정치 상황과 이색의 함창 유배

1) 위화도 회군 이후의 정치 상황

1388년(우왕 14) 6월 이성계의 위화도 회군이 고려 말 정치사에서 최대의 전환점이란 사실은 의문의 여지가 없다. 회군을 계기로 이성계가 권력을 장악했고, 이성계와 손을 잡은 신흥 유신들이 정치 개혁에 착수했다. 요동 공격의 책임을 지고 우왕이 폐위되고 최영도 제거됨으로써 이성계에게 대항할 정치 세력이 일소된 것처럼 보였다. 하지만 위화도 회군 이후에도 이성계의 권력은 한계가 있었다. 그 한계는 우왕을 계승할 국왕을 정하는 과정에서 여실히 드러났다.

우왕이 공민왕의 아들이 아니며, 신돈과 비첩 반야 사이에서 태어났다는 의심은 우왕 즉위 당시부터 있었다. 공민왕이 시해당하고 후사를 논의할 때 왕실의 어른이던 명덕태후와 문하시중 경복흥이 종친을 왕으로 세우자고 주장했으나 수시중 이인임이 공민왕의 뜻임을 내세워 우왕을 옹립한 바 있었다.[7] 그 때문에 이인임의 권세가 14년 동안이나 유지되었지만, 우왕의 출생에 대한 의문은 사라지지 않고 있었다. 위화도 회군 직후에 윤소종, 조인옥 등이 이성계에게 '왕씨를 다시 세우자'는 의견을 냈는데,[8] 이는 우왕이 공민왕의 아들이 아니라는 생각을 전제로 한 것이었다.

그러나 후계 국왕의 결정은 이성계의 뜻대로 되지 않았다. 회군 동지였던 조민수가 우왕의 아들 창왕을 옹립했던 것이다. 그때의 구체적인 상황이 다음과 같이 기록되어 있다.[9]

---

7) 『高麗史節要』 권29, 禑王 즉위년(1374) 9월 25일(丁亥).
8) 『高麗史節要』 권33, 禑王 14년(1388) 6월.
9) 『高麗史節要』 권33, 禑王 14년(1388) 6월 9일(辛亥).

조민수가 정비定妃의 교지로 우왕의 아들 창昌을 왕으로 세웠다. 태조(이성계)가 회군할 때 조민수와 함께 왕씨의 후손을 다시 세우기로 의논했고, 조민수 또한 그렇게 여겼는데, 이때 이르러 태조가 왕씨의 후손을 택하여 세우려고 하자 조민수가 이인임이 자신을 천거하고 선발해 준 은혜를 생각하여 이인임의 외형제인 이림의 딸 근비謹妃의 아들인 창을 세우고자 꾀했다. 하지만 여러 장수들이 자기의 뜻을 어기고 왕씨를 세울 것을 염려하여 한산군 이색이 당시의 명유名儒라는 이유로 그의 말을 빙자하고자 은밀히 이색에게 물어보았다. 이색 역시 창을 세우고자 하여 "마땅히 전왕의 아들을 세워야 합니다."라고 했다. 태조(이성계)가 조민수에게 "회군할 때 했던 말은 어찌 된 것인가."라고 하자, 조민수가 얼굴을 붉히며 "원자元子를 세우는 것은 한산군이 이미 계책을 정했으니 어찌 어길 수가 있겠습니까."라고 했다. 마침내 창왕을 세우니 아홉 살이었다.

위화도 회군의 도화선이 되었던 요동 출병 당시 조민수는 좌군도통사左軍都統使로서 우군 도통사였던 이성계보다 지위가 높았다. 정작 회군은 이성계가 주도했지만, 조민수의 협조가 없었다면 성공하기 어려웠다. 그 대가로 조민수가 후계 국왕을 결정하는 과정에서 목소리를 높이고 자기 주장대로 창왕을 옹립했던 것이다. 그런데 이때 조민수가 이색과 어떤 논의를 했는지는 잘 알 수 없지만, 어쨌든 이 일로 이색이 훗날 커다란 곤경에 처하게 된다.

창왕이 즉위한 직후 조민수는 양광·전라·경상·서해·교주도 도통사都統使가 되고, 이성계는 동북면·삭방강릉도 도통사가 되어 해당 지방의 군사력을 장악했다.[10] 이는 조민수가 이성계보다 군사력 면에서 우세해졌음을 의미했다. 그로부터 며칠 뒤에 이성계가 병을 핑계로 사직했는데,[11] 이것은 분

---

10) 『高麗史節要』 권33, 창왕 즉위년(1388) 6월.
11) 『高麗史節要』 권33, 창왕 즉위년(1388) 6월.

명 회군 이후 정국이 자신에게 유리하지 않게 돌아가는 데 대한 불만의 표시였다.

그럼 누가 이성계를 견제하고 조민수의 손을 들어 주었을까? 위화도 회군 후 우왕이 폐위되고 최영이 처형당한 상황에서 이성계에게 대적할 사람은 없었다. 그러나 고려 왕실은 이성계에게 우호적이지 않았고, 고려의 고위 관료들도 대부분 이성계의 권력 장악을 경계했다. 이들은 전통적인 귀족 세력의 입장을 대변했다. 회군 직후 이성계에 의해 문하시중에 추대된 이색도 고려 왕실의 편에 서서 이성계를 견제하려고 했다. 재상 중에서는 문하평리(종2품) 정몽주가 이성계 편이었고, 그 밖에는 사헌부 대사헌(정3품) 조준과 성균관 대사성(정3품) 정도전 정도가 이성계 편의 고위 관리였다. 그 때문에 국가의 주요 정책을 의논하고 결정하는 자리에서는 이성계가 열세일 수밖에 없었다.

하지만 3품 이하의 관료군으로 넘어가면 사정이 달랐다. 특히 언관言官으로서 정치적으로 중요한 역할을 할 수 있는 사헌부와 중서문하성 낭사郎舍(고려시대에 이 둘을 합쳐 대간臺諫이라고 했다.) 그리고 법을 다루는 전법사典法司는 이성계를 지지하는 신흥 유신新興儒臣들로 채워져 있었다. 신흥 유신이란 고려후기에 과거에 급제한 문신 관료를 가리키는데, 당시 이들은 개혁의 필요성을 절감하고 있었고, 이성계의 힘을 이용해서 개혁을 추진하고자 했던 것이다. 실제로 신흥 유신들은 위화도 회군 직후부터 토지 제도의 개혁을 주장하기 시작했다.

1388년 6월 창왕이 즉위하자마자 권세가들의 토지 겸병을 막을 방법을 의논하여 보고하라는 왕명이 있었다.[12] 물론 이성계 등의 요구에 따라서 내려진 왕명이었다. 그러자 7월에 대사헌 조준, 간관諫官 이행, 판도판서 황순상, 전법판서 조인옥 등이 연달아 글을 올려 전제田制, 즉 토지 제도를 개혁할 것

---

12) 『高麗史』 권78, 志32 食貨1 田制 祿科田 昌王 즉위년(1388) 6월.

을 주장하고 나섰다.[13] 이들의 주장은 개인적인 의견이 아니라 각각 사헌부와 중서문하성 낭사, 판도사(版圖司), 전법사 관리들의 의견을 종합한 것이었다. 이들은 한목소리로 권세가들이 불법적으로 토지를 빼앗아 가지고 있는 것을 처벌하고 앞으로 그런 행위를 근절하기 위해 제도를 고쳐야 한다고 주장했다. 그런데 여기서 불법 행위자로 지목된 사람들은 대부분 고려의 전통적인 귀족 세력이었다. 바로 여기에 전제 개혁이 고려의 체제를 위협하는 요소가 있었다.

먼저, 권력을 이용해서 다른 사람의 토지를 빼앗는 행위는 말할 것도 없이 불법으로 간주되었고, 적발되면 빼앗은 토지를 몰수해서 본래 주인에게 돌려주었다. 이런 방식의 사정(司正)은 공민왕 때 신돈의 개혁에서도 이미 추진되었고, 어느 정도 성과를 거둔 바 있었다. 하지만 우왕 즉위 후 공민왕 개혁의 성과가 전면 부정되는 가운데 권력형 토지 탈점이 재현되었을 뿐 아니라 오히려 더욱 심해졌다. 이인임의 권세가 한창 성할 때인 1385년(우왕 11) 기록에 '수청목 공문(水青木公文)'이란 말이 나온다.[14] 이인임 등 권세가가 종들을 시켜 수청목, 즉 물푸레나무 몽둥이로 사람들을 때리고 토지를 빼앗았는데, 몽둥이가 그 어떤 공문서보다도 우선했으므로 사람들이 '수청목 공문'이라고 불렀다는 것이다. 이런 마구잡이식 탈점은 위화도 회군 후의 개혁에서 당연히 처벌되었다.

그런데 토지 탈점의 유형에는 한 가지가 더 있었다. 수조권(收租權)의 불법적인 행사였다. 고려시대에는 토지를 소유한 농민이 해마다 생산량의 1/10을 국가에 납부하게 되어 있었다. 이것을 조세(租稅)라고 했다. 그런데 국가에서는 농민들로부터 조세를 받아서 다시 관리들에게 나누어주는 수고와 비용을 줄이기 위해 관리들이 농민들에게서 직접 조세를 거두어 갖도록 했다. 이 권리

---

13) 『高麗史』 권78, 志32 食貨1 田制 祿科田 昌王 즉위년(1388) 7월.
14) 『高麗史節要』 권32, 禑王 11년(1385) 11월.

를 수조권이라고 불렀다. 수조권은 관리로서 복무하는 데 대한 대가였으므로 관직에서 물러나면 당연히 반납해야 했지만 언젠가부터 반납하지 않고 계속 1/10을 거두어가는 일이 생겼다. 고려 말에 이르면 '한 토지의 주인이 8~9명이나 된다'는 말이 나오는데, 이것은 토지의 소유자가 아니라 한 토지에서 수조하는 사람이 8~9명이란 뜻이다. 농민은 이들에게 모두 1/10씩 바치고 나머지를 가지고 먹고 살게 되었으니 곤궁해지지 않을 수 없었다.

당시에는 이렇게 불법적으로 조세를 거두는 토지를 특별히 '사전私田'이라고 불렀다. 사전은 엄연한 불법이었지만 시간이 흐르면서 점차 관행으로 굳어졌다. 즉, 지배층이라면 누구나 사전을 가지고 있었고, 사전이 불법이라는 의식조차 희미해졌다. 이러한 상황에서 개혁을 추진한 사람들은 사전을 혁파할 것을 주장했다. 불법 행위를 근절하고 농민들의 생활을 개선하기 위한 개혁이라면 당연히 해야 할 일이었다. 하지만 그렇게 된다면 그때까지 사전을 가지고 있던 사람들, 사실상 고려의 지배층 거의 전부가 막대한 손실을 입게 될 것이 뻔했다. 그중에서도 특히 대대로 관리를 배출한 전통적인 귀족 가문일수록 피해가 더 컸을 것이고, 따라서 이들의 반대가 극심했다. 그 때문에 사전 혁파를 둘러싼 논쟁이 여러 해 동안 계속되었지만, 결국은 개혁을 추진하거나 혹은 거부하는 사람들의 힘에 따라 판가름될 일이었다.

조준을 필두로 전제 개혁 상소가 연이어 올라간 직후에 가장 먼저 조민수가 파직되고 유배되었다.[15] 백성들의 토지를 빼앗았으며, 사전 혁파에 반대한다는 죄목이었다. 조민수가 축출되고 난 뒤 이성계가 서울과 지방의 모든 군사를 지휘하게 됨으로써 병권을 독점했다.[16] 그렇게 해서 이성계와 경쟁할 사람이 사라진 상태에서 신흥 유신들은 더욱 적극적으로 개혁을 추진했다. 조준의 건의에 따라 지방 5도의 안렴사를 도관찰출척사都觀察黜陟使(관찰사)로 승격시

---

15) 『高麗史節要』 권33, 창왕 즉위년(1388) 7월.
16) 『高麗史節要』 권33, 창왕 즉위년(1388) 8월.

키고 신흥 유신들이 이 관직을 가지고 나가 지방에 대한 통제를 강화하는 한편,[17] 토지를 측량해서 전제 개혁을 하기 위한 기본 자료를 만들었다.

하지만 사전 혁파에 반대하는 주장도 만만치 않았는데, 그 선두에 선 사람이 바로 이색이었다. 사전 혁파를 둘러싼 대립이 팽팽하던 중에 해를 넘겨 1389년(창왕 1) 4월 도당都堂에서 이 문제를 논의했다. 도당이란 고려의 고위 관리들이 모두 모인 곳이므로, 최고 정책 결정기구라고 할 수 있었다. 당시 회의 분위기가 다음과 같이 기록되어 있다.[18]

> 우리 태조(이성계)가 대사헌 조준과 더불어 사전을 개혁하고자 하니 이색이 옛 법을 가벼이 고칠 수 없다 하여 자기 의견을 고집하며 따르지 않았고, 이림·우현보·변안열 등도 모두 개혁하지 않으려고 했다. 이색이 유종儒宗이었으므로 그의 입을 통해 사람들의 귀를 현혹시켰으므로 사전을 혁파하고 공전을 회복하자는 논의가 결정되지 못했다. 예문관제학 정도전과 대사성 윤소종은 조준의 의견에 찬동했고, 후덕부윤 권근과 판내부시사 유백유는 이색의 의견을 좇았으며, 찬성사 정몽주는 그 사이에서 머뭇거렸다. 이에 각 관사에 명하여 사전을 개혁하여 공전을 회복하는 일의 이해를 의논하게 하니, 의논한 자 53명 중에 개혁하고자 하는 자가 10에 8, 9명이었고, 개혁하지 않으려는 자는 모두 거실巨室의 자제들이었다.

도당에서는 사전을 혁파하자는 이성계·조준·정도전·윤소종과 그에 반대하는 이색·이림·우현보·변안열·권근·유백유의 대립이 분명히 드러났다. 그 때문에 도당에서 결론을 내리지 못하고 각 관청별로 논의하게 했더니 80~90%가 찬성했으며, 반대한 사람들은 모두 거실, 즉 전통적인 귀족 가문

---

17) 『高麗史節要』 권33, 틀王 즉위년(1388) 8월.
18) 『高麗史節要』 권34, 昌王 원년(1389) 4월.

출신이었다고 한다.

이렇게 관리 대다수가 찬성하고, 또 이성계가 강력하게 조준의 의견을 지지했음에도 불구하고 개혁안이 관철되지 못한 데는 이색의 반대가 크게 작용했다. 이색이 그럴 수 있었던 것은 위의 기록에 나타나듯이 그가 '유종儒宗 즉 유학의 종장宗匠으로서 성리학자인 신흥 유신들의 존경을 받고 있었기 때문이다. 마치 조민수가 창왕을 옹립하면서 이색이 '명유名儒'이므로 그의 의견을 따르지 않을 수 없다고 핑계를 댄 것과 마찬가지였다. 결국 이성계와 개혁파 신흥 유신들은 자신들이 원하는 개혁을 추진하기 위해서는 이색의 권위를 무너뜨려야 했고, 그 때문에 이색은 자신의 의사와 관계없이 개혁파 세력의 공격 대상이 되었다.

2) 이색의 정치 활동과 유배

이색은 1353년(공민왕 2) 26세의 나이로 장원 급제해서 관직 생활을 시작했다. 그 전에 20대 초반에는 원의 국자감에 유학하며 성리학을 공부했고, 고려의 과거에 급제한 다음 해에는 원의 과거에도 급제해서 원의 관직에 임명되기도 했다. 하지만 1356년(공민왕 5) 공민왕의 반원反元 정치 직전에 고려로 돌아왔고, 그로부터 공민왕의 신임을 받으며 순탄하게 관직 생활을 이어갔다. 1371년(공민왕 20)에 정당문학(정2품)에 임명되어 처음 재상이 되었는데, 같은 날 공민왕이 이성계를 지문하부사(종2품)로 임명하고는 "문·무 모두 제일류로 재상을 삼았다."고 말한 것은 두 사람에 대한 공민왕의 신임을 잘 보여주는 대목이다.

공민왕대 이색의 관력 가운데 가장 주목되는 것은 1367년(공민왕 16) 성균관의 겸대사성兼大司成이 된 일이었다. 당시 공민왕은 신돈을 중용해서 개혁을 추진하고 있었고, 개혁에 동참해서 함께 추진할 수 있는 세력으로 신흥 유신에 주목했다. 그것을 위해 홍건적 침략 때 무너진 건물을 다시 짓고 생원의 수를 늘리는 등 성균관을 정비했으며, 그와 동시에 이색을 겸대사성에, 김구용·정몽주·박상충·박의중·이숭인 등을 교관敎官에 임명해서 성리학 교육을 담당하도록 했다. (정도전은 마침 친상 중이어서 참여하지 못했다가 1370년에 복귀해서 성균박사가 되었다.) 이를 흔히 성균관 중영重營이라고 부르는데, 이를 계기로 우리나라에서 성리학이 처음 일어났다고 평가된다. 하지만 그 못지않게 중요한 것이 고려후기에 등장한 신흥 유신들이 성균관 중영을 계기로 정치 세력화했다는 사실이다.

이색은 공민왕대 신흥 유신의 중심 인물이었지만, 그 위상을 오래 지키지 못했다. 그의 소극적인 태도 때문이었다. 공민왕이 시해된 뒤 이인임이 우왕을 옹립하고 권력을 장악했음은 앞에서 얘기했지만, 당시 신흥 유신들은 이인임이 공민왕 개혁의 성과를 부정하는 데 반발했다. 둘 사이의 충돌은 외교 문제를 둘러싸고 폭발했다. 중국에서 원과 신흥의 명이 대립하는 가운데 이인임이 친명, 친원 정책을 표방한 것이 불씨가 되었다. 신흥 유신들은 그것이 공민왕의 친명, 반원 정책에 위배된다고 주장하며 이인임을 공격했다. 결국 수많은 신흥 유신들이 관직에서 쫓겨나 각지로 유배되었는데, 이것은 신흥 유신들이 어떤 정책에 대해서 일치된 주장을 함으로써 하나의 정치 세력이라는 사실을 보여주는 계기가 되었다.

이색은 공민왕이 시해되기 전인 1371년(공민왕 20) 모친상을 당해 관직에서 물러났고, 건강이 악화되어 7~8년 동안 두문불출하고 있었다.[19] 그 사이에 신흥 유신들이 대거 유배당하는 일이 있었던 것인데, 이색은 신흥 유신들의 중심 인물이었음에도 불구하고 이 사태에 대해서 아무 말도 하지 않았다. 고의로 회피했다는 의심을 면하기 어려운 대목이었다. 오히려 그때 왕명으로

---

19) 『陽村集』 권40, 行狀 牧隱先生李文靖公行狀.

당대의 고승인 지공指空과 나옹懶翁의 비문을 지었고, 그 때문에 나옹 문하 승려들과의 왕래가 빈번했는데, 이것이 뒷날 이색이 '부처에게 아첨하는 사람[侫佛者]'이라는 비난을 듣게 되는 빌미가 되었다. 우왕 때에는 1379년(우왕 5) 정당문학에 복직된 것을 시작으로 여러 차례 관직에 임명되었지만 사직을 되풀이하며 오랫동안 자리를 지키지 못했다. 그러다가 1388년(우왕 14) 1월 이인임 일파가 제거되면서 판삼사사에 임명되어 문하시중 최영, 수시중 이성계에 이어 3재三宰의 지위에 올랐다. 이때 이색의 나이가 61세였다.

판삼사사로 복직된 그해에 최영이 주도한 요동 공격과 이성계의 위화도 회군이 연이어 일어났고, 회군 후에 왕위 계승 문제에서 이색이 조민수의 뜻에 따라 창왕을 옹립한 사실은 앞에서 언급했다. 여기까지는 조민수의 강력한 주장을 이색이 어쩔 수 없이 따른 것이라고 할 수 있지만, 그다음 행보는 이성계에 대한 반대를 적극적으로 드러낸 것이었다. 즉, 창왕이 즉위한 직후에 이색은 명에 사신으로 갈 것을 자청했다. 60세가 넘은 나이에, 그것도 문하시중이 직접 사신으로 간다는 것은 누가 보아도 이례적인 일이었다. 명에서의 활동은 더욱 충격적이었다. 이색은 명 태조 주원장을 직접 만나서 창왕이 직접 명에 와서 황제를 만나게 해줄 것과 고려에 관리를 파견해서 국정을 감독할 것을 요청했다. 창왕의 지위를 강화하고 이성계의 권력을 견제하기 위해서였다. 게다가 자신이 자리를 비운 사이에 무슨 변고가 있을지 몰라 이성계의 아들 방원을 사신단의 일원으로 데리고 가기까지 했다. 이것만으로도 이성계에 대한 경계심을 노골적으로 드러낸 셈이었다.

이색의 요청을 명에서는 일소에 부쳤다. 위화도 회군으로 친명 노선을 확실하게 보인 이성계를 명에서 견제할 리가 없었던 것이다. 아무런 성과를 거두지 못하고 빈손으로 돌아온 이색은 이번에는 전제 개혁을 둘러싸고 이성계 일파와 대립했다. 이색이 사전 혁파에 반대한 것을 두고, 그에게도 불법으로 차지한 사전이 있어서 그것을 지키느라 그랬다는 주장도 있지만, 그렇지는 않았을 것이다. 그의 집안은 대대로 한산의 향리를 지내다가 이색의 아버지 이곡李穀이 처음 과거에 급제해서 관리가 되었으므로 여러 대에 걸쳐 수조권을 받지 않았기 때문이다. 그보다는 사전 혁파가 고려의 지배층 전체에 미치는 영향이 컸고, 그것을 폐지하면 고려의 국가 자체가 위험해질 것이란 판단이 앞섰을 것이다.

어쨌든 개혁을 추진하는 쪽에서는 이색의 벽을 넘어야 했다. 하지만 '명유' 또는 '유종'으로 불리며 대다수 신흥 유신들의 존경을 받고 있다는 점이 개혁파를 곤혹스럽게 했다. 더욱이 이색에게서 토지 탈점은 물론이고 사전 점유 등 불법 행위의 혐의를 찾기도 어려웠다. 이색을 직접 공격하기가 어려워지자 이색의 최측근이라 할 수 있는 이숭인과 권근을 공격하기 시작했다. 전형적인 '외곽 때리기' 수법이었다.

전제 개혁을 둘러싼 논쟁이 한창이던 1389년(창왕 1) 10월에 간관들이 이숭인을 탄핵했는데,[20] 그 사유가 다소 구차했다. 이인임과 임견미가 권세를 부릴 때 그들 편에 섰다는 것, 모친상을 당해서 상중임에도 예부시의 시관試官을 맡았다는 것, 명에 사신으로 가서는 물건을 사고 팔아 사대부의 명예를 실추시켰다는 것, 그리고 종친을 모함했다는 것 등이었다. 마지막의 종친 모함은 영흥군 왕환이 유배를 갔다가 19년 만에 돌아왔는데 그를 알아보는 사람이 없어 이숭인 등에게 확인하게 했더니 왕환이 아니라고 대답한 것을 말한다.[21] 이 가운데 이인임·임견미와의 관계는 1388년 1월 그들이 제거될 때 이미 처리했어야 하는 사안이고, 나머지는 특별히 이숭인에게 책임을 물을 수 있는 것이 아님에도 간관들이 그를 멀리 변방으로 유배해야 한다고 주장했으니 지나친 정치 공세가 아닐 수 없었다.

하지만 이숭인은 결국 경산부(경북 성주)로 유배되었다. 이숭인이 탄핵을 받

---

20) 『高麗史節要』 권34, 昌王 원년(1389) 10월.
21) 『高麗史節要』 권34, 昌王 원년(1389) 9월.

고 유배되자 그와 절친한 사이였던 권근이 변호를 위해 나섰다.[22] 상중에 시관이 된 것은 생존해 있는 아버지를 기쁘게 해드리기 위한 것이며, 사신으로 가서 매매행위를 했다는 것은 오해에서 비롯된 것이고, 영흥군 왕환을 몰라본 것도 그럴 만한 이유가 있었다는 것이다. 권근에 이어 이번에는 이색이 나섰다. 이숭인의 죄목 가운데 명에 사신을 가서 한 일이 포함되어있는 만큼 당시 사신단을 인솔한 자신도 가만히 있을 수 없으니 관직에서 물러나겠다는 것이었다.[23]

이숭인과 권근은 이색이 가장 아끼는 제자들이었다. 고려 말에 정몽주, 이숭인, 하륜, 박상충, 김구용, 박의중, 권근, 윤소종, 정도전 등이 이색 문하에서 성리학을 공부했고,[24] 이들은 대부분 공민왕이 성균관을 중영했을 때 겸대사성 이색을 따라 교관으로 임용되었다. 그 가운데서도 특히 이숭인은 뛰어난 문장 실력으로 이색으로부터 칭찬을 들은 애제자였고,[25] 권근은 이색이 주관한 과거에 급제한 문생이자 이색의 셋째 아들 이종선의 장인으로 이색과는 사돈 간이기도 했다. 따라서 이색은 자기 관직을 걸고 이 두 사람을 구원하려 했던 것이다. 하지만 이숭인이 유배된 데 이어 권근마저 우봉현(황해도 금천)으로 유배되었고,[26] 이색도 어쩔 수 없이 관직에서 물러나 장단(경기도 파주)으로 퇴거하게 되었다.[27]

이렇게 해서 이성계의 후원을 받는 개혁파 신흥 유신들은 본래 의도했던 대로 이색을 물러나게 하는 데 성공했다. 그런데 바로 그때 최영의 조카인 김저金佇가 이성계를 살해하고 우왕을 복위시키려다 실패하는 사건이 벌어졌다. 이 일을 계기로 이성계가 군대를 동원해서 우왕의 아들인 창왕을 폐위하

---

22) 『高麗史節要』 권34, 昌王 원년(1389) 10월.
23) 『高麗史節要』 권34, 昌王 원년(1389) 10월.
24) 『陶隱集』 陶隱集序; 『三峯集』 事實; 『惕若齋集』 世系行事要畧; 『高麗史』 권112, 列傳25 李存吾.
25) 『高麗史』 권115, 列傳29 李崇仁.
26) 『高麗史節要』 권34, 昌王 원년(1389) 10월.
27) 『高麗史節要』 권34, 昌王 원년(1389) 10월.

고 공양왕을 옹립했다.[28] 우왕과 창왕 부자가 공민왕의 후손이 아니며, 따라서 "폐가입진廢假立眞", 즉 가짜 왕을 폐하고 진짜 왕을 세운다는 명분이었다. 김저가 이성계를 살해하고 우왕을 복위시키려 했다는 사실은 문초 끝에 실토한 것 외에는 객관적인 근거가 없었다. 그럼에도 불구하고 이성계 일파는 국왕을 교체하고 자신들의 권력을 더욱 강화했다.

공양왕은 제20대 국왕 신종(재위 1197~1204)의 7대손으로, 옹립 당시 왕실의 먼 방계였다. 하지만 이성계에 의해 선택되어 왕위에 올랐는데, 여기에는 평소 우유부단하다는 평가가 중요하게 작용했다.[29] 이성계 일파로서는 자기들이 쉽게 조종할 수 있는 국왕을 세워놓고 개혁을 추진하고자 했던 것이다. 그러나 공양왕이 즉위하자 곧바로 이색이 장단으로부터 올라와 국왕을 알현했다. 그 자리에서 공양왕은 이색에게 자신을 보필할 것을 부탁하며 수상인 판문하부사判門下府事로 복귀시켰다.[30] 이색의 복귀는 공양왕이 이성계의 독주를 견제하기 위함이었고, 따라서 이성계 일파를 자극하기에 충분했다. 이들은 곧바로 이색을 탄핵하기 시작했는데, 좌사의 오사충吳思忠과 문하사인 조박趙璞 등이 탄핵한 내용은 다음과 같았다.[31]

첫째, 공민왕 사후에 이인임을 도와 우왕을 옹립하였다.
둘째, 위화도 회군 후에 조민수와 함께 창왕을 옹립하였다.
셋째, 변안렬이 김저와 모의해서 우왕을 복위시키려는데 가담했다.
넷째, 이인임·임견미·염흥방이 국정을 농단하는데 그 잘못을 말하지 않았다.

---

[28] 『高麗史節要』 권33, 昌王 원년(1389) 11월.
[29] 『高麗史』 권45, 世家45 恭讓王 "性慈仁柔懦優游不斷".
[30] 『高麗史』 권45, 世家45 恭讓王 원년(1389) 11월.
[31] 『高麗史』 권45, 世家45 恭讓王 원년(1389) 12월 1일(乙未); 『高麗史節要』 권33, 恭讓王 원년(1389) 12월.

다섯째, 우왕이 폭정을 하는데 그 잘못을 바로잡지 않았다.

여섯째, 우왕이 요동을 공격하는 것을 말리지 않았다.

일곱째, 전제 개혁을 하려고 할 때 불가하다고 고집했다.

여덟째, 유종儒宗으로서 부처에 아첨했다.

이 가운데 첫째 사유는 근거가 전혀 없었고, 넷째, 다섯째, 여섯째는 해야 할 일을 하지 않았다는 것으로, 말하자면 '부작위不作爲'의 혐의지만, 당시 이색이 반드시 그런 일을 해야 할 위치에 있었거나 할 수 있는 처지에 있지 않았으므로 탄핵의 사유가 되기 어려웠다. 셋째 사유는 확인된 것이 아니었고, 마지막으로 부처에게 아첨했다는 것은 불교와 유교가 공존했던 고려 사회에서 당연시되었던 일이므로 이때 갑자기 비난받을 일이 아니었다. 결국 사실로 확인되는 이색의 죄목은 창왕을 옹립하는 데 협조했다는 것과 전제 개혁에 반대한 것 정도라고 할 수 있다. 이 탄핵으로 이색은 판문하부사에 복직된 지 며칠 만에 다시 파직되고 말았다.

이색이 파직된 뒤에도 공격이 끊이지 않았다. 대간들이 번갈아가며 이색을 탄핵했는데, 이때는 주로 우왕을 세운 것과 창왕을 세운 것, 그리고 우왕을 복위시키려 한 것에 공격이 집중되었다. 모두 왕통과 관련되는 일이었고, 그런 만큼 파직으로 그쳐서는 안 된다는 주장이었다.[32] 결국 이색은 유배를 가게 되었고, 유배지는 장단이었다. 이색이 62세에 처음 겪는 시련이었다. 하지만 이것이 긴 유배 생활의 시작일 뿐이란 생각은 꿈에도 하지 못했을 것이다.

오사충과 조박 등이 이색을 처음 탄핵한 것이 1389년(창왕 1) 12월 1일이고, 유배가 결정된 것은 12월 5일이었다.[33] 이색은 다음 날 이 소식을 듣고 즉시

---

32) 『高麗史節要』 권33, 恭讓王 원년(1389) 12월.
33) 『高麗史』 권45, 世家45 恭讓王 원년(1389) 12월 1일(乙未); 5일(己亥).

개경을 떠나 장단으로 향했다.[34] 이색이 유배된 뒤 이성계 일파의 공격이 더욱 거세졌다. 우선, 12월 14일 우왕과 창왕을 처형했다.[35] '폐가입진'의 논리로 공민왕의 후손임을 부정했지만, 그래도 전 왕을 둘씩이나 죽인 것은 이제 이성계 일파가 돌아올 수 없는 강을 건넜음을 의미했다. 다음 해 1월에는 김저의 우왕 복위 운동에 연루된 혐의로 변안열을 처형했다.[36] 위화도 회군 이후 반대파 인물을 죽인 것은 최영 이후 처음이었다. 이제 권력 투쟁이 상대방을 죽이는 데까지 이를 정도로 치열해졌던 것이다. 그런 상황에서 유배지에 있던 이색도 위험해지지 않을 수 없었다. 변안열을 죽음으로 몰았던 혐의가 이색에게도 똑같이 적용되고 있었기 때문이다.

과연 1390년(공양왕 2) 1월 말부터 이색에 대한 공격이 다시 시작되었다. 조민수와 함께 창왕을 옹립한 죄와 김저의 우왕 복위 운동에 동조한 죄를 처벌해야 한다는 주장이었다.[37] 이어서 2월 1일에는 이색과 조민수를 극형에 처해야 한다고 주장하기에 이르렀다.[38] 그에 따라 대간들이 장단에 와서 이색을 국문하는 사태가 벌어졌다.[39] 이색은 창왕을 옹립하자고 한 것이 자신이 한 일이 아니라고 항변하며 조민수와 대질을 요구했고, 그러자 간관들이 국왕으로부터 고신栲訊 즉 고문을 해도 좋다는 허락을 받아냈다. 결국 옥졸들이 형장刑杖을 들고 양옆에 서서 밤새도록 협박하면서 자백을 강요하는 가운데 이색은 자신의 혐의에 대해서 다음과 같이 해명했다.

---

[34] 『牧隱詩藁』 권35-001, 己巳十二月初六日 巡衛府提控朴〈爲生〉來傳內敎 命臣出居長湍新居 臣向闕肅拜 且致詞兩侍中 別提控上馬 至大德山下 日已夕 入感應寺借宿 門生劉敬以斗酒來餞 連數杯微醉 就寢達旦 居僧朝參 聞磬聲有作.
[35] 『高麗史』 권45, 世家45 恭讓王 원년(1389) 12월 14일(戊申).
[36] 『高麗史』 권45, 世家45 恭讓王 2년(1390) 정월 16일(庚辰).
[37] 『高麗史節要』 권34, 恭讓王 2년(1390) 정월.
[38] 『高麗史』 권45, 世家45 恭讓王 2년(1390) 2월 1일(乙未);『高麗史節要』 권34, 恭讓王 2년(1390) 2월.
[39] 『高麗史節要』 권34, 恭讓王 2년(1390) 2월.

첫째, 회군 후 왕을 옹립하는 문제를 논의할 때 조민수가 종친과 우왕의 아들 창 가운데 누가 마땅한지를 물어왔는데, 당시 조민수는 주장主將으로서 군대를 거느리고 돌아왔고 또 창의 외조부인 이림李琳과 연결되어 있었기 때문에 감히 그의 뜻을 어길 수 없어서 '우가 왕위에 오른 지 오래됐으므로 마땅히 그의 아들 창을 세워야 한다'고 대답했을 뿐 창왕 옹립을 앞장서서 권하는 말을 한 적이 없다.

둘째, 명에 사신을 갔을 때 명의 예부상서 이원명이 고려에서 왕을 쫓아내고 그 아들을 왕으로 세운 것이 이치에 맞지 않는다고 하기에 돌아와서 이시중(이성계)에게 여흥에 있는 우왕을 개경 가까이로 옮기면 왕을 쫓아냈다는 소리는 듣지 않을 것이라고 말했을 뿐 우왕을 다시 왕으로 세우려고 한 적이 없다.

말하자면 창왕 옹립은 조민수가 주도했고 자신은 단지 반대하지 않았을 뿐이며, 우왕 복위는 여흥에 있던 우왕을 개경 가까이로 옮기자고 한 말이 와전된 것이란 해명이었다. 하지만 이색의 유배는 처음부터 정략적인 것이었으므로 이러한 해명으로 혐의를 벗을 수 있는 것이 아니었다. 이색으로서는 절체절명의 위기가 아닐 수 없었다.

그런데 이때 공양왕이 제동을 걸고 나섰다. 비록 이성계에 의해 옹립되었지만 허수아비에 그치지 않고 국왕으로서 권한을 행사하려 했던 것이다. 공양왕은 대간들이 왕에게 직접 아뢰는 제도를 폐지해서[40] 이성계 일파로 구성된 대간들을 멀리하고, 그들이 이색과 조민수 등을 처벌하라고 주장하는 것을 받아들이지 않았다. 이 일로 간관들과 언쟁을 벌이는가 하면, 자신의 주장을 굽히지 않는 윤소종을 추방하기도 했다.[41] 그러는 가운데 전함을 시찰한다는

---

40) 『高麗史』 권45, 世家45 恭讓王 2년(1390) 2월 11일(乙巳).
41) 『高麗史』 권45, 世家45 恭讓王 2년(1390) 3월 21일(甲申).

구실을 내세워 장단에 행차하려고 했는데,42) 이 시도는 대간의 반대로 결국 포기했지만 장단에 있던 이색을 만나려는 의도가 명백했다.

공양왕이 간관들을 억제하는 동안 이색은 유배지 장단에서 그나마 평온한 시간을 보낼 수 있었다. 하지만 이성계가 사직하는 것으로 불만을 표시하자43) 공양왕이 굴복함으로써 상황이 또 바뀌었다. 이성계 일파가 다시 정국을 주도하게 되었고, 이색은 장단에서 함창으로 옮겨지게 되었다.44) 첫 번째 함창 유배였다. 함창 유배가 결정된 날짜는 4월 5일이고, 그 소식은 손자 맹균孟畇과 문생 맹사성에 의해 이색에게 전해졌으며,45) 4월 8일에는 부인 권씨가 전송차 장단에 왔다.46) 그리고 그로부터 수일 내에 장단을 출발해서 함창에 도착했다.

3. 〈함창음〉에 나타난 이색의 유배 생활

이색이 함창에 도착한 시기는 1390년 4월 중순쯤으로 추정되지만 확인되지는 않는다. 그런데 『목은시고』의 〈함창음〉은 8월 13일 함창 도착을 알리는 시로 시작한다.47) 4월 중순부터 4개월 동안 지은 시가 없는 셈이다. 유배지에서 시를 짓지 않은 것은 이때가 유일한데, 그럴만한 사정이 있었다.

이색이 함창으로 이배移配된 뒤 조정에서는 공양왕과 이성계의 세력 다툼이 재연되었다. 어떤 이유에서인지 윤4월 4일 이성계 등 9공신이 사직했다.48)

---

42) 『高麗史』 권45, 世家45 恭讓王 2년(1390) 3월 13일(丙子).
43) 『高麗史』 권45, 世家45 恭讓王 2년(1390) 3월 27일(庚寅).
44) 『高麗史』 권45, 世家45 恭讓王 2년(1390) 4월 5일(戊戌).
45) 『牧隱詩藁』 권35-056, 與長湍縣令文君 再游石壁 文君邀至上流合幷處 捕魚設食 晚歸 有孟畇 柳衍 門生孟思誠 李稚 來報臺省又論前事 赴處咸昌.
46) 『牧隱詩藁』 권35-057, 初八日 室人來 蓋欲送我南行也.
47) 『牧隱詩藁』 권35-062, 庚午八月十三日 到咸昌 狎送官近侍郎將朱仁起回程 附呈兩侍中.
48) 『高麗史』 권45, 世家45 恭讓王 2년(1390) 윤4월 4일(丙寅).

아마도 공양왕에 대한 불만의 표시였을 것이다. 이에 동조해서 대간들이 자신들의 말을 들어주지 않는다며 사직했고,[49] 공양왕이 대간들을 모두 지방관으로 좌천시키는 일이 벌어졌다.[50] 이것을 보면 이성계 등 9공신과 대간들이 힘을 합쳐 공양왕과 대립하고 있었던 것이다. 이런 상황에서 5월 1일에 갑자기 커다란 사건이 터졌다. 흔히 윤이·이초 옥사獄事라고 불리는 사건이었다. 사건의 경위는 다음과 같았다.

　5월 1일 명에 사신으로 갔던 왕방과 조반이 돌아와 보고하기를, 고려 사람 윤이와 이초가 명나라에 가서 이성계가 장차 군대를 일으켜 명나라를 공격할 것이라고 했다는 사실을 알렸다. 이들의 보고에 따르면, 윤이와 이초는 이성계가 자신의 계획을 이색 등이 만류하자 이색을 죽이고 우현보 등 재상 9인을 유배했으며, 유배된 재상들이 자신들을 보내 그 사실을 명에 알리고 군대를 동원해서 고려를 토벌해달라고 요청하게 했다고 고발했다. 이 일로 고려 조정이 발칵 뒤집히고 관련자들을 잡아들이기 시작했다. 그때 이색은 이림·우인열·이인민·정지·이숭인·권근·이종학·이귀생 등과 함께 청주옥에 수감되었다.[51] 5월 초의 일이었다. 상황이 이러했으므로 이색은 함창에 도착한 지 며칠 만에 청주로 이송되었고, 1차 함창 유배는 이렇게 경황 없이 끝났다.

　윤이·이초 사건은 근거가 없었음에도 불구하고 큰 사건으로 번졌다. 이성계 일파가 공양왕을 견제하고 자신들의 권력을 강화하는 수단으로 활용했기 때문이었다. 옥에 갇힌 사람들은 자백을 강요받았고, 옥에서 죽는 사람도 속출했다. 청주옥의 이색 역시 위태롭기는 마찬가지였다. 그런데 그때 마침 폭우로 청주옥이 물에 잠기는 일이 발생했다.[52] 그러자 공양왕은 '하늘이 물로

---

49) 『高麗史』 권45, 世家45 恭讓王 2년(1390) 윤4월 8일(庚午).
50) 『高麗史』 권45, 世家45 恭讓王 2년(1390) 윤4월 9일(辛未).
51) 『高麗史』 권45, 世家45 恭讓王 2년(1390) 5월 6일(戊戌).
52) 『高麗史』 권53, 志7 五行1 洪水 恭讓王 2년(1390) 5월 26일(戊午).

꾸짖는 것[水譴]'이라며 이를 빌미로 죄수들의 사면을 논의했고, 결국 윤이·이초 옥사의 정상이 분명하지 않다는 이유로 죄수들을 석방했다.[53] 이때 이색도 청주옥에서 풀려났는데, 『목은집』의 연보에 따르면 곧바로 함창으로 가지 않고 장단으로 돌아갔다가 8월에 함창으로 가게 되었다.[54] 두 번째 함창 유배였다.

이색은 8월 13일 함창에 도착하자마자 두 시중 즉, 이성계와 정몽주에게 시를 지어 보냈다. 〈함창음〉의 첫 시, "경오년 8월 13일 함창에 도착해서 압송관 근시낭장 주인기가 돌아가는 편에 두 분 시중에게 부쳐 올렸다."가 그것이다. 시는 다음과 같다.[55]

늙어가며 언제나 떠도는 내 신세도	老來常作客
운명일 뿐이지 어찌 사람 탓이겠소	命也豈關人
가는 곳마다 청산은 좋기도 하오마는	到處青山好
시를 읊노라니 백발만 새로 돋아나오	吟詩白髮新
묘당이 우로를 내려 준 그 덕분에	廟堂垂雨露
향리도 풍진을 벗어나게 되었소 그려	鄉里隔風塵
세상의 맛이 모조리 소진된 그중에도	世味都消盡
취해서 보료에 토한 일은 잊기 어렵구려	難忘醉吐茵

이 시에는 정치적으로 핍박을 받아 유배지를 떠도는 자신의 신세가 운명일 뿐, 자신을 그렇게 만든 사람은 원망하지 않는다는 뜻이 담겨 있다. 하지만

---

53) 『高麗史』 권45, 世家45 恭讓王 2년(1390) 윤4월 6월 4일(乙丑).
54) 『牧隱集』 牧隱先生年譜 洪武 23년(1390) 庚午 "五月 逮至清州 有水譴 蒙宥到長湍 八月 又貶咸昌".
55) 『牧隱詩藁』 권35-062, 庚午八月十三日 到咸昌 狎送官近侍郞將朱仁起回程 附呈兩侍中.
시의 번역은 임정기·이상현, 『국역 목은집』 1~9, 한국고전번역원, 2002~2003. 이 글에서는 모두 같다.

그와 동시에 지난날 술 마시며 어울리던 시절의 추억을 되살리는 것으로 자신을 구원해주기를 바라는 심정이 함께 담겨 있다. 당시 이색은 장단, 함창으로 유배지를 전전하면서 구명을 위해 노력했다. 이색이 기대고자 했던 사람은 이성계와 정몽주, 정도전 등 세 사람이었다.

이성계와는 공민왕 때부터 알고 지내는 사이였다. 같은 조정에서 품계도 비슷했으므로 공식적인 자리에서 만날 기회가 많았을 것이다. 우왕 때에는 이색이 관직에 있지 않았지만 두 사람의 사적인 교류는 계속되었다. 이색은 이성계의 부탁을 받고 중결仲潔이라는 자와 송헌松軒이라는 호를 지어주었고,[56] 이성계의 아버지 이자춘의 신도비문도 이색이 지었다.[57] 위화도 회군 이후 비록 정치적으로는 대립했지만 이런 개인적인 친분을 믿고 이성계에게 구명을 부탁했을 것이다. 그 전에 첫 유배지인 장단에서도 "송헌시중에게 부쳐 보낸 은혜에 사례하였다"라는 시를 비롯해서 여러 편의 시를 이성계에게 지어 보낸 적이 있었다.[58]

다음으로, 정몽주는 이색이 가장 믿고 의지할 수 있는 사람이었다. 그는 젊은 시절 이색 문하에서 성리학을 공부했고, 성균관 중영 당시 교관으로 참여한 적이 있었다. 우왕 때에도 이색과 자주 어울린 사실이 이색의 시에서 여러 차례 확인된다. 정몽주가 용두회龍頭會, 즉 장원 급제자 모임의 회장을 지냈는데, 이색 역시 장원 출신이므로 여기서도 만날 기회가 있었을 것이다. 하지만 정치적으로는 미묘한 차이가 있었는데, 위화도 회군 이후 정몽주는 이색보다는 오히려 이성계와 가까웠다. 그 단적인 예가 공양왕 옹립에 대한 태도였다. 그때 정몽주는 폐가입진을 모의하는 자리에 참석했고, 공양왕 즉위 후 책봉된

---

56) 『牧隱詩藁』 권29-057, 李商議問其字及居室名 又請名其一郎 予取桂花秋皎潔 字之曰仲潔 配桂莫如松 且公所重者節義也 故扁其居曰松軒 三郎之名曰芳毅 故名一郎曰某 果毅相須者也 吟成一篇.

57) 『牧隱文藁』 권15, 碑銘 高麗國贈純誠勁節同德輔祚翊贊功臣壁上三韓三重大匡門下侍中判典理司事完山府院君朔方道萬戶兼兵馬使榮祿大夫判將作監事李公神道碑銘〈并序〉.

58) 『牧隱詩藁』 권35-005, 寄呈松軒侍中 謝恩也; 권35-025, 寄松軒; 권35-034, 寄松軒; 권35-042, 二十三日 寄呈松軒.

9공신 가운데 네 번째로 이름을 올렸다.[59] 정몽주가 이성계 일파와 대립하다가 죽임을 당한 것으로 알려져 있지만, 그것은 좀 더 뒤의 일이고 이때까지만 해도 이성계 편에 서 있었던 것이다. 그럼에도 불구하고 이색은 오랜 연고에 기대어 정몽주의 구명을 기대했다.

마지막으로, 정도전은 이성계 세력의 핵심 인물이었지만 이색과도 친분이 있었다. 정도전의 아버지 정운경鄭云敬과 이색의 아버지 이곡이 친한 사이였고,[60] 그 친분은 아들대까지 이어졌다. 정도전 역시 정몽주와 마찬가지로 이색 문하에서 성리학을 공부했으며, 성균관 중영 당시에는 부모의 상을 당해 참여하지 못했지만 탈상 후 곧 성균박사가 되어 합류했다. 1375년(우왕 1) 정도전이 나주 거평부곡에서 2년 반 동안 유배 생활을 한 뒤로 이색과의 관계가 서먹서먹해진 것은 사실이지만 그래도 왕래가 끊어지지는 않았다. 『목은시고』의 여러 시에 정도전이 이색을 찾아간 사실이 나타나 있고, 이색이 정도전을 생각하며 지은 시도 있다.[61] 또 한 가지 중요한 사실은, 적어도 이색이 함창으로 유배되는 1390년 4월까지만 해도 정도전이 이색을 비난하거나 공격한 일이 없었다는 점이다.[62]

이색이 유배지에서 이성계, 정몽주, 정도전 등 세 사람의 도움을 기대했음은 장단음의 "성랑 제형에게 부치다"라는 시에서도 확인할 수 있다.[63]

송헌이 국정을 맡는데 나는 떠돌이 신세라니	松軒當國我流離
꿈속에서도 이런 생각을 그 누가 했으리오	夢裏誰曾有此思
지금 두 분 정씨가 또 대의에 참여한다는데	二鄭況今參大議

---

59) 『高麗史節要』 권34, 恭讓王 원년(1389) 11월.
60) 『三峯集』 권4, 行狀 高麗國奉翊大夫檢校密直提學寶文閣提學上護軍榮祿大夫刑部尙書鄭先生行狀 "稼亭李公與爲忘年交".
61) 『牧隱詩藁』 권14-044, 有懷鄭道傳.
62) 이익주, 「고려 말 정도전의 정치 세력 형성 과정 연구」, 『東方學志』 134, 2006.
63) 『牧隱詩藁』 권35-006, 寄省郞諸兄.

우리 가족이 모여서 살날은 과연 언제일꼬　　　一家完聚果何時

　　여기서 송헌은 이성계, 두 분 정씨[二鄭]는 정몽주와 정도전을 가리킨다. 이들이 국정을 맡고 정책을 의논하는 데 참여하고 있으니 곧 유배에서 풀려나 가족이 모여 살 수 있을 것이란 기대가 엿보인다. 그러나 이색의 기대와는 달리 누구에게서도 구원의 손길은 미처 오지 않았다.

　　유배지 함창에서 이색은 손자 맹균과 단둘이 살았다. 〈함창음〉 가운데 "백손伯孫 맹균이 나를 따라서 남쪽으로 왔는데 그의 누이가 병들어 매우 위독한 상태라고 집사람이 소식을 전해 왔다. 이에 내가 맹균에게 권하기를, '형제는 천륜인데 한번 세상을 떠나면 다시 만나 볼 길이 없으니 너는 급히 가서 보도록 하라. 나는 여기에 있어도 네가 보다시피 친척들이 향리에 가득하여 날마다 상종하고 있으니 걱정할 것이 뭐가 있겠느냐. 나는 이제 늙어서 다른 소망은 없다만, 단지 너의 조모가 아직도 오지 않는 것이 마음에 걸릴 뿐이다.'라고 하였다. 이에 맹균이 하직 인사를 하고 떠났는데, 하룻밤을 혼자 묵다 보니 느낌이 없지 않기에 다음 날 술에 취한 김에 시 한 편을 지어서 기록하였다."라는 긴 시 제목에서[64] 저간의 사정을 짐작할 수 있다. 즉, 부인은 함창까지 따라오지 않았고, 손자 맹균이 혼자 시중을 들다가 이때 누이가 위독하다는 소식을 듣고 떠나자 이색 혼자 지내게 되었던 것이다.

　　한편, 위의 시 제목에서는 친척들이 향리에 가득하여 날마다 상종하고 있다고 했지만 이 말은 손자를 안심시키려는 것일 뿐, 사실은 그렇지 않았다. 이색은 출척사, 즉 경상도 관찰사에게 시를 지어 보냈고,[65] 인근의 경산부에 사는 동년 김수金陲에게도 시를 지어 보냈지만[66] 아무런 답을 듣지 못했다. 희제戲題

---

64) 『牧隱詩藁』 권35-065, 伯孫孟畇隨我南來 家人來報妹病殆甚 予勸之曰 兄弟天倫也 一死無由再見 汝宜急去 吾在此 如汝所見親戚滿鄕日相從 何所慮 吾已老無他望 唯汝祖母尙未來耳 孟畇乃拜而去 獨宿一夜 因有感焉 明日乘醉 乃錄一篇.
65) 『牧隱詩藁』 권35-063, 寄呈黜陟令公.

라는 제목으로 시를 지어 자신을 적선옹謫仙翁, 즉 이태백에 비유하면서 술로 상심을 달래며 조정에 올라가기를 단념한 모습을 그렸는데, 이 시가 당시 처지를 솔직하게 표현한 것이 아닐까 한다.[67] 시는 다음과 같다.

마을 사람들 앞 다투어 적선옹을 비웃나니	鄕人爭笑謫仙翁
촌 노래 들 피리 속에서 곤드레 취했다고	泥醉村歌野笛中
설령 조정에 돌아간들 무슨 소용 있겠나	縱使得還何所用
치아도 다 빠지고 눈빛도 흐리멍덩한걸	齒牙落盡眼朦朧

이색이 함창에 유배되어 있는 동안 개경에서는 공양왕과 이성계 일파의 대결이 계속되고 있었다. 달라진 점이 있다면 정몽주가 이성계와 갈라서서 공양왕 편에 섰다는 것이었다. 정몽주는 신흥 유신의 일원으로서 위화도 회군 이후 개혁에 동의하고 공양왕 옹립에도 동참했지만 윤이·이초 사건을 처리하는 과정에서 이성계 일파와 대립하기 시작했다. 윤이·이초 사건의 진상이 명백하지 않다는 이유에서였다.[68] 정몽주의 태도 변화는 당시 정국에 커다란 파장을 일으켰다. 그때까지 이성계에 협력했던 신흥 유신 가운데 일부가 정몽주에 동조하고 나섰던 것이다. 즉, 대사헌 김사형이 형조를 시켜 정몽주를 탄핵하게 하자, 간관들이 오히려 정몽주를 지지함으로써 사헌부·형조와 낭사 사이에 충돌이 벌어졌다.[69] 이들은 모두 신흥 유신으로, 이를 계기로 신흥 유신 세력이 둘로 갈라지면서 정몽주가 반이성계파의 중심인물로 떠오르게 되었다.

정몽주의 태도 변화는 공양왕에게 큰 힘이 되었다. 실제로 공양왕은 이 무

---

66) 『牧隱詩藁』 권35-066, 寄京山府金判書同年.
67) 『牧隱詩藁』 권35-067, 戱題.
68) 『高麗史節要』 권34, 恭讓王 2년(1390) 8월.
69) 『高麗史』 권104, 列傳17 金方慶附 金士衡.

렵부터 왕권을 강화하기 위해 노력했는데, 한양 천도와 연복사탑演福寺塔 중수가 대표적인 사례였다. 한양 천도는 '천도를 하지 않으면 군신을 폐하게 될 것[苟不遷廢君臣]'이라는 비록祕錄을 근거로[70] 군신관계의 재정립을 통해 왕권의 회복을 기도한 것이었다. 또 연복사탑 중수는 공양왕의 개인적인 숭불에 그치지 않고 태조 유업의 계승을 내세움으로써 왕실의 권위를 세우고자 한 것이었다. 이성계 일파가 반대했지만 공양왕은 두 가지를 모두 강행했다. 1390년 7월 연복사탑 중수가 진행되었고, 9월에는 한양 천도가 이루어졌다.[71]

이성계는 끝내 한양 천도에 동의하지 않았다. 그 때문에 국왕은 한양에 있고, 시중인 이성계는 개경에 있는 기이한 상황이 연출되었다. 천도 후 2개월 뒤인 11월에 이성계가 사의를 표명하며 압박했지만[72] 공양왕은 굴복하지 않고 우현보·이색·권근·이숭인 등을 사면했다.[73] 1390년 11월 4일의 일이었다. 이때 함창에 있던 이색은 관찰사의 막료로 있던 하 아무개로부터 사면령을 전해 듣고, 그에게 광조光祖라는 자를 지어주고 시 한 수를 썼다.[74] 그와 동시에 관찰사에게 시를 지어 보냈는데,[75] 이 두 편이 2차 함창 유배시의 마지막 작품이 된다.

이때 이색에게 내려진 조치는 '경외종편京外從便', 즉 서울 외의 지역에서 편한 대로 거주하도록 하는 것이었고, 그에 따라 이색은 함창을 떠나 별서가 있던 여흥(경기도 여주)으로 옮긴 것으로 추정된다. 『목은시고』에 1390년 겨울 여강驪江에서 지은 시가 있기 때문이다.[76] 이 시에는 이숭인과 권근이 찾아와 술자리를 만든 장면이 묘사되어 있는데, 이색은 당시를 '학이 새장에서 벗어난

---

[70] 『高麗史節要』 권34, 恭讓王 2년(1390) 7월.
[71] 『高麗史節要』 권34, 恭讓王 2년(1390) 7월; 9월.
[72] 『高麗史』 권45, 世家45 恭讓王 2년(1390) 11월 3일(辛卯).
[73] 『高麗史』 권45, 世家45 恭讓王 2년(1390) 11월 4일(壬辰).
[74] 『牧隱詩藁』 권35-068, 贈河光祖署令詩.
[75] 『牧隱詩藁』 권35-069, 寄呈黜陟令公.
[76] 『牧隱詩藁』 권34-070, 驪江宴集.

기분'이라고 표현했다.

　공양왕이 정몽주를 앞세워 정국을 주도하는 상황은 당분간 이어졌다. 1390년 11월에는 정몽주가 판상서시사判尙瑞寺事가 되어 관리 인사를 담당하게 됨으로써[77] 세력을 확대해 갈 수 있게 되었다. 정몽주 세력이 커지는 한 이색은 안심할 수 있었다. 그러나 1391년(공양왕 3) 5월부터 이성계 일파의 반격이 시작되었다. 이때의 쟁점은 척불斥佛, 즉 불교 배척이었다. 공양왕이 독실한 불교 신자였고, 또 불교를 이용해서 왕실의 권위를 세우려고 했던 만큼 척불은 공양왕을 공격하는 효과적인 수단이 되었다. 게다가 신흥 유신들은 불교가 이단이며, 이단은 배척해야 한다는 성리학의 가르침을 명분으로 내세울 수 있었다. 이 척불 운동의 과정에서 전부터 승려들과 가까이 지내며 '부처에게 아첨한다'는 비난을 들었던 이색에 대한 공격이 다시 시작되었다.

　척불 운동을 주도한 사람은 정도전이었다. 정도전은 평소 "후진을 가르치고 이단을 배척하는 일을 자기 책임으로 삼았다."는 평가를 들을 정도로 척불에 철저했다.[78] 그는 1390년 5월 공양왕에게 글을 올려 불교를 배척할 것을 강력하게 주장했고, 곧이어 도당에 글을 올려 이색과 우현보를 죽일 것을 주장했다.[79] 정도전이 자신의 정치적 주장을 적극적으로 내세운 것은 이때가 처음이었고, 공개적으로 이색을 공격한 것도 이때가 처음이었다.

　정도전은 이색이 창왕을 옹립한 것과 우왕을 복위시키려 한 것을 집중적으로 공격했다. 이 행위가 왕위를 찬탈하는 찬역簒逆에 해당하며 그런 행위를 한 자는 난신적자亂臣賊子이므로 주살해야 한다는 논리였다.[80] 전에도 간관들이 이색을 죽여야 한다고 했지만, 정도전은 찬역을 도모한 난신적자를 극형에 처하는 것이 마땅하다는 당위론을 내세우며 강한 어조로 격렬하게 이색을 공

---

77) 『高麗史』 권45, 世家45 恭讓王 2년(1390) 11월 6일(甲午); 권117, 列傳30 鄭夢周.
78) 『陽村集』 권16, 序類 鄭三峯文集序 "常以訓後進闢異端爲己任".
79) 『高麗史節要』 권35, 恭讓王 3년(1391) 5월.
80) 『高麗史』 권119, 列傳 32 鄭道傳.

격했다. 재상이라면 마땅히 옳지 않은 일을 막아야 했는데 그러지 않았다는 것이 이색의 죄목이었다. 이는 창왕 옹립에 적극적으로 나서지 않았고 단지 소극적으로 동의했을 뿐이라는 이색의 변명을 무력화시키는 논리였다.

정도전뿐 아니라 이성계파의 신흥 유신들이 대대적으로 공양왕의 숭불을 비난하고, 더 나아가 왕의 무능함을 공격함으로써 정국의 주도권을 빼앗으려 하였다. 하지만 공양왕의 거부 또한 완강하여, 공양왕과 대간의 몇 차례 공방을 거친 뒤 이색과 우현보를 극형에 처하지 않고 유배하는 것으로 종결되었고,[81] 그에 따라 이색은 1391년(공양왕 3) 6월 13일에 함창으로 다시 유배되었다.[82] 이색의 세 번째 함창행이었다.

함창에서는 11월 17일 유배가 풀릴 때까지 5개월 동안 머물면서 43편의 시를 지었다. 그 시에 함께 사는 가족에 대한 언급이 전혀 나오지 않는 것으로 보아 혼자 살았음이 틀림없다. 그 대신 이전과는 다르게 사람들과 어울리려고 노력한 흔적이 보인다. 함창에 도착하자마자 관찰사에게 시를 지어 보냈고, 안동에 살고 있는 친구 권신재權愼齋에게도 시를 지어 보냈다. 또 유진천군柳晉川君, 이첨李詹 승지, 충주목의 황동갑黃同甲, 여흥의 권지군權知郡, 이산尼山의 신감무申監務, 해주의 족장族長, 환암국사幻庵國師 등 지인들에게도 시를 지어 보냈다. 때로는 함창까지 이색을 찾아오는 사람도 있었다. 감군監郡 정공鄭公, 상주교수관 이여신李汝信, 중랑장 이승길李承吉, 김상장金上將, 양산대선사陽山大禪師 등으로, 이들은 술이나 곡식 등을 가지고 와서 이색과 어울렸다. 따라서 이때의 유배 생활은 전처럼 외롭지는 않았을 것이다.

하지만 거듭된 유배 생활에 따른 회한이 없을 수 없었다. 함창에 도착한 지 며칠 뒤에 지은 "유감有感"이라는 시에는 이 무렵 그의 감정이 잘 드러나

---

81) 『高麗史節要』 권35, 恭讓王 3년(1391) 6월.
82) 『高麗史』 권46, 世家46 恭讓王 3년(1391) 6월 13일(戊辰); 『高麗史節要』 권35, 恭讓王 3년(1391) 6월.

있다.[83]

내가 잘못해도 정말 크게 잘못했지	我有一大錯
천균千鈞을 가볍게 들어 올리려 하였으니	欲擧千鈞輕
일에 임해 두려워하는 자세가 부족했고	爲欠臨事懼
게다가 사람을 보는 눈이 밝지 못했도다	又昧知人明
이제 와서 후회한들 또 어찌하겠는가	縱悔亦已矣
만 번 죽을 고비에서 살아남으면 다행이지	萬死幸一生
나 홀로 앉아 근심하고 두려워하면서도	獨坐每惕若
입을 오므려 때때로 소리 내어 읊노매라	縮口時出聲

이 시에는 자신이 중요한 일에서 조심하지 않고 경솔했으며, 사람을 보는 눈이 밝지 못했음을 자책하는 모습이 나타나 있다. 여기서 일에 임해 두려워하는 자세가 부족했다고 한 것은 창왕 옹립을 논의할 때 좀 더 신중하지 못했던 것을, 사람을 보는 눈이 밝지 못했다고 한 것은 특별히 정도전을 염두에 둔 말이 아니었을까 한다.

그럼에도 정몽주와 이성계에게는 시를 보내 구원을 부탁했다. 먼저 정몽주에게 보낸 시는 다음과 같았다.[84]

중추절 무렵엔 녹문鹿門으로 올라갈까 하였는데	擬向中秋上鹿門
도리어 우리에 갇힌 원숭이 신세가 됐소 그려	此身還似檻來猿
어느 분이 꺼내 주어 임천林泉 속으로 가게 할까	何人放出林泉去
산북 산남 어디든지 마음껏 뛰어다니도록	山北山南恣意奔

---

83) 『牧隱詩藁』 35-073, 有感.
84) 『牧隱詩藁』 35-075, 寄烏川.

함창에 유배된 자신의 처지가 마치 우리에 갇힌 원숭이 같다고 한탄하며 우리에서 꺼내 줄 것을 부탁했다. 불과 반년 전에 유배에서 풀려나 여흥에서 노닐면서 학이 새장에서 벗어난 기분이라고 했던 것과 대조되는 표현이었다. 이성계에게는 중추中秋 즉 추석에 한산에서 성묘할 수 있게 해 달라고 부탁했다.[85] 또 도당에도 시를 보내 유배에서 풀어주고 편의대로 살게 해줄 것을 요청했다.[86]

다소 의외지만, 정적이 된 정도전에게도 시를 보냈다. 정도전이 자기를 죽여야 한다고 주장한 사실을 알고 있었으므로 이 시에는 복잡한 심경이 담겼다. 그 시는 다음과 같다.[87]

나는 유자로서 일찍이 명을 알았고	爲儒早知命
불교를 배워서 육신도 잊게 되었소	學佛又忘身
도미원에서 머리를 돌려 바라보니	回首都迷院
삼각산이 배웅해 주는 듯도 합니다	三峯似送人
세상 욕심은 가을 터럭만큼 작다면	世利秋毫小
교분은 죽의 거죽보다 끈끈하다 하리	交情粥面濃
중간에 우리 사이 틀어진 것이야 대수리오	任敎中齟齬
강물은 백번 꺾여도 동쪽을 향해 흐르는걸	百折水流東

자신과 정도전 사이의 교분이 죽의 거죽粥面처럼 끈적끈적하다고 표현한 대목이 눈길을 끄는데, 그러면서도 중간에 사이가 틀어졌지만 갈등을 풀고 화해하기를 간청했다. 이 시가 이색이 정도전에게 보낸 마지막 글이 된다.

---

85) 『牧隱詩藁』 35-076, 寄松軒.
86) 『牧隱詩藁』 35-078, 上都堂.
87) 『牧隱詩藁』 35-077, 寄三峯.

여기에는 자신을 죽이라고 하는 제자에 대해서 가지고 있는 원망과 서운함, 그리고 그와 화해하는 것이 절실하게 필요한 데서 오는 이중적인 감정이 뒤섞여 있다.

하지만 이성계, 정도전은 물론이고 정몽주에게서도 아무런 대답이 없었다. 유배에서 풀려날 희망은 없었고, 〈함창음〉의 거의 말미에는 주변 사람들에게 실망하고 포기하는 듯한 모습이 나타난다. 다음의 시가 그것이다.[88]

친족들은 하나의 몸을 나눠 받았으니	親族分一身
멀고 가깝고 간에 정이 넘쳐야 할 텐데	遠近情意眞
평안할 때는 우르르 몰려오려 하다가도	平安諒欲會
환난을 당하면 되레 성내며 미워하는구나	患難還恚嗔
하늘이 맺어 준 친속들도 이와 같은데	天屬尙如此
상관이 없는 사람들은 또 어떠하겠는가	何況越與秦
내 마음은 저 옛날로 되돌아가고 싶어	我心欲返古
풍속이 순박하게 되기를 기대했었는데	庶令風俗醇
이젠 늙어서 어찌하지도 못하는 터에	老矣今已矣
뭣 때문에 이 일로 정신만 수고롭히는가	徒此勞精神

그러면서도 이색은 이성계와 정몽주에게 다시 한 번 시를 지어 보냈다. 함창음의 마지막에 나란히 실려 있는 '송헌에게 부쳐 올리다'와 '포은에게 부쳐 올리다'가 그것이다.[89] 자신을 구원해줄 사람은 이성계가 아니라 정몽주라는 사실을 몰랐을 리 없지만, 이성계에 대한 기대를 끝까지 버리지 않았던 것이다.

---

88) 『牧隱詩藁』 35-109, 感事.
89) 『牧隱詩藁』 35-110, 寄呈松軒; 35-111, 寄呈圃隱.

개경에서는 공양왕과 이성계 일파의 대결이 계속되고 있었다. 1391년(공양왕 3) 6월에 이성계는 두 번이나 사직함으로써 공양왕에 대한 불만을 표시했다.[90] 7월에는 정도전이 공양왕을 알현한 자리에서 이색을 극형에 처해야 함을 재차 강조했다.[91] 그러자 정몽주가 나서서 창왕 옹립으로부터 윤이·이초 사건에 이르기까지 이성계 일파가 반대파를 제거하는 구실이 되었던 여러 사건들에 대해 재심의할 것을 제의했다.[92] 그에 따라 이색의 죄도 경감되었는데,[93] 이색의 창왕 옹립이 조민수의 뜻을 어쩔 수 없이 따른 것이니 가벼운 형벌로 감등해야 한다고 정몽주가 극력 주장해서 관철시킨 결과였다.

그 사이에 정도전이 대간과 형조의 탄핵을 받고 봉화현으로 추방되었다.[94] 당시 사헌부와 낭사, 형조의 관원들이 정몽주 계열로 채워졌기 때문에 가능한 일이었다. 하지만 이색이 곧바로 풀려난 것은 아니었다. 싸움은 점점 더 치열하게 전개되어 10월에는 정도전이 나주로 유배되기에 이르렀다. 이때 처음으로 정도전에게 "가풍家風이 바르지 않고 파계派系가 분명치 않다."는 공격이 가해졌다.[95] 갑자기 정도전의 신분을 문제삼은 것인데, 이 역시 근거가 없기는 마찬가지였다. 어쨌든 정몽주가 공양왕의 후원을 배경으로 정국을 주도하는 상황이 되자 이색은 유배에서 풀려날 수 있었다.[96] 1391년 11월의 일로, 〈함창음〉도 여기서 끝난다.

하지만 이색의 시련이 끝난 것은 아니었다. 함창에서 풀려나 개경으로 돌아갔지만, 그로부터 5개월 뒤인 1392년 4월 이방원이 정몽주를 죽이고 정국이 급격히 반전되었다. 1392년 4월 4일에 그 일이 있었고, 그로부터 열흘 뒤인

---

90) 『高麗史節要』 권35, 恭讓王 3년(1391) 6월.
91) 『高麗史節要』 권35, 恭讓王 3년(1391) 7월.
92) 『高麗史節要』 권35, 恭讓王 3년(1391) 7월.
93) 『高麗史節要』 권35, 恭讓王 3년(1391) 9월.
94) 『高麗史節要』 권35, 恭讓王 3년(1391) 9월.
95) 『高麗史節要』 권35, 恭讓王 3년(1391) 10월.
96) 『高麗史節要』 권35, 恭讓王 3년(1391) 11월.

4월 14일 이색은 다시 유배 길에 올라 금주衿州(서울 금천구)로 갔다.[97] 금주에서 두 달 정도 있다가 6월에는 여흥으로 옮겼고,[98] 그곳에서 고려 왕조의 멸망 소식을 듣게 된다. 조선 건국 후인 1392년 7월 30일에는 멀리 전라도 장흥으로 옮겨졌고, 10월 12일에 유배에서 풀려나 고향인 한산으로 돌아갔다.

유배에서 풀린 이색은 이듬해 1월, 이제는 국왕이 된 이성계를 만나 사면해준 데 사은했다. 하지만 이색이 조선 왕조를 인정했는지, 부정했는지는 분명치 않다. 다만 그는 조선 왕조에서 관직을 구하지 않았고, 1395년 오대산 유람을 마치고 돌아온 뒤 1396년 5월 피서차 여흥에 갔다가 그곳에서 69세의 나이로 세상을 떠났다. 이색이 끝까지 조선 건국에 반대했고, 그래서 여흥에서 독살당했다는 이야기도 전하지만 역시 근거 없는 낭설이다. 이색은 고려 말에도 그랬지만 조선 건국 후에도 정치적 견해를 드러내 놓고 말한 적이 없다.[99]

4. 맺음말

이색은 고려 말의 대표적인 학자이자 정치가이며 문장가이다. 하지만 그의 생애가 평탄했던 것은 아니었다. 특히 60대 이후 노년은 특히 힘들었다. 평생을 부족함 없이 살았으나 노년에 갑자기 정치적 격랑에 휩쓸려 탄핵을 당하고 유배지를 전전했으며, 때로는 목숨까지 내놓으라는 소리를 들었다. 평소 명유名儒 또는 유종儒宗으로 불리며 성리학자들의 존경을 받았고 또 원만한 성격 덕분에 큰일을 당하지는 않았지만, 1389년(공민왕 1) 12월부터 1392년(태조 1)

---

[97] 『牧隱詩藁』 35-112, 洪武壬申夏四月十四日 上使司楯郞傳旨二子興於言事失實之罪 今皆例貶矣 卿心豈得安可居江外 臣穡蹈舞謝恩 卽出至普賢院 有雨小留.
[98] 『陽村集』 권40, 行狀 牧隱先生李文靖公行狀.
[99] 조선 건국에 대한 이색의 생각은 이익주, 『이색의 삶과 생각』, 일조각, 2013, 263~268쪽 참조.

10월까지 3년 동안 장단, 여흥, 함창, 금주, 장흥 등지에서 유배 생활을 했고, 자신이 충성을 바쳤던 왕조가 멸망했다는 소식을 유배지에서 들어야 했다. 이색은 자신을 공격하는 사람들과 싸울 힘도, 고려가 멸망하는 것을 막을 힘도 없었다. 권력의 향배에 따라서 유배되고 풀려나기를 거듭하면서 남의 손에 운명을 맡겨야 했다.

이색은 위화도 회군 이후 권력을 장악한 이성계 일파에 의해 공격을 받았지만, 무언가를 적극적으로 했기 때문에 그렇게 된 것이 아니었다. 이색에게 씌워진 여러 죄목 가운데 그나마 죄가 될 만한 것은 창왕 옹립을 지지했다는 것이었지만, 이에 대해서는 이색도 해명했듯이 조민수가 주도하는 것을 단지 막지 못했을 뿐이었다. 이성계 일파가 주도한 전제 개혁에 반대한 것이 죄목이 될 수도 있지만, 그것 때문에 파직, 유배 또는 극형이 논의된 것은 지나치다고 하지 않을 수 없다. 결국 이색은 자신의 죄가 아니라, 고려 왕조를 대표하는 학자이자 관료로서, 새로운 변화를 추구하는 개혁세력이 반드시 넘어야 하는 존재였고, 그 때문에 정치적으로 박해를 받았다.

사정이 이러했으므로 이색은 정쟁의 여파를 고스란히 받아들일 수밖에 없었다. 그래서 유배지에서 지은 시들은 대부분 억울함이나 원망보다는 자신의 처지를 운명으로 받아들이고 어려움 속에서나마 주위 사람들과 어울리며 위안을 찾고자 하는 모습이 나타나 있다. 그와 더불어 이성계와 정몽주, 그리고 정도전 등 세 사람에게 시를 지어 보내 구원해 줄 것을 간청하곤 했다. 여기서 정치적으로는 대립했지만 개인적인 유대는 끊어지지 않았던 고려 말 인간관계의 일면을 볼 수 있는데, 그 중에서도 이색과 이성계의 관계는 한 마디로 표현하기 어려운 이중성을 가지고 있었다.

함창은 이색의 두 번째 유배지였다. 이색은 짧은 기간 동안 함창에 세 차례 유배되었는데, 1390년(공양왕 2) 4월부터 6월 초까지, 8월부터 11월 초까지, 그리고 1391년(공양왕 3) 6월부터 11월까지였다. 그리고 이곳에서 50편의 시를

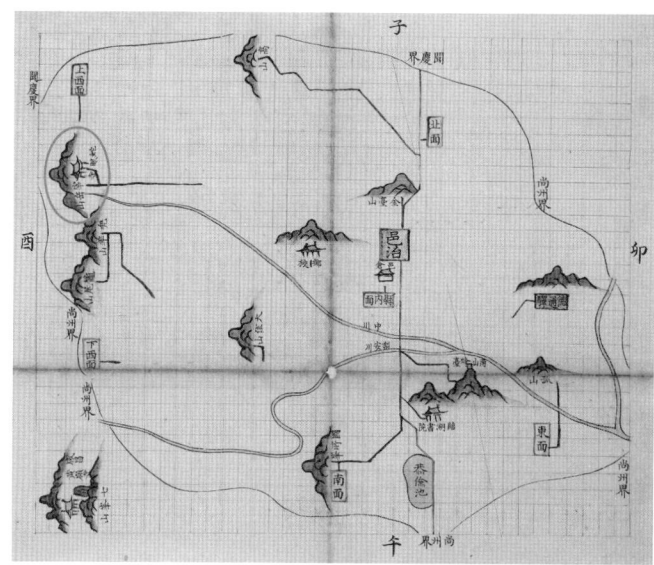

〈지도 1〉 1리 방안 군현지도(상주박물관 소장)의 재악산

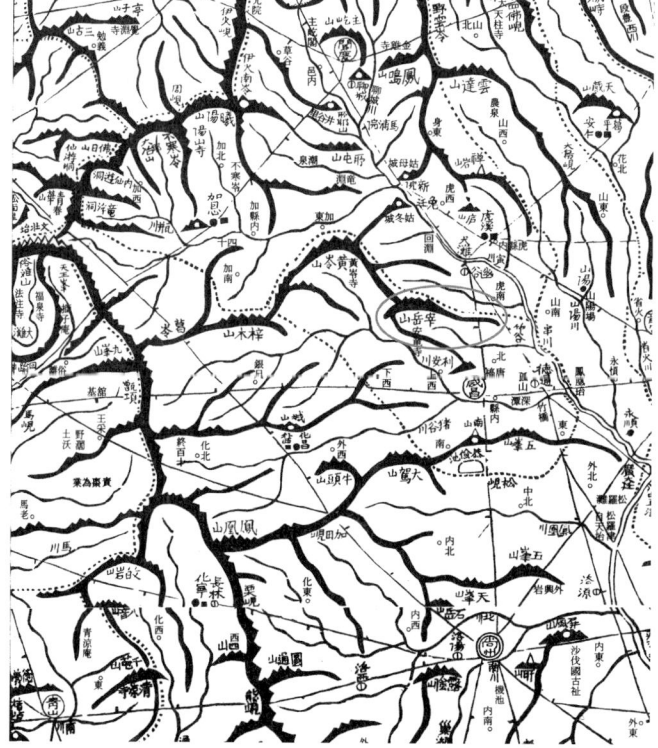

〈지도 2〉 대동여지도의 재악산

지어 『목은시고』에 〈함창음〉이라는 소제목으로 남겼다. 이 시들은 유배 중 단기간에 지어졌을 뿐 아니라 지은 날짜도 어느 정도 확인되므로 역사 연구에서 중요한 자료가 된다. 이 시를 통해 함창에서의 생활상과 이색의 생각을 엿볼 수 있다.

〈함창음〉에 따르면 이색은 함창에서 혼자 유배 생활을 했고, 보리사菩提寺라는 절에 거처했다. 이 사실은 '우거寓居'라는 시에서 "이 몸이 보리사에 부쳐 살면서 / 서쪽의 방장실을 독점했다나요"라고 한 구절로부터 알 수 있다.[100] 보리사는 지금은 없지만 조선시대 지리서인 『신증동국여지승람』에 이름이 나오는 것으로 보아[101] 15세기까지 남아 있었음이 분명하다. 그 뒤 17세기에 편찬된 『상산지商山誌』에는 나오지 않고, 18세기에 편찬된 『여지도서輿地圖書』에는 폐사로 기록되어 있으므로 늦어도 16세기까지 남아 있었다고 할 수 있다.

『신증동국여지승람』과 『여지도서』에는 보리사가 재악산宰岳山에 있다고 기록되어 있다. 재악산은 지금 함창과 문경 사이에 있는 작약산의 옛 이름이다. 『상산지』에 따르면 작약의 꽃봉오리처럼 아름답다고 해서 작약산이라는 별명이 붙었다고 한다. 이 산에는 보리사 말고도 상안사詳安寺·안룡사安龍寺·개원사開元寺·상원사上元寺 등 절이 많이 있었는데,[102] 지금 남아 있는 것은 없다. 앞으로 상주에서 작약산에 있던 여러 사찰들의 유지遺址를 확인하고, 그럼으로써 보리사의 흔적과 이색의 자취를 발견할 수 있기를 기대한다.

---

100) 『牧隱詩藁』 35-080, 我寓.
101) 『新增東國輿地勝覽』 권29, 慶尙道 咸昌縣 佛宇.
102) 『新增東國輿地勝覽』 권29, 慶尙道 咸昌縣 佛宇.

05

이규보의 강남시와 상주계수관

한기문
경북대학교 사학과 교수

1. 머리말

　이규보가 1196년 개경에서 황려를 거쳐 상주에 왔다가 돌아가면서 남긴 강남시江南詩를 통해 상주계수관의 현황을 살핀다. 강남시는 전주사록으로 나가 전주계수관 일대를 돌아보고 남긴 남행월일기와 함께 공간적으로 상주, 전주 등지의 여행시문이다. 전자는 입사 전의 자유로운 상태에서의 기행시인 데 비해, 후자는 전주사록겸장서기의 '속군춘행관屬郡春行官'으로서 행정업무를 지휘 감독하면서 남긴 기행문이다. 이 모두는 이규보가 노후에 다리 힘이 약해졌을 때 와유臥遊하여 울적함을 달래기 위한 것이라고 하였다. 그의 시문은 그가 사거하기 직전에 가편집에 관여한 『동국이상국집東國李相國集』에 실려 있다. 시문의 순서, 그리고 시서, 시주 등을 붙여 잘 정돈되었다.

　여기서는 이규보의 생애를 정리하고, 강남시가 어떤 형식으로 구성되어 있는지 살펴본다. 이를 바탕으로 상주에 들어오면서부터 상주를 떠나 미륵원을 지나는 과정까지 곧 상주계수관에 머물고 다니면서 남긴 시를 순서에 따라 제시하고 이규보의 심상을 함께 살펴서 경관, 교통, 지방사회 모습, 여행문화 등의 상주계수관의 당시 상황을 알아본다. 특히 경관과 관련되는 시는 공간적 위치를 추정하기 위해 근대지도, 고지도, 사진 등도 함께 제시한다. 당대의 모습을 상상하는 데 도움이 되도록 하고자 한다. 강남시로 보는 상주계수관의 역사성에 초점을 두고, 시문학적 내용과 형식 비평과 분석 등에는 주안점을 두지 않았다.

2. 이규보의 생애

　이규보는 무인정권기를 살다간 인물이다. 1168년(의종 22) 출생하여 1241년

(고종 28)에 사거하였다. 이 시기는 1170년(의종 24) 무신정권이 성립되어 최우崔禑 정권기에 이른 시기였다. 이규보의 자字는 춘경春卿이요 그 전 이름은 인저仁氐이며 황려현黃驪縣 사람이다.

연보年譜와 『고려사高麗史』 열전列傳을 바탕으로 연령별로 행적을 일별하면 다음과 같다.[1] 어려서부터 총명하여 9세부터 글을 지었다. 22세에 사마시司馬試에 일위로 합격하였다. 시험보기 전 꿈에 규성奎星이 나타나 장원을 알렸기 때문에 규보란 이름으로 고쳤다. 23세에 진사에 말석으로 합격하였다. 24세에 부친상을 당하고 천마산天磨山에 우거하면서 스스로 백운거사白雲居士라 하고 천마산시를 지었다. 25세에는 백운거사어록白雲居士語錄과 전傳을 지었다. 26세 때는 백운시百韻詩를 짓고 구삼국사舊三國史를 얻어 동명왕사東明王事를 보고 고시古詩를 지어 그 이적異蹟을 엮었다. 27세에는 천보영사시天寶詠史詩 43수를 짓고 이소원기理小園記를 지었다. 28세에는 화오동각삼백운시和吳東閣三百韻詩를 저술하였다. 29세 4월에 경사京師에 난이 있었다. 자부姉夫는 황려에 유배되어 있었다. 5월에 누님을 모시고 황려로 갔다. 이해 봄 어머니는 후서後壻가 수령으로 나가 있는 상주에 계셨다.[2] 6월에 황려에서 상주로 가서 문안하였다. 여기서 한열병寒熱病을 얻어 여러 달 낫지 않았다. 10월에 드디어 돌아왔는데 이 시기에 지은 시 92수가 있다. 개경을 떠나면서 황려와 상주를 거쳐 다시 개경으로 돌아오면서 지은 것이다.

강남시 작성 계기는 1196년(명종 26) 최충헌, 최충수 형제가 권력을 장악하는 과정에서 개경에 유혈 사태가 있었고, 자부姉夫 황려로의 유배로 누님을 모시고 따라간 데 있다. 이규보는 개경을 떠난 상황을 진사 이대성李大成에게 준 시에서 '근자 왕성의 난리로 대낮 큰 거리에 검붉은 피가 흐르니 나도 겨우

---

[1] 『東國李相國集』年譜; 『高麗史』卷102 列傳 15 李奎報.
   朴宗基, 「李奎報의 생애와 著述 傾向」, 『韓國學論叢』19, 1996.
[2] 국역본에는 후서(後壻)는 둘째 사위로 번역하였다(『국역동국이상국집』 Ⅰ, 민족문화추진회, 1985, 43쪽). 이 때의 상주 수령이 누구인지 미상이다.

곤강崑岡의 태움[큰 환난에 모두가 피해를 당함]을 면했으나 유리간액流離艱厄[액을 피하려고 겪는 어려움]을 이루 다 말할 수 없다'라 토로하였다. 다시 상주로 간 것은 그때 어머니가 상주에 계셔서 그리웠기 때문이었다.

1199년 5월 그의 나이 32세에 최충헌의 집에 불려가 천엽유화千葉榴花를 감상하며 지은 시가 최충헌의 마음에 들어 그해 6월 정기 인사 때 전주목의 사록겸장서기司錄兼掌書記로 임명되었다. 그해 9월 전주에 부임하여 그다음 해 12월 파직되었다. 이 시기에 남긴 기록이 남행월일기南行月日記이다.

1207년(희종 3) 40세 때 당시 최고 집권자였던 최충헌의 집에 불려가서 지은 모정기茅亭記가 최충헌을 만족시켜 직한림원直翰林院에 임시로 임명되어 한림원의 문한관이 되었다. 그 후 1215년(고종 2) 48세 때에 우정언 지제고右正言知制誥가 되었다. 간관이면서 제고문을 담당하는 한림원의 문한관이 되었다.

한때 탄핵을 받아 면직, 좌천, 유배 등을 거치기는 하였지만, 당시 최고 집권자 최우의 신임 속에 문한관의 길을 걸었다. 1232년(고종 19) 4월에 위도 유배에서 복직했지만 6월 개경에서 강도로 수도 이전을 하면서 강도에서 생활이 시작되었다. 그의 나이 65세 때이다. 그 후 승진하여 종1품 최고의 관직으로 물러났다. 두 차례나 지공거가 되어 예부시를 주관하였다. 1241년(고종 28) 6월 74세의 나이로 강도에서 세상을 떠났다. 그해 12월에 그의 문집『동국이상국집』이 간행되었다.

3. 강남시 중의 상주 관련 시

강남시에 대해 이규보는 남행월일기南行月日記 도론부에서 다음과 같이 언급하였다.

내가 일찍이 사방을 두루 다녀 무릇 나의 말발굽이 닿는 곳에 만일 이문異聞이나 이견異見이 있으면, 곧 시詩로써 거두고 문文으로써 채집하여 후일에 볼 것으로 만들고자 하였으니, 그 뜻은 무엇인가? 가령 내가 늙어서 다리에 힘이 없고 허리가 굽어서 거처하는 곳이 방 안에 불과하고, 보는 것이 자리 사이에 불과하게 될 때, 내가 손수 모은 것을 가져다가 옛날 젊은 날에 분주히 뛰어다니며 유상遊賞하던 자취를 보면, 지난 일이 또렷이 바로 어제 일 같아서 족히 울적한 회포를 풀 수가 있을 것이기 때문이다. 나의 시집 가운데 강남시江南詩 약간 수首가 있는데, 이제 그 시들을 읽으면, 당시 노닐던 일이 역력히 마치 눈앞에 있는 듯하다. 그 뒤 5년 후에 전주막부全州幕府로 나가 2년 동안에 무릇 유력遊歷한 바가 자못 많았다. 그러나 매양 강산江山·풍월風月을 만나 휘파람이 겨우 입에서 나올 듯하면 부서簿書와 옥송獄訟이 번갈아 시끄럽게 침노하여 겨우 1련聯 1구句를 얻고 그마저 다 이루지 못한 것이 많았으므로, 전편을 얻은 것은 불과 60여 수뿐이었다. 그러나 열군列郡의 풍토風土와 산천의 형승形勝으로 기록할 만한 것이 있되, 창졸간에 그것을 능히 가영歌詠에 나타내지 못한 경우에는 간략하게 단전短牋·편간片簡에 써서 일록日錄이라 하였는데, 거기에는 방언方言과 속어俗語를 섞어 썼다. 경신년(1200, 신종 3) 계동季冬 서울에 들어와 한가히 있을 때 비로소 그것을 꺼내 보았더니 너무 소략해서 읽을 수가 없었으니, 자신이 기록한 것인데도 도리어 우습기만 하였다. 그래서 다 가져다가 불살라버리고 그중에서 한두 가지 읽을 만한 것을 모아서 우선 차례로 적어보겠다.3)

---

3) 『동국이상국집』 권23, 「남행월일기」, "予嘗欲遊踐四方 凡吾馬足之所到 若有異聞異見 則詩以拾文 以採以爲後日之觀 其意何哉 假得老以至脚衰腰傴 所處不過房櫳之內 所見不出袵席之間 則取吾手集 觀昔少壯時奔馳步驟遊賞之跡 赫赫若前日事 尙足以舒暢其幽鬱也 予詩集中有江南詩若千首 至今讀其詩 則當日之遊 了了然若在眼前矣 後五載 出補全州幕府 二年間凡所遊歷 頗亦多矣 然每遇江山風月 嘯才出吻 而簿書獄訟 來相侵軼 止得一聯一句 而其不能卒就者多 故所得全篇 不過六十餘首 然列郡風土山川形勝 有所可記 而倉卒不能形于歌詠 則草草書于短牋片簡 目爲日錄 雜用方言俗語也 及庚申季冬 入洛閑居 始出而見之 莽莽焉不可讀 其所自爲而反自笑也 盡取而焚棄之 拾一二可讀者 姑次而記之云".

이규보는 사방으로 다니면서 기이한 소문과 이견이 있으면 시와 문으로 채집하여 후일에 볼거리로 하였는데 그 이유는 늙어서 다니지 못할 때 그것을 읽으면 지난 일이 또렷이 어제 일 같아서 울적한 회포를 풀기 위해서라고 하였다. 이른바 '와유록臥遊錄'의 작성인 셈이다. 그중에 1196년(명종 26) 상주에서 황려를 거쳐 상주에 왔다가 되돌아간 여행길에서 남긴 일련의 시를 강남시로 부른 것을 알 수 있다. 5년 뒤 전주막부에 나아가 남행월일기를 쓴 과정을 남긴 것으로 보아 강남시는 곧 1196년(명종 26)의 개경에서 상주를 왕복하면서 남긴 92수의 시를 총칭하는 것임이 분명하다. 이규보는 자신의 시주에서 '남행집南行集'이라 칭하기도 하였다. 그런데『동국이상국집』연보에는 이 시들을 '남유시南遊詩'로 칭하고 있는데, 편집 당시의 표현이고 이규보 자신이 밝힌 강남시나 남행집이 더 적절해 보인다.

그리고 기록할 만한 풍토와 산천 형승을 가영歌詠(시)에 나타내지 못하는 경우, 방언과 속어를 섞어 일록日錄으로 작성하였다는 것을 알 수 있다. 이를 바탕으로 다듬어진 한문으로 정리하려 한 것인데, '망망莽莽'[읽기 힘듦]하여 대부분 버리고 몇 가지만 다시 정리한 것이 남행월일기였다. 사록겸장서기의 일로 바쁘고 시로 다듬을 여유가 없었다. 함축적이고 운율이 함께하는 시로 작성하는 것이 힘은 들지만, 인상을 더 잘 남기는 것임을 알 수 있다. 그런 만큼 1196년(명종 26)의 강남시는 기행시를 작성할 수 있는 여유와 자유로움, 간절함이 함께 하여 여러 내용으로 작성할 수 있었다. 시로 작성하였으므로 당시의 일이 눈앞에 있는 듯 또렷하다고 한 것이다.

강남시는『동국이상국집』전집에 실려 전해온다.『동국이상국집』은 고려시기 문집 중에서 저자 자신이 편집에 간여하고 당대에 작성된 것으로 문집으로서의 가치가 크다. 그 과정을 살펴보면 다음과 같다. 이규보는 관직에서 은퇴한 해인 1237년(고종 24)에 아들 이함李涵의 도움을 받아 자신의 작품을 시, 기, 서, 비명, 묘지, 잡문 등으로 정리하여 41권으로 된『동국이상국집』을 편집

했다. 1241년(고종 28) 이규보의 병이 급격히 악화되는데, 최우가 이규보 생전에 문집을 만들어 주려고 간행 작업을 독려했다. 이함이 1241년(고종 28) 8월에 전집 41권을, 그해 12월에 후집 12권을 간행하였다. 이규보는 그해 6월에 사망하여 완성된 책을 보지 못했다. 10년 후인 1251년(고종 38)에 손자 이익배李益培가 분사대장도감에서 교정·증보하여 개간하였다. 현재 목판본은 조선후기의 복각본으로 추정된다.『동국이상국집』에는 그가 사사로이 쓴 시문뿐만 아니라 문한관으로 있으면서 작성한 공적인 글도 다수 포함되어 있다.

강남시는 출발, 노정, 목적지, 귀로라는 여행 단계에 입각하여 창작된 일련의 기행시이다. 그리고 앞에서 생애를 통해 살펴보았지만, 하나의 작가로서 자기세계를 구축했다고 보여지는 20대 후반의 작품이라는 점도 있다. 또한, 32세로 전주 사록겸장서기로 나가기 전의 불우한 방랑기에 현실인식이 날카로울 때의 작품들이라는 성격이 있다. 그리고 강남시는 다른 시에서도 그러하지만, 시서, 시주가 붙어 있는데, 이규보 자신이 편집시에 여행 당시의 기억을 되살려 시의 내용과 시구의 의미를 명확히 전달하기 위한 것임을 알 수 있다.

강남시 중에서 상주 상황을 보여주는 시의 제목, 형식 등을 간추려 본다.

〈표 1〉 상주와 관련된 강남시의 내용

순번	제목	내용	시형식	전거
1	書聊城驛樓上	요성역	고율시 1수	선십 권 6
2	六月 十四日初入尙州	상주의 내력과 형세	고율시 1수	전집 권 6
3	題鳳頭寺	봉두사의 경치	고율시 1수	전집 권 6
4	次韻崔書記正份	최정빈의 환대에 답함	고율시 1수	전집 권 6
5	寓花開寺贈堂頭	한열병을 치료해준 화개사 주지에게 감사	고율시 1수	전집 권 6
6	自花開到故人惠雲師所住龍潭寺留題	용담사에서 경치	고율시 1수	전집 권 6
7	八月一日示堂頭二首	용담사에서 감회	고율시 2수	전집 권 6
8	八月二日	용담사에서 감회	고율시 1수	전집 권 6
9	八月三日	용담사에서 감회	고율시 1수	전집 권 6

10	漫成次古人韻	용담사에서 병약함을 술회	고율시 1수	전집 권 6
11	八月五日聞群盜漸熾	용담사에서 도적 떼에 대한 느낌	고율시 1수	전집 권 6
12	八月八日…過洛東江…二首	용포에서 견탄에 이르는 길의 소회	고율시 1수	전집 권 6
13	舟行	배를 타면서 상쾌함	고율시 1수	전집 권 6
14	…夜迫元興寺前寄宿船中…二首	원흥사 앞 선중(船中)에서 밤 풍광	고율시 2수	전집 권 6
15	舟中又吟	원흥사 앞 선중에서 느낌	고율시 1수	전집 권 6
16	睡次移船	원흥사 앞 선중에서 느낌	고율시 1수	전집 권 6
17	又泛舟	원흥사 앞 선중에서 느낌	고율시 1수	전집 권 6
18	又吟廻文	원흥사 앞 선중에서 느낌	고율시 1수	전집 권 6
19	江中鸕鶿石	노자석에 대해 읊음	고율시 1수	전집 권 6
20	是日入元興寺見故人珪師贈之	원흥사에서 친구 규사(珪師)를 만난 심정	고율시 1수	전집 권 6
21	紅榴始熟珪公乞詩	원흥사에서 석류에 대해 읊음	고율시 1수	전집 권 6
22	月夜聞子規	원흥사에서 자규(子規) 소리를 듣고 자신의 곤궁심정	고율시 1수	전집 권 6
23	八月十日珪公請題其院爲賦一首	규공(珪公)의 원(院)에 대한 풍광(風光)과 소회	고율시 1수	전집 권 6
24	十一日早發元興到靈山部曲	영산부곡(靈山部曲)의 상황	고율시 1수	전집 권 6
25	行過洛東江	낙동강을 지나면서의 풍광과 느낌	고율시 1수	전집 권 6
26	到龍巖寺書壁上	용암사의 구정(龜井)과 느낌	고율시 1수	전집 권 6
27	十六日次中庸子詩韻	용암사에 머물면서 느낌	고율시 1수	전집 권 6
28	十七日入大谷寺	대곡사에 들어가면서 느낌	고율시 1수	전집 권 6
29	初入龍宮郡	용궁군의 풍광	고율시 1수	전집 권 6
30	縣宰邀宴口占一首	용궁현 수령의 환대에 답함	고율시 1수	전집 권 6
31	十九日寓長安寺有作	장안사에 머물며 풍광과 느낌	고율시 1수	전집 권 6
32	二十一日泛舟河豊江	하풍강에서의 느낌	고율시 1수	전집 권 6
33	是日迷路夜到脇村宿	협촌에서 숙박하면서 느낌	고율시 1수	전집 권 6
34	入尙州寓東方寺…	박군문로(朴君文老), 최수재(崔秀才), 김수재(金秀才)가 찾아와 한 수 구점(口占)함	고율시 1수	전집 권 6
35	朴崔二君見和復次韻答之	박군과 최군의 시에 화답	고율시 1수	전집 권 6
36	九月二日書記開筵公舍…	서기가 연회를 열어 주어 한 수 지음	고율시 1수	전집 권 6
37	憶二兒二首	두고 온 딸과 아들을 생각하며 지음	고율시 2수	전집 권 6
38	一十五日旅舍書懷	여사에서 회포	고율시 1수	전집 권 6

39	南窓熟睡夢到長安覺而志之	꿈에 장안에 이르던 일을 지음	고율시 1수	전집 권 6
40	憶長安	장안을 생각함	고율시 1수	전집 권 6
41	旅舍有感次古人韻	장안에 돌아가기를 바람	고율시 1수	전집 권 6
42	九日訪資福寺住老留飮	자복사 주지를 만남	고율시 1수	전집 권 6
43	思家	두고 온 집을 생각함	고율시 1수	전집 권 6
44	九月十三日會客旅舍示諸先輩	여사에 손님을 모아 놓고 지어 보임	고율시 1수	전집 권 6
45	聞官妓彈琵琶	관기의 비파 소리를 들으며 이별을 생각	고율시 1수	전집 권 6
46	再遊鳳頭寺	봉두사에 두 번째 놀면서 지음	고율시 1수	전집 권 6
47	九月十五日發尙州	상주를 떠나면서 아쉬움	고율시 1수	전집 권 6
48	是日書記出餞新興寺	신흥사에서 서기의 전송을 받으며 지음	고율시 1수	전집 권 6
49	書記使名妓第一紅奉簡乞詩走筆贈之	이별을 아쉬워 함	고율시 1수	전집 권 6
50	是日日暮朴君文老邀予往宿漢谷別業	한곡별업 주연	고율시 1수	전집 권 6
51	明日見朴君所留壁上詩次韻	박군시에 차운	고율시 1수	전집 권 6
52	十八日馬上有作示同行道士金之命	마상에서 지은 시를 김지명에 보임	고율시 1수	전집 권 6
53	暮入幽谷驛與金君飮酒贈之	유곡역에서 음주 김지명에 준 시	고율시 1수	전집 권 6
54	明日又作	다음날 또 지은 시	고율시 1수	전집 권 6
55	路上又吟	길에서 또 읊음	고율시 1수	전집 권 6
56	憩聊城驛次壁上詩韻	요성역 벽상시에 차운	고율시 1수	전집 권 6
57	題華封院	화봉원을 주제로 지은 시	고율시 1수	전집 권 6
58	十九日宿彌勒院…	미륵원에서 자면서 술자리 승려에 감사	고율시 1수	전집 권 6

위에서 제시한 이규보의 남유시는 1196년(명종 26) 6월 14일 상주에 들어와서 그해 9월 15일 상주를 떠날 때까지 3개월 사이에 지은 시들이다. 남유시 92수 중 58수가 상주에 들어와서 남긴 시로서 목적지 상주에 관한 시가 반 이상이다. 이 시들에는 상주 일원을 돌아보면서 느낀 경치와 방문한 사찰, 주지, 상주목 서기를 비롯한 지역 사람과 만남, 시를 통한 화답, 그리고 두고 온 가족과 집 생각, 서울로 돌아가고 싶은 심정 등이 잘 나타나 있다.

상주의 내력과 지방제의 상황은 영산부곡靈山部曲, 용궁현龍宮縣에 관한 시에 보인다. 그가 만난 사람은 상주목 서기書記 최정빈崔正份, 화개사 주지花開寺

住持, 용담사 주지龍潭寺 住持 혜운惠雲, 원흥사 규사元興寺 珪師, 자복사 주지資福寺 住持, 용궁현龍宮縣 수령 박문로朴文老, 최수재崔秀才(최백환崔伯桓), 김수재金秀才(김지명金之命) 등이다. 찾았던 사원은 봉두사鳳頭寺, 화개사花開寺, 용담사龍潭寺, 용원사龍源寺, 원흥사元興寺, 용암사龍巖寺, 대곡사大谷寺, 장안사長安寺, 동방사東方寺(자복사資福寺), 신흥사新興寺 등 10개소의 사원이다. 특히 용포龍浦에서 견탄犬灘, 그리고 낙동강을 지나면서 소회所懷와 풍광風光이 잘 나타나 있다. 상주를 떠나기 직전의 시에는 두고 온 딸과 아들, 집에 대한 그리움, 장안으로 돌아간 뒤 벼슬길에 대한 바람 등이 나타나 있다. 이규보는 최충헌 정권이 들어서는 혼란기에 미입사 과거 급제자로서 예상하지 못한 액을 피해 급히 개경을 떠나 고향 황려와 어머니가 계신 상주로의 여행을 하였다. 그는 다시 마음을 정리하고 개경으로 복귀하는 지성인의 마음치료 여행이 된 셈이다.

4. 강남시에 보이는 상주계수관

이규보가 상주계수관 권역으로 들어온 때부터 작성된 시들을 몇 시기로 구분하여 살핀다. 그의 동선에 따라 시기를 구분할 수 있다. 6월부터 8월 초까지 상주에서 한열병 요양(시1~11), 8월 8일부터 8월 21일까지 낙동강 일원 여행(시12~33), 8월 22일부터 9월 14일까지 상주 객사, 동방사, 자복사, 봉두사 등 방문(시34~46), 9월 15일부터 신흥사, 한곡별업, 미륵원까지(시47~58) 등으로 구분하여 살필 수 있다.

1) 상주 도착 한열병 요양

1. 聊城 驛樓 위에 쓰다 書聊城驛樓上

흥이 나면 말을 몰고 피곤하면 편히 쉬니	興來命駕困來安
나를 한가하게 놓아준 천지에게 감사드린다오	多謝乾坤放我閑
애석해라 우정의 머리 흰 아전	可惜郵亭白頭吏
일생을 모두 말굽에 바쳤구나	
(이때 늙은 아전이 말에서 떨어져 앓고 있었다 時老吏墮馬有病.)	一生都擲馬蹄間

요성역은 문경읍 동쪽 요성리 일대에 위치한 것으로 추정된다. 근대지도에 '요성리堯城里'가 보인다. 이규보는 황려 근곡촌에서 자고 6월의 덥고 힘든 여행길을 걸어서 요성역에 이르러 휴식하게 되어 감사함과 수고하는 역리의 와병에 대한 안타까움을 표현하였다. 요성역은 상주로 가는 요지에 있었다. 이규보가 상주 여행을 마치고 개경으로 돌아갈 때도 이 역을 거쳐서 갔다.

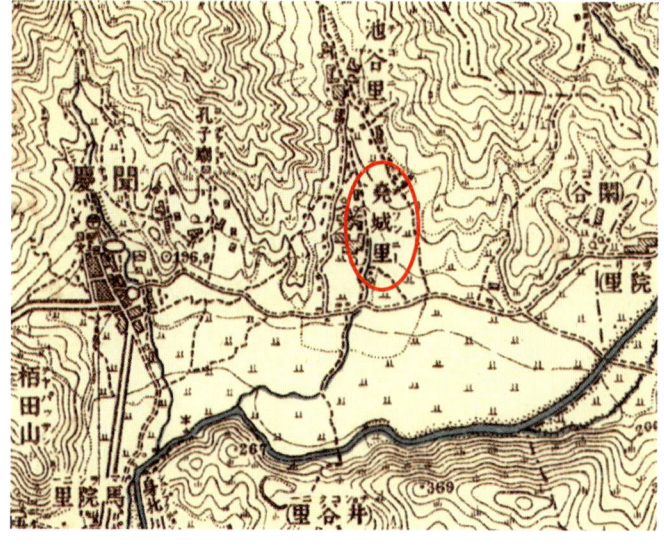

〈도 1〉 근대지도 요성리

2. 유월 십사일 처음으로 상주尙州에 들어가다 六月十四日初 入尙州

상주는 옛날의 사벌국인데	尙州古者沙伐國
왕후의 저택 터도 남지 않았네	王侯第宅無餘基
수많은 전쟁 있었던 곳인데	干戈百戰生死地
오직 강산만이 성쇠를 알리라	唯有江山閱盛衰
나라가 망하여 고을이 되고 고을이 다시 나라가 되니	國破爲州州作國
예나 지금이나 한 번만이 아니라오	古往今來非一時
지형은 참으로 기복하는 호랑이인듯	地形眞似虎起伏
천리를 담처럼 둘렀으니 어이 그리 멀던가	繚垣千里何逶迤
빨리 오느라 곤하여 눕자 해저무니	揭來困臥日正暮
눈을 붙여 기이한 것 구경할 겨를 없네	未暇着眼窮搜奇
날이 새자 나가 자세히 보니	天明出遊試覸繗
비늘같이 많은 집들 용이 주두에 얽혔네	魚鱗萬屋龍纏栭
기생이 일제히 절하니 옥패 소리 울리누나	蛾眉齊拜瑤佩鳴
자운이 있다더니 누구인지	聞有紫雲知是誰

상주에 도착하여 첫인상과 상주의 서사에 대한 시이다. 이규보는 상주가 소국시기 사벌국이었다는 사실을 알고 있었다. 사벌국은 『삼국사기』에도 나오는데 기원전 2세기에서 4세기에 걸쳐 존재한 소국이다. 이중환은 『택리지』 경상도조에서 '백리지국百里之國'이 많은데 신라가 나타나 통일하였다고 하였다. 사벌국은 경상도의 많은 백리지국 중 하나이다. 백리는 40km 정도이다. 요즘 직경 40km 정도는 지방 기초 자치단체 규모이다. 이규보는 시구에서 이미 지방관을 '백리후百里侯'(시44)라는 표현을 썼다.

『삼국사기』 기록에 따르면 사벌국은 신라에 가장 늦게 복속한 소국으로 비교적 큰 세력이었다. '나라가 망하여 고을이 되고'라 하여 복속 사실을 함축한다.

'왕후의 저택 터도 남지 않았네'라 하여 사벌국의 흔적은 없다고 하였다. 그리고 '천리를 담처럼 둘렀으니 어이 그리 멀던가'라 하여 상주가 남북으로 긴 분지형 지형임을 묘사하였다. '수많은 전쟁 있었던 곳인데'라 하여 전략적 요충지임을 말하였다. 사실 신라가 북진할 때 법흥왕대 상주上州를 설치한 곳이다. 이때의 주는 군관구적 성격이고 군사주둔지 정停과 같은 의미이다. 18세기 『상산지』 기록에는 그 고기古基가 주의 북 45리의 은성촌에 있다고 하였다. 은성촌은 지금 은척면으로 생각된다. 남한강 수계로 연결된 요충일 것이다. 그리고 신라가 백제로 진공할 때 상주 백화산 금돌성에 진을 치고 진출한 바 있고, 후삼국 시기 왕건과 견훤이 충돌한 지역도 상주를 둘러싼 주변이었다. 이처럼 시의 함축적 구절에서 이규보는 상주에 대한 역사 지식을 상당히 알고 있었던 듯하다. 『구삼국사』를 읽고 서사시를 쓴 이력에서 짐작할 수 있다.

상주의 모습을 '비늘같이 많은 집들 용이 주두에 얽혔네'라 하여 상주시가 모습을 묘사하였다. 이규보가 방문할 당시 상주는 통일신라 신문왕대에 자리한 곳이다. 그 이전은 사벌국면의 이부곡토성이 사벌국 중심부이고, 그 남쪽 병성산 일대는 신라 복속기의 중심부로 고고학적 자료에서 추정한다. 현재의 상주 시가지도 남천과 북천으로 둘러싼 충적지이다. 조선시기 북천의 범람을 막기 위해 이공제李公堤가 수축된 바 있다. 북천과 남천이 합류하는 지점에서 시가쪽에 조공제趙公堤가 시설된 적이 있다. 강으로 둘러싸인 충적지이므로 많은 인구가 살 수 있는 평지인데 또한 가장 중요한 식수가 곳곳의 우물을 통해 조달될 수 있었다. 복룡동 사적지에서 많은 우물이 발굴된 바 있다. 지적도를 통한 연구에서 통일기 상주는 주례의 '구위구경九緯九經'에 따른 9리里 81방坊의 규모로 추정된다. 최근 도심 개발에 따라 고고학적 발굴 자료가 나오면서 이러한 사실이 입증되고 있다. 대읍의 모습은 이규보 방문 당시까지 계속되어 시가지가 바둑판식으로 정연하게 발달하였을 것이다. 요즘의 상주 시가지 항공 사진상에도 읍성지나 도로망이 계획되었던 흔적이 보인다.

〈도 2〉 상주항공사진

　'기생이 일제히 절하니 옥패 소리 울리누나. 자운이 있다더니 누구인지'라 하여 이규보는 상주 기생 중 자운과 같은 미색에 대한 소문을 듣고 있었다. 29세의 활력 있는 나이임을 나타내 준다. 이규보 연보에는 어머니가 상주 수령 후서를 따라 상주에 와 있어 문안하기 위해서 상주를 방문한다고 하였다. 이규보가 기생을 점고하고 자운의 미색을 언급한다. 이규보의 상주 여행에는 상주 수령 자형의 배경과 지원이 많았을 것이다. 상주에 도착하여 잠을 잔 곳은 객사, 내아를 포함한 관아였을 것이다.

3. 鳳頭寺에 쓰다 題鳳頭寺

절은 오래지만 산은 지금도 푸르고　　　　　　　　　　　寺古山猶碧

스님 고명하니 경치 더욱 맑아라	僧高地更淸
들 구름은 비 올 징조 보이는데	野雲含雨意
소나무에 부는 바람 가을인가 의심하네	松籟借秋聲
지는 해는 까마귀 떼에 반짝거리고	落日鴉邊耿
지는 놀은 해오라기 위에 밝구나	殘霞鷺外明
시인의 기습이 남아서	詩人餘習氣
잎을 따서 그윽한 정을 쓴다오	摘葉寫幽情

이규보가 저녁 무렵의 봉두사 경치를 읊은 것이다. 향교 즉 주학州學을 방문하면서 찾은 것은 아닐까. 봉두사는 지금 향교 앞 봉강서원 일대로 추정된다. 1915년 제작 지형도에 '봉두리鳳頭里' 지명이 나온다.[4] 봉강서원은 진주 강씨 세거지에 1817년(순조 17)에 세운 강씨들의 세덕사인 경덕사景德祠에서 유래한다. 고종대 대원군의 서원 훼철령에 따라 없어졌다가 1977년 사림의 결의로 서원으로 승격되어 이름을 봉강鳳崗으로 하였다. 이 일대는 진주 강씨의 기와집이 즐비하였으나 동학난시에 봉대 일대의 세거지는 전소하였다.

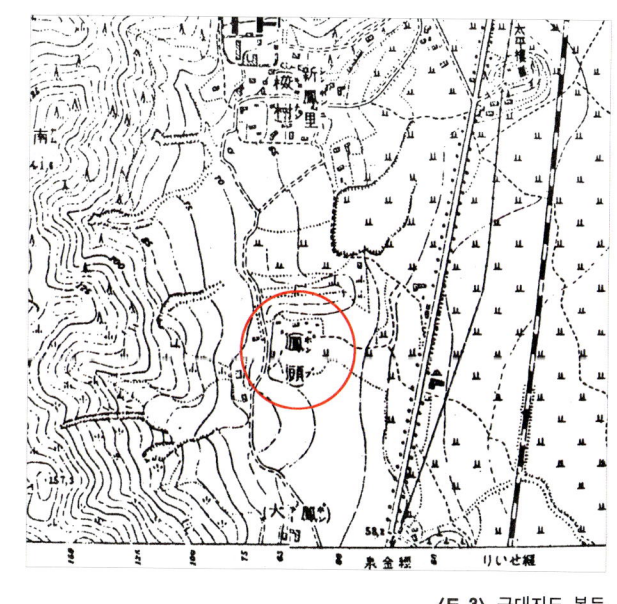

〈도 3〉 근대지도 봉두

---

4) 『近世韓國五萬分之一地形圖』 上, 尙州, 1915, 景仁文化社影印.

바로 북쪽 건너편에는 향교가 자리하고 있다. 대성전 안에 위패와 차서 등을 볼 수 있다. 원래는 132현을 모신 대설위이나 지금은 5성위, 공문 10철, 송조 6현, 우리나라 18현 모두 39위의 위패를 모시고 있다. 향교의 동서무의 주초석에 불교 관련 석물이 있는데 이는 봉두사의 석재일 가능성이 크다.

4. 書記 崔正份의 운에 차하다 次韻崔書記正份

지난날 자리에서 누가 나를 알랴	舊日筵中誰識我
세 명의 기생들 아직까지 돌아가지 않았네	三行粉面不曾廻
왕랑이 임공臨邛에 노는 손을 그릇 공경하여	王郎謬敬遊邛客
과연 문군이 밤에 따라왔네	果有文君夜出來

서기 최정빈은 이규보가 방문할 당시 상주 사록겸장서기의 직에 있었다. 『신증동국여지승람』에는 그가 공검지를 수축하였다는 사실을 전하고 있다.

5. 花開寺에 寓居하면서 堂頭에게 주다 (이때에 병으로 우거하고 있었다 時以病寓居.)
寓花開寺 贈堂頭

잠깐 한가한 즐거움을 얻어	暫得休休樂
고생스러웠던 수고를 갚으려 하오	聊償役役勞
샘은 급하게 멀리 흘러가고	石泉飛趁遠
솔 덩굴은 뻗어서 높은 데로 오른다	松蔓走緣高
풀가에 매미는 허물을 남기고	草際蟬遺蛻
숲 속의 새는 털을 떨어뜨렸네	林間鳥墮毛
선사가 복축하는 것을 용납해 준다면	憑師容卜築
잠시 여기에 은둔하여 쑥대로 비녀하겠네	小隱此簪蒿

현 상주시에서 대구로 가는 25번 국도 오른쪽에 화개동이 있다. 이 지역이 화개사가 있었던 곳이 아닌가 추정한다. 1915년 지형도에 화개동이 나온다. 서곡동과 인접하는데 이곳에서 사지가 발견되었다. 상주시 서곡동書谷洞에서 출토된 일괄 유물 중 고려범종의 '신해삼월일상주목회포사금종입중사십오근전향대사현적주성辛亥三月日

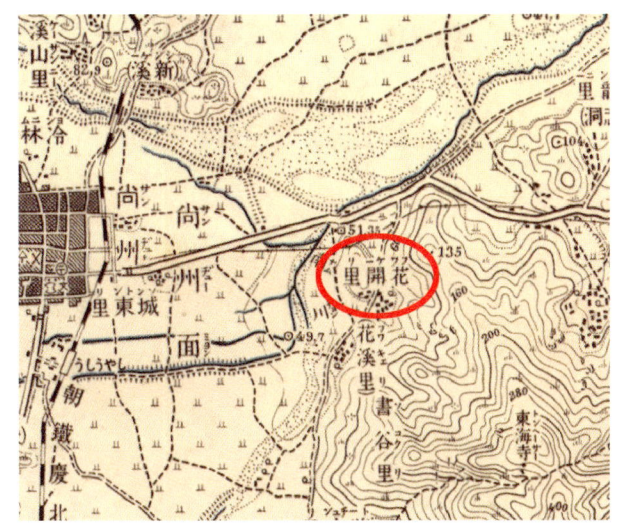

〈도 4〉 근대지도 화개리

尙州牧廻浦寺金鐘入重四十五斤前典香大師玄寂鑄成'이라는 명문에서 범종 제작 시기는 1251년(고종 38)이다. 회포사廻浦寺는 상주관내 서곡동書谷洞 부근의 사찰로 추정한다. 몽골 침입을 당하여 청동제 불구는 모두 땅에 묻고 피난 갔을 것이다. 청주 사뇌사 반자, 상주 백련사 반자 등도 모두 제작 시기 등으로 보아 몽골 침입과 함께 땅속에 매몰하고 피난 갔다가 오늘날에야 발견된 예들로 보인다. 화개사지로 추정되는 곳의 입지는 서향하여 식산息山 자락에 있고 앞은 남천이 흐른다. 이곳에는 녹청자편이 더러 보인다. 경작지를 만들면서 곳곳에 기와편 무더기가 있어 그 흔적을 알 수 있다. 서쪽으로 건너다보면 봉두사로 추정되는 곳을 볼 수 있다. 이규보는 봉두사에 들렀다가 서편의 화개사를 보고 찾아갔을 것이다.

시의 내용은 당두(주지)에게 이 절에 머물러 병을 치료할 수 있도록 하는 부탁이었다. 이규보는 시후관에서 지은 시에서 '전부터 문원文園의 병이 있었는데'라 하여 자신의 지병 사실을 말하였다. 문원은 한漢의 사마상여司馬相如인데 효문원령孝文園令에 임명되었고 이 때문에 문원文園으로 불리었다. 늘 소갈병消渴病이 있었다. 이규보의 지병은 소갈병이었다. 상주에서 발병하였는데 열이 오르내렸기 때문에 한열병寒熱病으로도 칭한다.[5]

6. 화개사에서 故人 惠雲師가 머무는 龍潭寺에 이르러 쓰다
自花開到故人惠雲師所住龍潭寺留題

빈 골짜기는 바람이 오히려 소리를 내고	空谷風猶響
찬 시내에는 물이 스스로 방아찧는구려	寒溪水自舂
지둔은 말을 사랑하여 기르고	養憐支遁馬
섭공은 용을 축원하여 내리네	呪下涉公龍
작은 채전의 영출을 물주고	小圃流靈朮
그윽한 뜰의 어린 솔을 보호하네	幽庭護稚松
맑은 밤 한 번의 경쇠 소리에	一聲淸夜磬
반달이 먼 봉우리에 떨어지누나	半月落遙峰

7. 팔월 일일에 당두堂頭에게 보이다 八月一日 示堂頭二首

가느다란 길은 꾸불꾸불하여 푸른 산비탈로 들어가고	細路縈紆入翠崖
높은 누대는 우뚝하게 서서 푸른 무지개를 굽어보네	危樓突兀俯青霓
서늘한 새벽에 누른 송아지는 평평한 들로 나가고	曉涼黃犢歸平野
한낮에 그윽한 새는 얕은 시내에 미역감누나	日午幽禽浴淺溪
집에 가득한 댕댕이는 벽에 얽히어 컴컴하고	滿院薜蘿纏壁暗
창 곁에 있는 버들은 처마를 눌러 나직하구려	傍窓楊柳壓簷低
땅이 외져 오는 사람이 없다는 것을 알려면	欲知地僻無人到

---

5) 김용선, 『생활인 이규보』, 일조각, 2013, 214쪽.

| 문 밖의 진흙 위에 사슴 발자국이 있네 | 門外泥深鹿印蹄 |

청수한 모습 선과 유의 본색인데	癯形本是列仙儒
또 산중의 늙은 필추를 배우네	又學山中老苾蒭
금압에 향을 불태워 불전에 추창하고	金鴨焚香趨佛殿
목어로 죽먹으라 하기에 중의 사발 빌었네	木魚催粥借僧盂
솔바람 소슬하니 줄 없는 곡조요	松風瑟瑟無絃曲
안개 낀 묏부리 층층하니 색칠한 그림이로다	煙岫層層著色圖
세상의 영화와 고락 모두가 꿈이다	世上榮枯都是夢
한단에서 푸른 망아지 타는 것을 탄식하지 말라	邯鄲休歎駕靑駒

8. 팔월 이일 八月二日

선방에서 밥을 먹고 잠깐 차를 마시었는데	食罷禪房暫啜茶
산 중턱의 붉은 햇살이 벌써 서쪽으로 비끼었네	半山紅日已西斜
앉아서 뜰가의 사람에게 길든 학을 부르고	坐呼階畔馴人鶴
누워서 문 앞의 도적을 경계하는 거위 소리를 듣네	臥聽門前警盜鵝
수많은 버들 그림자 속에는 남북으로 길이 갈라지고	萬柳影中南北路
한 시내 건너편엔 두세 집이로다	一溪聲外兩三家
갑자기 시구를 얻으면 벽에 쓰련다	卒然得句聊題壁
사리에게 말을 전하노니 사로 덮지 마소	寄語闍梨莫羃紗

9. 팔월 삼일 八月三日

근심을 없애는 것은 진한 술에 의지하고	陶愁憑釅醁
병을 부축하는 것은 지팡이에 힘입는구려	扶病賴枯藤
돌은 둔한 거북처럼 쭈그렸고	伏石頑龜縮

175

봉우리는 성낸 말처럼 달리네	奔峰怒馬騰
바람이 없어도 소나무는 스스로 소리를 내고	無風松自籟
개려고 하자 안개가 먼저 오르네	欲霽霧先蒸
본래 구름과 물을 사랑하니	素習愛雲水
전생이 중이 아니런가	前身莫是僧

10. 옛사람의 운을 차하여 부질없이 짓다 漫成次古人韻

병으로 누워 노선의 집에 우거해 있으니	臥痾聊寄老禪居
머리 위에는 부질없이 세월이 가는 것을 놀래누나	頭上空驚歲月徂
다리 아파 남여籃輿를 타니 도공의 병이요	脚待舁籃陶令病
허리는 띠를 이기기 어려우니 심약沈約의 야윔이로다	腰難勝帶沈郎癯
빈 산에 비 오고 컴컴하니 외로운 원숭이 휘파람 불고	空山雨暗孤猿嘯
고죽에 연기 깊으니 새가 우네	苦竹烟深一鳥呼
창 밑에 책을 베고 바야흐로 깊이 잠들었는데	窓下枕書方熟睡
사미가 불러 깨워 고우를 권하네	沙彌喚起勸皐虞

11. 팔월 오일에 도적 떼가 점점 치성한다는 소식을 듣고 八月五日 聞羣盜漸熾

도적떼가 고슴도치 털처럼 모여	群盜如蝟毛
생민이 비린 피를 뿌리누나	生民灑腥血
군수는 한갓 융의만 입고서	郡守徒戎衣
적을 바라보곤 기가 먼저 꺾이네	望敵氣先奪
벌의 독도 아직 소탕하지 못했는데	尙未掃蜂毒
하물며 호랑이 굴을 더듬을 수 있으랴	況堪探虎穴
슬프다 이런 때에 훌륭한 사람 없으니	嗟哉時無人
누가 대신하여 와서 쇠를 씹을꼬	誰繼來嚼鐵

적의 팔은 원숭이보다 빨라	賊臂捷於猿
활쏘기를 별이 반짝이듯 하고	放箭若星瞥
적의 정강이는 사슴보다 빨라	賊脛迅於鹿
산 넘기를 번갯불 사라지듯 하는구려	越山如電滅
사졸들이 추격하여도 미치지 못하여	士卒追不及
머리를 모아 부질없이 입만 벌리고 탄식하네	聚首空呀咄
어쩌다가 그 칼날에 부닥치면	幸能觸其鋒
열에 칠팔은 죽는구려	物故十七八
부녀자가 죽은 남편을 곡하며	婦女哭夫婿
머리에 삼베 두르고 마른 뼈를 조상하네	髽首吊枯骨
황량한 촌락에 일찍 문 닫으니	荒村早關門
대낮에도 길가는 나그네 전연 없구나	白日行旅絕
금년에는 더군다나 다시 가물어서	今年況復旱
비 기다리는 것이 목마른 것보다 심하구려	望雨甚於渴
논밭은 모두 붉게 타서	田野皆赤土
곡식 싹이 무성한 것을 볼 수 없네	未見苗芽茁
부잣집도 벌써 식량을 걱정하는데	富屋已憂飢
가난한 사람이야 어떻게 살 수 있으랴	貧者何由活
주문에서는 날마다 자리에 술을 토하고	朱門日吐茵
백 잔을 마시니 귀가 저절로 더워지네	百爵耳自熱
고당에는 옥비녀가 늘어서 있고	高堂森玉簪
빽빽한 자리에는 비단 버선을 끼고 있네	密席擁羅襪
문호의 융성한 것만 알고	但識門燻灼
국가가 불안한 것은 근심하지 않누나	不憂國桓杌
썩은 선비 비록 아는 것은 없으나	腐儒雖無知

눈물을 흘리며 매양 목메어 흐느끼네	流涕每嗚咽
슬프다 고기 먹는 무리 아니랴	嗟非肉食徒
직언하는 혀 내두르지 못하였네	未掉直言舌
할 수 없다 어찌하면 진달하랴	已矣若爲陳
천폐를 뵈올 길이 없구나	天陛無由謁

이규보가 화개사에서 요양하다 아는 스님이 있는 용담사로 옮겨와서 지은 시이다. 용담사 주지를 '고인혜운사故人惠雲師'(시6)라 한 것으로 보아 경사京師에서 연고를 맺은 스님이다. 용담사를 방문한 것은 1196년(명종 26) 8월 1일이었다. 8월 7일 용포를 거쳐 견탄으로 떠날 때까지 6일 정도 머물면서 7수의 시를 남겼다.

용담사지는 상용담 마을의 동편 경작지 일대이다. 갑장산의 남단에 해당한다. 계단식 논 북단에 사지 흔적으로 보이는 길이 40m의 석축이 잘 남아 있다. 주변에 와편이 산재한다. 석등 하대석으로 추정되는 석물이 1점 있다.

〈도 5〉 용담사지

〈도 6〉 용담사지 연화문석재

이규보는 상주를 떠난 뒤에 다시 용담사를 찾아 시를 남겼다. 1202년(신종 5) 경주 패좌의 난을 진압하기 위해 구성된 토벌군 서기로 출진하면서 이곳을 지날 때 지은 것이다. 시주詩註에도 '내가 남으로 내려왔을 때 잠시 병을 요양하던 곳이다'라 하여 정확하다.

　그 시를 인용하면 다음과 같다. "높다란 누 앞에서 남으로 달려 / 엄나무 숲 아래 용담사를 찾았네 / 대나무는 위무渭畝의 천 그루보다 한 그루 빠졌고 / 버드나무는 도문陶門의 다섯 그루보다 세 그루 모자라며 / 조수棗樹의 녹음 이제야 보겠으나 암천의 물맛 전부터 알았어라 / 고인의 등선하던 곳 지금 어디메냐 / 망망하게 지는 해에 시름 풀기 어려워"(시7)라 하였다. 용담사는 경주 패좌를 토벌하기 위해 진군한 길에 지났다는 사실로 보아 낙동강 수로나 육로상의 중요 지점에 자리하였다.

　사원의 소속 종파는 시구 속에 '선방禪房' '노선거老禪居'(시10)라는 것으로 보아 선종 사원이었다. 따라서 혜운사惠雲師도 선종 승려일 것이다. 여기서 머문 시기는 8월 1일부터 8월 6일까지이다. 첫 시는 용담사의 밤 경치를 읊은 것이다. 8월 1일 당두에 보인 두 수(시7)는 조용한 용담사에서 심경을 담은 것인데 '세상의 영화와 고락 모두가 꿈이다'라는 구절이 보인다. 8월 2일 시(시8)는 선방에서 차를 마시고 조용한 절 분위기와 주변 풍경을 읊었다. 8월 3일 시(시9)는 절 분위기에 젖어 '전생이 중이 아니런가'라 하였다. 여기서도 여전히 요양 중임을 '병으로 누워 노선의 집에 우거해 있으니', '허리는 띠를 이기기 어려우니 침약沈約의 야윔이로다'(시10)라 표현하였다.

　8월 5일의 시(시11)는 도적 떼가 점점 치성한다는 소식을 듣고 지었다. 용담사에서 여러 스님이나 지나는 사람에게서 들은 것이다. 이규보의 사회의식이 잘 나타난다. 도적 떼가 관군이 진압하기 어려울 만큼 강하고 빠르고 지세를 잘 알았다. 관군이 곳곳에서 패배하고 있었다. 치안 부재의 상황 때문에 길가는 나그네도 없었다. 게다가 흉년이 겹쳐 민생이 궁핍함을 알 수 있었다. 그런데도 지배층은 향락에 젖어 있는 사회 모순을 보여준다. 자신은 방관자임을 자책하고 있다. '썩은 선비 비록 아는 것은 없으나', '직언하는 혀 내두르지 못하였네'라는 구절은 이규보 자신의 그러한 심중을 잘 드러낸다. 사회의식이 날카로워진 만큼 건강도 다소 회복한 듯하다.

용담사 경관을 짐작할 수 있는 시구를 모두 제시한다. '가느다란 길은 꾸불꾸불하여 푸른 산비탈로 들어가고 / 높은 누대는 우뚝하게 서서 푸른 무지개를 굽어보네', '집에 가득한 댕댕이는 벽에 얽히어 컴컴하고 / 창 곁에 있는 버들은 처마를 눌러 나직하구려', '솔바람 소슬하니 줄 없는 곡조요 / 안개 낀 묏 부리 층층하니 색칠한 그림이로다'(시7), '수많은 버들 그림자 속에는 남북으로 길이 갈라지고 / 한 시내 건너편엔 두세 집이로다'(시8), '돌은 둔한 거북처럼 쭈그렸고 / 봉우리는 성낸 말처럼 달리네'(시9)라 하였다.

이 시구들에서 용담사의 누대가 높이 건립되었고 사원 건물에는 댕댕이가 벽에 얽혀 있고 사원 경내에 버드나무가 많이 심기어 있었다. 사원으로 접근하는 길은 구불구불 산비탈로 이어져 있었다. 사원 주변은 소나무가 있어 솔바람을 일으키고, 사원을 배경으로 하는 봉우리는 층층이 암산이고 그 봉우리는 흘립屹立하였다. 시내 건너편에는 인가가 있는데 아마 장천 부곡민이 사는 곳임을 짐작할 수 있다.

2) 낙동강 일원 여행

12. 팔월 칠일 새벽에 용담사龍潭寺를 출발하여 밝은 날 용포龍浦에 배를 띄워 낙동강洛東江을 지나 견탄犬灘에 대었다. 때에 밤은 깊고 달은 밝은데 빠른 물결은 돌에 부닥치고 푸른 산은 물결에 잠겼으며, 물은 극히 맑아서 굽어보면 뛰는 고기와 달아나는 게가 셀 정도였다. 배에 기대어 길게 휘파람 부니 피부와 모발이 청쾌하여 쇄연히 봉래蓬萊·영주瀛洲의 감상

이 있어 모르는 사이에 오랜 병이 갑자기 나은 듯하였다. 강가에 용원사龍源寺가 있는데 절의 중이 듣고서 강가에 마중 나와 굳이 절에 들어가기를 청하였다. 내가 사양하고 중을 맞아 배 위에 이르러 서로 몇 마디 얘기를 나누고 인하여 두 수를 짓다

八月七日黎明 發龍潭寺 明日泛舟龍浦 過洛東江泊犬灘 時夜深月明 迅湍激石 青山蘸波 水極清澈 跳魚走蟹 俯可數也 倚船長嘯肌髮清快 洒然有蓬瀛之想 不覺沈痾頓釋 江上有龍源寺 寺僧聞之出迎於江上 固請入寺 予辭之 邀僧至船上 相對略話 因題二首.

물기운 싸늘하여 짧은 적삼 엄습하고	水氣凄涼襲短衫
맑은 강 전체가 쪽보다 푸르네	清江一帶碧於藍
버들은 도령 문 앞의 다섯이 남았고	柳餘陶令門前五
산은 우강의 바다 위 삼산三山보다 낫구려	山勝禺强海上三
하늘과 물이 맞닿으니 천지가 희미하고	天水相連迷俯仰
구름과 안개 비로소 걷히니 동남을 알 수 있네	雲煙始卷占東南
외로운 배를 잠깐 평평한 모래 언덕에 매니	孤舟暫繫平沙岸
때에 훌륭한 스님 작은 암자에서 나오네	時有胡僧出小庵

맑은 새벽에 용포에 배 띄웠다가	清曉泛龍浦
황혼에 견탄에 배 대었네	黃昏泊犬灘
교활한 구름은 지는 해를 속이고	點雲欺落日
사나운 돌은 미친 물결을 막는구나	狠石捍狂瀾
수촌水村에는 가을이 먼저 와서 서늘하고	水國秋先冷
배 정자에는 밤이 되니 더욱 차구려	船亭夜更寒
강산이 참으로 그림보다 나으니	江山眞勝畫
그림 병풍으로 보지 말아다오	莫作畫屛看

13. 배가 가다 舟行

강과 바다 끝없이 넓어	江海浩無際
연기 물결 천 리가 푸르구나	煙濤千里碧
종일토록 호수 가운데 있어	終日在湖中
오래도록 배 띄우는 역사를 통솔하였네	久統泛舟役
예전에는 병풍 그림 속의 사람을 부러워했는데	舊羨畫屛人
지금은 병풍 속의 사람이 되었구려	今作屛中客
물결이 흔들리니 밝은 달이 부서지고	波搖碎明月
물이 줄어드니 외로운 돌이 드러나네	水落出孤石
저기 가는 저 외로운 상선	商船一葉去
아득히 어느 곳으로 가는고	杳杳何處適
행하여 갈대 꽃 핀 섬으로 들어가니	行入蘆花洲
숲의 안개 푸르게 뚝뚝 떨어지네	林霧翠滴滴
정신이 상쾌하고 피부와 모발이 서늘하니	頭輕肌髮涼
나도 모르게 오랜 병이 나은 듯	不覺沈痾釋

시서에 나타난 이규보의 이동과정은 용포龍浦에서 배를 띄워 낙동강을 지나 견탄까지였다. 용포는 지금 낙동면 유곡리 관터라는 지명이 있는 곳이다. 여기에는 삼층석탑이 존재한다. '관터'라는 지명은 이규보 방문 당시 장천부곡의 치소治所일 가능성을 보여준다. 이곳이 바로 용포일 것이다. 계곡에 있는 장천長川은 낙동강으로 흘러드는 수로로 이용되었다. 충렬왕이 동정군을 전송하고 돌아오는 길에 승장사勝長寺에 들렀다는 『신증동국여지승람』의 기록은 이 포구를 이용했을 가능성을 뒷받침한다. '관터'라는 지명과 고려시기 삼층석탑이 그 단서가 된다. 장천부곡 치소는 용포에 있었다.

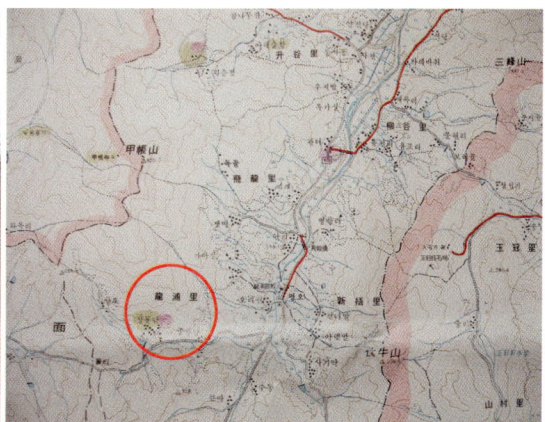

〈도 7〉 관터(유곡리) 삼층석탑   〈도 8〉 현대지도 용담리
〈도 9〉 근대지도 견탄리

견탄 일대는 교통상의 요지였던 것 같다. 거기에는 원도 있었다. 교통상의 중요성에 대해서는 권근權近이 쓴 「견탄원루기犬灘院樓記」에 나온다. "서울에서 경상도에 가려면 반드시 큰 고개를 넘게 된다. 고개를 넘어 1백 리 가까이 모두 큰 산 사이로 가는데, 모든 골짜기의 물이 모여 내를 이루다가 관갑에 이르러 비로소 커진다. 이 곶갑串岬이 가장 험악하므로 비탈에 의지하여 잔도棧道를 놓아 인마가 통행하는데, … 여기서부터 몇 리를 간 뒤에야 평탄한 길이 나오며 시내를 건너게 되는데, 이것을 견탄이라 한다. 호계현 북쪽에 있는데, 온 나라의 가장 요충이자 한 도의 가장 험한 요새이다"라[6] 하여 견탄원은 험한 지역을 통하는데 반드시 있어야 할 여행시설이었다. 호계현은 낙동강으로 이어지는 영강상류 견탄 아래쪽에 자리한다. 수로와 연

---

6) 權近, 「犬灘院樓記」, 『陽村集』 卷 12.

계된 곳에 호계현 치소가 있었음을 짐작할 수 있다.

견탄 강가에 용원사龍源寺라는 절이 있었다. 절의 스님이 이규보를 초청하였으나, 그는 강가의 경치에 매료되어 배에서 머물렀다. 용원사의 위치 역시 다른 기록으로는 확인할 수 없다. 『신증동국여지승람』의 오정사烏井寺가 그곳이 아닌가 한다. 문경 국군체육부대 부지확보를 위한 발굴 과정에서 사원지가 확인되었다.[7]

위의 시구에 '맑은 새벽에 용포에 배 띄웠다가 황혼에 견탄에 배 대었네'라 (시12) 하여 용담사 근처 용포에서 견탄까지 걸린 시간은 새벽에서 황혼까지이다. 이때는 8월이므로 강의 수량이 풍부하여 배로 충분히 이동할 수 있는 시기였다. '사나운 돌은 미친 물결을 막는구나'(시12)라 하여 견탄은 험한 여울이었다.

〈도 10〉 경천대에서 본 낙동강(4대강 사업 이전의 모습)

---

7) 『국군체육부대 이전부지내 聞慶 犬灘里遺蹟 - 傳犬灘院址 -』, 영남문화재연구원, 2014.

'강과 바다 끝없이 넓어 연기 물결 천 리가 푸르구나'(시13)라 한데서 낙동강이 큰 물길임을 알 수 있다. 또한 '저기 가는 저 외로운 상선'이라 하여 낙동강 수로는 상선이 오가는 물류의 역할이 있었다. 이규보는 강 중의 경치가 너무 좋아 '예전에는 병풍 그림 속의 사람을 부러워했는데 지금은 병풍 속의 사람이 되었구려'라 하였다. 병풍 속의 사람이 되었다는 시구는 도남서원 앞, 경천대 등에서 떠올린 것이라 짐작된다.

14. 다음날 배를 놓아 노를 젓지 않고 흐름 따라 동으로 내려갔다. 배는 나는 듯이 달려 밤에 원흥사 앞에 닿았다. 배 안에서 묵었는데 이때 밤은 고요하고 사람들은 모두 잠들었다. 오직 물 속에 뛰노는 고기 소리가 철썩철썩 들릴 뿐이었다. 나는 팔을 베고 잠깐 누웠는데 밤이 차서 오래 잘 수 없었다. 어부의 노래와 장사꾼의 피리소리가 멀고 가까운 곳에서 들려왔다. 하늘은 높고 물은 맑으며 모래는 밝고 언덕은 희었다. 파도 속에 달그림자가 어리어 배를 흔들었는데 앞에는 기암괴석이 범이 걸터앉고 곰이 쭈그리고 있는 것 같았다. 나는 두건을 제껴 쓰고 자리를 옮겨 강호의 즐거움을 실컷 맛보았다. 아하, 강호의 즐거움이야 비록 병중에 있더라도 즐기지 않을 수 없다. 하물며 날마다 기녀들 거느리고 풍악을 잡히며 내노라 하고 놀 때이랴. 그 즐거움을 어찌 다 이를 것인가. 이에 시 두 수를 지었다

明日 放舟不棹 順流東下 舟去如飛 夜泊元興寺前 寄宿船中 時夜靜人眠 唯聞水中跳出之魚 鬣鬣然有聲 予亦枕臂小眠 夜寒不得久寐 漁歌商笛 相聞于遠近 天高水淸沙明岸白 光月影搖蕩船閣 前有奇巖怪石 如虎踞熊蹲 予岸幘徙倚 頗得江湖之樂 噫江湖之樂 雖病中不可以不樂 況乎日擁紅粧彈朱絃 得意而遊 則其樂曷勝道哉 得詩二首云.

푸른 하늘 아득히 물 위에 떠있고　　　　　　　　　　　碧天浮遠水

구름덮인 저 산은 신선사는 봉래산蓬萊山인가	雲島認蓬萊
물밑으로 고기 떼 잠겨들고	浪底紅鱗沒
안개 속에 갈매기 찾아오네	烟中白鳥來
여울 이름 곳을 따라 바뀌는데	灘名隨地換
산봉우리 배를 따라 도는구나	山色逐舟船
강가의 주막에서 술 한 병 받아다가	喚取江城酒
유유히 한잔을 기울이노라	悠然酌一杯

모래터에 밤배를 대이니 푸른 바위 가까워	夜泊沙汀近翠巖
뜸밑에 앉아 시를 읊으며 수염을 쓰노라	坐吟篷底撚疎髥
물결이 넘실넘실 선체를 흔드는데	水光瀲瀲搖船閣
달그림자 고즈녁히 갓채양에 떨어지네	月影微微落帽簷
푸른 파도 밀려와 언덕을 삼키는데	碧浪漲來孤岸沒
흰구름 다한 곳에 산봉우리 솟았어라	白雲斷處短峰尖
피리소리 어수선하여 듣기가 어지러우니	管聲嘈嘈難堪聽
옥수가인 불러다가 거문고 태웠으면	須喚彈箏玉指纖

(이때 한 아전을 시켜 피리를 불게 하였다時使一吏吹笛.)

15. 배 안에서 또 읊다 舟中又吟

붉은 고기 여울에서 잡아 오고	紅鱗得自灘流
막걸리는 모랫가 집에서 사왔네	白酒賒來沙戶
이 몸이 점점 어옹과 친하여져서	此身漸狎漁翁
연기 자욱한 강 밤비에 취하여 누웠네	醉臥烟江夜雨

16. 조는 사이에 배가 옮겨갔다 睡次移船

갠 호수에 물결 고요한데 팔을 베고 졸다가	晴湖浪靜枕肱眠
뱃사공이 이미 배를 놓은 줄 깨닫지 못하였네	不覺篙工已放船
꿈을 깨고 머리를 드니 모래 언덕이 달라졌어라	夢罷回頭沙岸異
푸른 버들 가에 옮겨 맨 것에 홀연히 놀랐네	忽驚移繫綠楊邊

17. 또 배를 띄우다 又泛舟

한 삿대로 흐르는 강물 휘저어 가니	一棹漾流去
쓸쓸한 가을 팔월이로다	蕭然八月秋
청초의 언덕에 돛을 내리고	落帆青草岸
흰 마름 물 가에 닻줄을 매었네	繫纜白蘋洲
등불이 어두우니 바람은 장막을 흔들고	燈暗風搖帳
차가운 강엔 달빛 배에 가득하구려	江寒月滿舟
마부는 응당 나를 괴이하게 여기리라	僕夫應怪我
병중에도 한가하게 노닌다고	病裏亦閑遊

18. 또 회문체로 읊다 又吟廻文

느린 피리 소리 바람에 끌리어 멀고	笛慢牽風遠
가는 배는 물결에 춤추어 가볍네	舟行舞浪輕
푸른 하늘에 가을 밤이 고요하니	碧天秋夜靜
찬 달이 호수에 잠겨 맑구나	寒月浸湖淸

19. 강 가운데의 노자석 江中鸕鶿石

가벼운 배 출렁대며 물결 따라 가는데	輕舟溶漾信漣漪
강 가운데 기이한 돌 있으니 이름이 노자란다	中有奇石名鸕鶿

나는 생각컨대 노자가 고기와 게를 찾아	我恐鸕鷀覓魚蟹
떠들어 부르며 깊은 강가에 날아와 모였다가	喧呼翔集深江湄
훌쩍 날아 잘못 풍이의 집을 범하니	翻翻誤觸馮夷宅
풍이가 노하여 부르짖어 천둥과 번개를 일으켰네	馮夷怒吼雷電作
바람에 꺾이고 물결에 부딪쳐 두 날개 부러져	風摧浪打兩翼折
물결 위에 반쯤 나오고 날지 못하누나	半出波間飛不得
살과 뼈는 썩어 녹아 동쪽으로 흘러가고	肌分髓爛隨東流
부질없이 야윈 뼈만 중주에 남아 있네	空有瘦骨留中洲
이끼 끼고 모래 붙어 굳은 돌로 화하여	蘚侵沙澁化堅石
꼬리는 진흙 속에 묻히고 머리만 반쯤 떴구나	尾入泥蟠頭半浮
그렇지 않다면 어찌 물결 속에서	不然安肯烟濤裡
기세가 죽지 않고 날아 일어날 것 같은가	氣勢不死如昂起
기이한 것을 고증하고 힐문하는 것이 모두 꿈이요	徵奇詰異皆夢耳
억지로 시를 짓는 것도 장난일세	穿鑿成詩亦一戲
술을 사서 금잔에 채우고	不如買酒盈金罍
너를 빌어 술잔을 만들어서 앵무배로 짝짓는 것만 못하리니	
	借汝爲杓副以鸚鵡杯
날마다 아무 일 없이 마시어 나의 시를 쏟으면서	一飮無何寫我憂
티끌 같은 만사를 한 번 웃으리라	一笑萬事如浮埃

20. 원흥사 규스님에게 是日入元興寺見故人珪師贈之

그 전날 서울에서 함께 노닐었는데	憶昔共遊長安中
세어보니 열네 번 봄바람 불었어라	算來一十四春風
그때는 그대 기운 장하여 서른이 못돼	君時氣壯未三十
한몸을 날려서 기러기를 타리라고	一身謂可趁飛鴻

내 또한 구름머리 연소한 몸이어서	我亦鬢綠最年少
눈에는 번개일어 왕융王戎같았지	眼電爛爛如王戎
작별 후 구름처럼 어데로 가버렸나	別來雲散各何處
세상 풍파 다 겪고 신선이 되었나	四海風塵雙轉蓬
한차례 웃음지며 구리사람 그대 만져	相逢一笑撫銅狄
눈물 젖어 말못해도 생각은 끝없어라	迸淚無言意不窮
이제는 스님모습 옛날이 아니니	師今已非昔日容
여윈 몸 소나무의 늙은 학 완연하고	瘦如松頭老鶴同
나 역시 늙어서 패기가 죽었으니	我亦老大心轉縮
무지개 같은 옛날 기세 다시 볼 수 없어라	無復昔日氣如虹
정을 다 토로하지 못하고 각각 슬퍼하여	論情未終各悽惻
어느덧 지는 해는 봉우리 절반 차지했네	不覺半峰斜日紅
사람의 한 생이 참으로 잠깐 사이	人生一世須臾爾
명예, 이속 버리고 신선을 따르리	早謝名利從支公

21. 붉은 석류가 막 익었는데 규공이 시를 청하다 紅榴始熟珪公乞詩

가지에 달린 붉은 알 몇 개나 되는가	積卵撐枝幾許枚
취한 볼이 숲에 가득히 드리웠네	滿林欹倒醉中腮
붉은 주머니 속에 붉은 쌀낱(쌀알)을 감추었으니	紅綃囊裡藏紅粒
서리 바람 만나 남김없이 터뜨리리라	要見霜風罄折開

22. 달밤에 자규가 우는 소리를 듣다 月夜聞子規

적막한 밤 달빛은 물결처럼 잔잔한데	寂寞殘宵月似波
빈 산에 울음 소리 편만하니 날이 새면 어이하랴	空山啼遍奈明何
십년을 통곡한 궁도의 눈물	十年痛哭窮途淚

너의 붉은 입술과 누가 더 많은가   與爾朱脣孰多

23. 팔월 십일 규공의 요청을 받고 그 절에 한 수를 지어 주었다
八月十日珪公請題其院爲賦一首

만리 가을하늘 기러기떼 돌아가니	萬里高天斷雁秋
푸르른 강가의 옛 절을 찾았노라	閑尋古刹碧波頭
문 밖에는 떠들썩 돛배들 모여 있고	喧喧門外千帆集
적적한 바위 끝에 방장이 깊어라	寂寂巖陬丈室幽
뜰엔 솔과 대나무 중들은 부귀하고	滿院松篁僧富貴
강을 낀 절경이니 절간은 풍류로워	一江烟月寺風流
숲 속에서 만날 날 묻지를 말아다오	莫言林下何曾見
속된 이름 버리고 퇴직하고 오리다	擺却浮名欲退休

원흥사 앞 강물 위와 원흥사에서 읊은 시들이다. 한 곳에서 가장 많은 11수나 읊었다. 시서에 따르면 견탄에서 원흥사 앞까지는 노를 젓지 않고 나는 듯이 왔다. 특히 밤 강중의 정취에 크게 취하여 강호江湖의 즐거움을 실컷 맛보았다.

시 중에 이규보의 심사를 가장 잘 드러낸 것은 강중노자석 시이다. 노자석은 강중 암초로서 모습이 기이하여 후대의 지리지에도 적시하고 있다. 19세기 작성한 대동여지도와 읍지의「선산지도善山地圖」에는 낙동강 중에 노자암이 표시되어 있다. 노자정은 낙

〈도 11〉 대동여지도 노자암

동강 서안西岸의 어느 바위 위에 건립되었고, 노자석은 강중의 바위였을 것이다. 현재는 그 모습을 볼 수 없다. 하상이 높아져 묻힌 것이다.[8]

노자석을 '바람에 꺾이고 물결에 부딪쳐 두 날개 부러져 / 물결 위에 반쯤 나오고 날지 못하누나 / 살과 뼈는 썩어 녹아 동쪽으로 흘러가고 / 부질없이 야윈 뼈만 중주中洲에 남아 있네'(시19)라 하여 바람과 물결에 날개가 부러져 날지 못하는 노자의 신세를 말한 것으로 보아 과거에 급제하였으나 무인들에 밀려 출사하지 못한 자신의 처지를 이 노자석에 은유한 것으로 생각된다.

시에서 원흥사 주지인 규사珪師와 이규보와의 관계를 알 수 있다. 그와 개경에서 같이 놀았던 추억이 있었고 14년 만의 상봉이었다. 규사는 이규보와 함께 과업교육을 받았던 것으로 추측된다. 무인정권이 들어서면서 불교계로 방향을 바꾼 인물이 아닌가 한다. 이력은 추적할 수 없었다. 규사도 '대사는 이미 옛날 얼굴이 아니라 / 소나무 위의 늙은 학처럼 여위었네'(시20) 라 하였다. 자신도 '나 역시 늙고 의지 또한 좁아져서 / 다시는 무지개 같은 옛날 기개가 없네' 라 하여 규사와 같은 처지임을 말한다. 시에서도 '십년을 통곡한 궁도의 눈물'이라 하였다. 서로의 처지가 같아 회포를 풀었던 것은 '정을 다 토로하지 못하고 각각 슬퍼하여 / 산 중턱에 해지는 줄 몰랐다'라 한 데서 알 수 있다.

시에서는 당시 원흥사의 현황을 알 수 있다. 원흥사가 강가에

〈도 12〉 낙동강에서 본 원흥사지(4대강사업 발굴조사)

---

8) 1915년 지도상에도 표시되어 있지 않다.

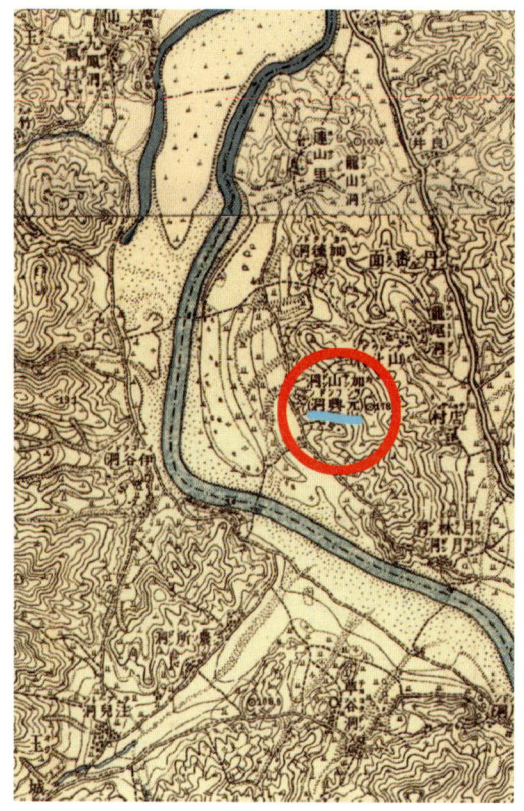

〈도 13〉 근대지도 원홍리

위치하고 여기에 많은 배가 모여든 사실을 알 수 있다. '푸른 물결 머리에서 한가히 옛 절을 찾았네 / 떠들썩한 문 밖에는 수많은 배가 모이고'(시23)라 하여 원홍사가 낙동강의 많은 물류를 담당한 상선商船의 중간 기착지 역할을 한 사원임을 짐작할 수 있다. 같은 시에서 '뜰엔 솔과 대, 중들은 부귀하고'라 하여 중간 기착지로서 또는 교역지로서 원홍사가 부유한 사실을 보여준다.

이 절이 있는 곳이 원홍리이고,[9] 바로 가까이 가덕, 연산이라는 지명이 있다. 『신증동국여지승람新增東國輿地勝覽』에 따르면 '원홍사 고지元興寺 古址는 가덕부곡加德部曲에 있다'라 하였다.[10] 가덕부곡은 '부府의 북쪽 20리에 있다'라 하였다.[11] 이 부곡은 원홍사 가까이 존재하였고 이 절과 관련이 있었다. 1915년 제작된 지도에는[12] 원홍동, 가덕동, 연산동 등의 지명이 바로 붙어서 나온다. 원홍사는 부곡의 범위 안에 존재했다. 부곡명은 연산부곡連山部曲과 가덕부곡으로 생각된다.

---

[9] 현재 원홍사지의 주소는 구미시 도개면 가산 2리 239번지이다. 사원 안내용 원홍사 석비가 있고 버스 정류장이 있는 데서 오른 편 산 중턱에 있다. 현재 시멘트 벽돌조 가옥 형태의 건물이 들어서 있다.
[10] 『新增東國輿地勝覽』卷29, 善山 古跡 元興寺, "古址在加德部曲".
[11] 『新增東國輿地勝覽』卷29, 善山 古跡 加德部曲, "在府北二十里".
[12] 『近世韓國五萬分之一地形圖』上, 197 善山, 1915, 景仁文化社影印.

1942년 조사된 『조선보물고적조사자료朝鮮寶物古跡調査資料』에는 '도개면挑開面 가산동加山洞 부근에는 와편瓦片과 사기편砂器片이 점점이 있다'라 서술되어 있다.[13] 이곳이 원흥사지이다. 1977년 문화재관리국에서 펴낸 『문화유적총람』 선산군 조에는 '현재는 밭으로 변해 있으며 이곳을 원흥골이라 부르고 있다. 이 동네 입구에는 복련伏蓮이 양각된 원형 주초석柱礎石과 부도대석浮屠臺石으로 보이는 석재가 있다. 부도대석은 상면 가운데 2열 8각의 구획을 돌출하여 새기고 측면에는 각면 상부에 복면연화複瓣蓮花와 그 하부에는 장타원형의 안상眼象이 새겨져 있다. 주민의 말에 의하면 밭 가운데 주초석으로 보이는 자연석 5개를 땅속 깊이 파묻었다고 한다. 주위에는 기와편이 산재하고 있다'[14] '원흥사元興寺'

〈도 14〉 '원흥사'명 기와

란 명문이 있는 수키와 2점이 수습되었다. 자정국존慈淨國尊으로 추증된 미수彌授(1239~1327)의 비문에도 그 사명이 보인다. 13세에(1252) 원흥사 종연 당하 元興寺 宗然 堂下에 나아가 머리 깎고 구족계를 받고 경론을 익혔다.[15] 문인 314명 명단 중 그 첫 번째로 거명된 원흥사 주지 도승통 대사 거현元興寺 住持 都僧統 大師 居玄이다.[16] 원흥사는 유가종의 사원이었다.

그런데 원흥사는 일선 읍치와 가까이 같은 낙동강 동안에 위치하였다. 『신증동국여지승람』 고적에 고일선古一善은 냉산 서쪽 여차니진餘次尼津 동쪽 1리

---

13) 『朝鮮寶物古跡調査資料』, 朝鮮總督府, 1942, 292쪽.
14) 文化財管理局, 『文化遺蹟總覽』 中, 1977, 329쪽.
15) 「法住寺慈淨國尊普明塔碑」, 『韓國金石全文』, 1154쪽, "十三投 元興寺宗然堂下 剃度受具習經論".
16) 위의 비문, 위의 책, 1156쪽, "門人慈恩敎觀元興寺住持 都僧統大師居玄".

에 있다고 하였다.[17] 이로 보면 일선현 읍치는 낙동강 안에 위치하는데 이규보 시에서 황려를 언급하면서 묘사한 '강성江城' 혹은 '수국水國' 곧 물고을이었다. 적어도 조선 초에는 낙동강 서쪽으로 강에서 멀어진 곳으로 이동하여 강의 범람에 대비하여 보다 안전한 곳으로 읍치가 이동하였다.

24. 십일일에 일찍 원흥사를 출발하여 靈山部曲에 이르다

(운을 찾다가 人자를 얻었다探韻得人字.)十一日 早發元興 到靈山部曲

영산은 가장 궁벽한 고을이라	靈山最僻邑
오가는 길이 아직도 황무하구려	客路尙荒榛
흉년이 드니 도망하는 가호가 있고	歲儉有逋戶
백성이 순박하니 노인이 많구려	民淳多老人
누른 닭은 꼬끼요 하고 울고	黃鷄啼呢喔
푸른 쥐는 찍찍 소리를 내누나	蒼鼠出嚊呻
몇 명의 검은 옷 입은 아전이	數箇緇衣吏
놀라 달리기를 손 맞는 것처럼 하네	驚馳似迓賓

원흥사를 일찍 출발하여 영산부곡에 이르렀다. 영산부곡靈山部曲은 원흥사와 가까운 거리에 있다. 다음이 '낙동강을 지나다'라는 시제詩題이므로 원흥사와 육로로 얼마 떨어져 있지 않았다. 영산부곡은 상주 17개 부곡중에 일치하는 것이 없다. 1915년 지도에 가덕 지명에서 북쪽 바로 위에 영산連山 지명이 나오고 연접하여 있으므로 영산부곡靈山部曲은 연산부곡連山部曲을 말하는 것으로 추정된다. 연산부곡은 『신증동국여지승람』에 '낙동강 동東 5리里에 있고 염창鹽倉이 있다'라 하였다. 이규보의 동선 일정으로 보아 선산 가덕부곡에

---

17) 『新增東國輿地勝覽』卷29, 善山 古跡 古一善.

위치한 원홍사에서 영산부곡을 거쳐 다시 낙동강을 지나 용암사龍巖寺에 이른다. 그러므로 영산부곡은 연산부곡으로 추정된다.

'연산' 지명은 일제시기에 연밭을 조성하여 연산이라 하였다. 현재는 행정구역 개편으로 구미시에 속하며 용산이라 한다.[18] 『신증동국여지승람』 기록에 의하면 연산 지명은 일제시기 이전부터 사용한 것이다. 연산, 영산, 용산은 비슷한 발음으로 서로 상통하는 것이 아닌가 한다. 그리고 염창이 있어 소금을 저장하였다. 『신증동국여지승람』에서 확인할 수 있다.[19]

영산부곡은 가덕부곡과 함께 원홍사의 지배하에 있었다. 원홍사가 가덕부곡에 있다는 것으로 미루어 가덕부곡은 원홍사 사장寺莊의 범위 안에 있었을 것이다. 영산부곡도 '치의리緇衣吏'가 원홍사에서 간 이규보를 맞이함에 놀라 분주한 모습에서 원홍사 지배하에 있었을 것으로 짐작할 수 있다. 치의緇衣는 승복僧服을 의미한다. 영산 부곡리는 승려 복장을 한 것이다. 영산부곡이 원홍사에 예속되어 있었던 수원승도(사원에 예속된 승려무리)일 것이다.

25. 洛東江을 지나다 行過洛東江

백 겹으로 두른 푸른 산 속에	百轉靑山裏
한가로이 낙동강을 지나네	閑行過洛東
풀은 우거졌어도 오히려 길이 있고	草深猶有路
소나무가 고요하니 저절로 바람이 없네	松靜自無風
가을 물은 오리 머리처럼 푸르고	秋水鴨頭綠
새벽 놀은 성성이 피처럼 붉도다	曉霞猩血紅
누가 알랴 게으르게 노니는 손이	誰知倦遊客
사해에 시 짓는 한 늙은이인 줄을	四海一詩翁

---

[18] 현재 연산, 용산 지명을 다 사용하는 노인회관 간판은 이를 잘 반영한다.
[19] 지금도 들 이름을 염창으로 부른다.

낙동강을 다시 경유하면서 시 한수를 남겼다. '낙동강' 이름은 이규보 시제에서 처음 보인다. 낙동洛東을 지난다는 말을 통해 낙동강이 되었음을 짐작할 수 있다. 낙동은 곧 상락上洛의 동쪽이라는 뜻이다. 상락은 상주의 별호인데 진흥왕대 상락군上洛郡으로 칭한 적이 있다. 낙동강 이름이 붙어진 것은 상주의 별호로 말미암은 것이다.

26. 龍巖寺에 이르러 벽 위에 쓰다 到龍巖寺 書壁上

몸이 용암에 이르니 신선의 경지인 듯	身到龍巖疑玉境
입으로 구정을 맛보니 얼음물인 듯	
(문 앞에 구정이 있는데 맛이 매우 좋았다門有龜井味甚佳.)	口嘗龜井認氷漿
천금으로도 승창의 맛을 사기 어려워	千金難賭僧窓味
산 비가 낭랑한데 한바탕 잠을 잔다	山雨浪浪睡一場

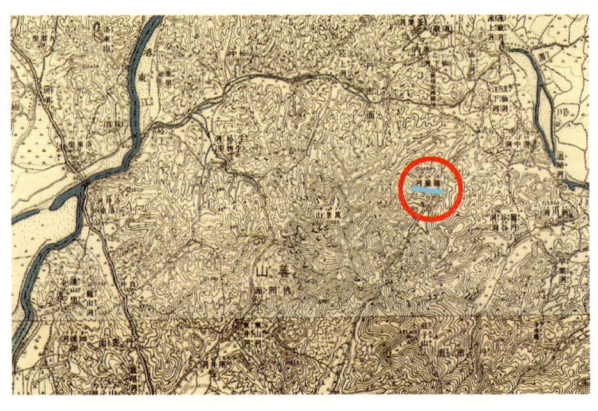

〈도 15〉 근대지도 용암동

이규보는 낙동강을 따라 북상하다가 위천渭川으로 거슬러 올라가다가 위중리에서 내려 용암사로 들어 간듯하다. 용암사는 현재 경북 의성군 단밀면 위중리 만경산萬景山 불당골에 사지가 있다.[20] 용암사지는[21] 1915년 지형도에 '용암동龍巖洞' 지명이 있는 곳일 가능성이 크다.[22] 북

---

20) 의성문화원, 『義城遺蹟誌』, 1996, 450쪽.
21) 『문화유적분포지도』 의성군, 『문화유적총람』, 『조선보물고적조사자료』 등에도 언급이 없다.
22) 현재 육종천씨의 '만경농원'이 되어있다.

쪽 대나무가 식재된 곳에 석재 장대석이 쌓여 있고 우물이 있어 이규보가 맛을 본 구정이 아닌가 한다. 그 외 장대석과 석등재 일부로 추정되는 팔각연화문 복연의 석재가 있다. 고려시기 제작으로 짐작된다. 기와편도 다수 보인다.

사寺의 내력은 황보탁皇甫倬의 기記에 자세하다. 고려 태조가 통합 초에 점지하여 6경頃을 입전入田 화엄원교華嚴圓敎를 천양하는 곳으로 하였다. 지난 갑오년(1174년(명종 4))에 손수 조서를 내려 주지 운미雲美에게 가난을 구제하고자 부처님께 빌게 하니 운미가 이곳을 택하여 1178년(명종 8)에 착공 1179년(명종 9) 준공하니 모두 87간이었다. 명종明宗이 비妃의 추복追福 장소로 하였다. 이규보가 방문한 시점이 1196년(명종 26)이고 아직 최충헌이 막 집권한 시점이어서 명종의 불교 기반을 해체하기 전이다. 용암사가 중수되어 상당한 경제력을 가졌을 때였다.

『상산지』 고적 고도 조에는 "만경산고성 단밀면 남편에 있으니 고려 태조때 성을 쌓고 사찰을 세웠으며 이로써 창고를 지키게 하였다. 성이 험한 데에 위치하고 물이 많고 골이 깊으며 남으로 큰 강에 임하고 북에는 평야가 있어 좋은 성이었으나 지금은 없어지고 만경사만 남았다"라 하였다. 용암사는 태조가 신검과 일리천 전투에서 승리하고 도움이 되었던 만경고성에 전승을 기념하는 사찰로 건립된 것으로 보인다. 조선시기에는 만경사로 사명이 바뀌었다.

27. 십육일에 중용자中庸子의 시운을 차하다 十六日 次中庸子詩韻

기반羈絆이 이르지 않는 곳에	羈紲不到處
흰 구름 속의 스님 스스로 한가하여라	白雲僧自閑
연기 빛은 황혼의 나무에 쌓이고	煙光愁暮樹
솔빛은 가을 산을 호위하누나	松色護秋山
지는 해에 찬 매미는 어지러이 울고	落日寒蟬噪
긴 하늘에 게으른 새는 둥우리로 돌아가네	長天倦鳥還

| 병중에 매우 손을 두려워하여 | 病中深畏客 |
| 대낮에 솔 문을 잠가버렸네 | 白日鎖松關 |

용암사의 분위기가 은둔적임을 암시하는 것 같다. 용암사에는 알고 지내던 승려가 없었던 것은 아닌가 한다.

28. 십칠일에 대곡사大谷寺에 들어가다 十七日入大谷寺

돌길이 높고 낮아 울퉁불퉁한데	石路高低平不平
한가하게 과하마果下馬 타고 채찍질해 간다	閑騎果下彈鞭行
가벼운 바람은 조용히 연기 빛을 쓸어가고	輕風靜掃煙光去
지는 달은 새벽빛과 함께 밝구나	落月時兼曉色明
짧은 기슭 앞머리에서 절 방榜을 보고	短麓前頭看寺榜
비낀 배 곁에서 여울 이름을 묻는다	橫舟側畔問灘名
외로운 마을 어느 곳에서 부는지 쓸쓸한 피리 소리	孤村何處吹寒笛
타향에서 병을 앓으니 쉽게 슬퍼지는구나	抱疾他鄕易惱情

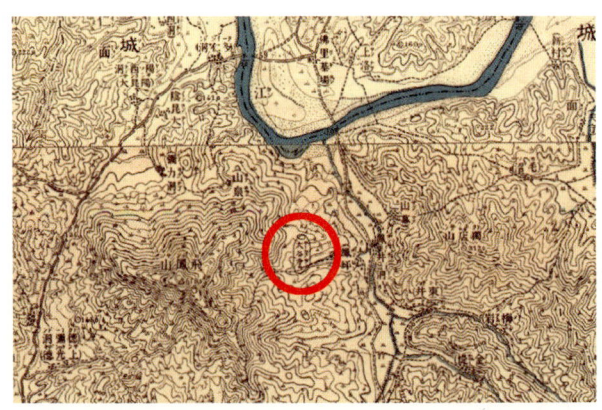

〈도 16〉 근대지도 대곡사

이규보는 용암사를 방문하고 다시 위천渭川을 따라 낙동강으로 나온다. 계속 북상하여 삼강나루에서 비봉산飛鳳山 북쪽의 낙동강을 따라 들어 대곡사에 이른 것 같다. 울퉁불퉁한 돌길을 과하마 타고 이동하였다. 대곡사는 현재 의성군 비봉산에 있다. 그 부속 암자인 진영각眞影閣이 있는 곳이 초창지인 것으로 추정된다.[23] 다인면 봉정리 894번지에 있다.[24]

『동계집』에는 고려 말 지공指空에 의해 창건된 것으로 전하나,[25] 이규보의 남유시에 사명이 나타나므로 그 초창은 이규보가 상주를 방문한 1196년(명종 26)보다 더 소급된다. 1960년 절 앞 탑밭에서 금동불상이 출토되었는데 보살 입상으로 높이가 9.4cm이다. 조성연대는 통일신라 후기로 추정한다. 13층 청석탑은 고려시기 작으로 추정된다.

대곡사가 있는 지역은 의성군 다인면이다. 1274년(명종 4) 다인현은 예천군에 속한 바 있다. 원종대 임지한林支漢이 동도東都의 최종崔宗, 최적崔積, 최사崔思의 반란을 진압하는 데 공을 세운다. 벼슬 대신 상주 관내 다인현多仁縣을 본군(예천)에 이속해 줄 것을 청하여 허락받았다.[26] 이규보 방문시에는 다인현이었다. '타향에서 병을 앓으니 쉽게 슬퍼진다'라 한 것으로 보아 이규보는 8월 17일 대곡사에 들렀던 당시에도 완쾌되지는 않았다.

29. 처음으로 용궁군龍宮郡에 들어가다初入龍宮郡

처음으로 용궁군에 들어서니	初入龍宮郡
누각이 숲 속에 우뚝 솟았네	林端出麗譙
관기의 웃음은 와수渦水처럼 둥글고	渦圓官妓笑
현리縣吏의 허리는 경쇠처럼 꺾이었네	磬折縣胥腰
출렁대는 물은 차갑게 언덕을 흔들고	激水寒搖岸
늘어진 버들은 푸른 그늘 다리에 비치네	垂楊綠映橋
주민은 모두 토착한 사람들	居民皆地着

---

23) 의성군, 『義城郡誌』, 1987, 127~128쪽.
24) 『문화유적분포지도』 의성군, 의성군·대구대 박물관, 42쪽.
25) 『醴泉郡太行山大谷寺重創記』, 『東溪集』 卷2.
26) 『新增東國輿地勝覽』 卷24, 醴泉 人物 高麗 林支漢.

뱁새도 유유자적하게 노니누나   斥鷃亦逍遙

30. 용궁현 원이 맞아 잔치하므로 한 수首를 구점口占하다 縣宰邀宴 口占一首

하양에 가득한 복숭아꽃 오얏꽃을 구경하며   喜看桃李滿河陽
현가를 들어보니 뜻밖에 호성에 이르렀다   不意絃歌至虎城
섬섬옥수야 비파 타기를 사양하지 말라   纖玉莫詞彈錦瑟
병중에도 풍정은 줄어들지 않았단다   病中猶未減風情

고려시기 용궁현 치소는 현재 향석리 향석초등학교 운동장 일대에 위치한다. 내성천변에 있다. '출렁대는 물은 차갑게 언덕을 흔들고'(시29)라는 시구에서도 짐작된다. 1856년(철종 7) 6월에 내성천의 범람으로 침수되어 무너졌다. 새

〈도 17〉 대동여지도 용궁 구읍

〈도 18〉 향석초등학교(지금 폐교)　　〈도 19〉 축암 석각

로 북하면 가야리에 새청사를 지었다(현재 용궁면사무소). 대동여지도에는 '구읍'이라 표기되어 있다.

고려시기 용궁현 객사지는 현재 향석초등학교 자리이다. 운동장 동쪽에는 객사의 주초석이 유존하고 있다. 중앙의 기둥을 세울 곳은 지름 44cm의 원형으로 다듬어졌고 그 주변에는 연화의 잎이 양각되어 있어 통일신라시대 후기의 것으로 추정된다. 원래 여러 개 남아 있었으나 용궁향교 대성전 중건 시 초석으로 사용되었다. 학교 운동장 쪽에 기와편이 조금 보이고 북편 산쪽에 '축암竺岩'이라 새긴 석재가 있었다. 용궁의 별호 축산을 의미한다면 이곳이 용궁의 치소임을 보여주는 것이다.

〈도 20〉 향석리 삼층석탑, 석조불상

삼층석탑과 석조불상이 있는 사원지도 향석초등학교에서 서편 100m 지점에 있다. 탑의 제작 시기는 나말여초로 추정된다. 석조불상은 고려 초에 제작된 것으로 보고 있다. 고려시기 용궁현의 치소 인근에 자리한 자복사(고을 안녕을 기원하는 절)로 짐작된다.

'주민은 모두 토착한 사람들, 뱁새도 유유자적하게 노니누나'(시29)라 하여 주민들이 모두 토착하여 안정되었다. 아름다운 경치와 함께 '뱁새도 유유자적하다'라는 표현은 영산부곡의 '흉년이 드니 도망하는 가호가 있고 백성이 순박하니 노인이 많구려'(시24)라 한 상황과 대조적이다. 또한, 주읍인 상주의 인상을 읊은 시에서 '비늘같이 많은 집들 용이 주두에 얽혔네'(시2)라 하여 주읍의 화려함을 말한 것과 비교하면 주읍-속군-부곡의 계서적 격차를 알 수 있다.

31. 십구일에 장안사長安寺에 묵으면서 짓다 十九日 寓長安寺有作

산에 이르니 진금을 씻을 수가 있구나	到山聊得滌塵襟
하물며 고명한 중 지도림을 만났음에랴	況遇高僧支道林
긴 칼 차고 멀리 떠도니 외로운 나그네 생각이오	長劍遠遊孤客思
한잔 술로 서로 웃으니 고인의 마음일세	一杯相笑故人心
맑게 갠 집 북쪽에는 시내에 구름이 흩어지고	天晴舍北溪雲散
달이 지는 성 서쪽에는 대나무에 안개가 깊구려	月落城西竹霧深
병으로 세월을 보내니 부질없이 잠만 즐기며	病度流年空嗜睡
옛 동산의 소나무와 국화를 꿈속에서 찾네	古園松菊夢中尋

〈도 21〉 근대지도 장안사

장안사는 현재 예천군 용궁면 향석리 435번지에 있다.[27] 향석리 관아지에서 내성천이 건너 보이는 용비산의 중턱에 위치한다. 장안사 뒤편 용비산 정상부에는 산성이 있다. 용비산성으로 부르고 있으나 일명 원산성이라고도 한다. 용비산성龍飛山城은 석축石築에 주周871척尺 고高7척尺이고 내內는 3천泉 군창軍倉이 있다.[28] 주변이 3강으로 둘러싸인 천연의 요새이다. 테뫼식으로 성벽 높이는 1.5~3m 정도에 주위는 1km

---

27) 예천군, 『醴泉郡誌』, 1988, 749쪽.
28) 『新增東國輿地勝覽』 卷25 龍宮縣 城郭.

정도 된다. '달이 지는 성 서쪽 대나무에 안개가 깊구려'라는 시구에 '성城'은 바로 용비산성이다. 『삼국사기』 벌휴이사금 7년 기록에 등장하는 원산향圓山鄕은 용궁으로 비정한다. 용궁은 사로국시기에 소국의 하나로 보인다. 원산은 축산과 더불어 용궁의 별호이다. 용궁은 고현이었으나 지금은 예천의 중심이 되어 있다.

32. 이십일일에 하풍강河豊江에 배를 띄우다 二十一日泛舟河豊江

푸른 호수에 목란 배를 가볍게 노질하니	碧湖輕棹木蘭舟
눈에 가득한 연기 물결이 모두가 시름일세	滿目煙濤摠是愁
금년에는 점점 작년 모양이 아니라	今歲漸非前歲貌
타향에서 도리어 고향에서 놀던 것을 생각하네	異鄕還憶故鄕遊
용추에 날이 저무니 구름이 모이고	龍湫日暮腥雲合
난령에 가을이 차지니 장기가 걷히누나	鸞嶺秋寒瘴氣收
길이 끊어져서 방호에 갈 계책이 없으니	路斷方壺無計往
옥지가 창주에 늙는 것을 어찌할 수 없구려	玉芝無奈老滄洲

안동부 견항진犬項津 예천군 사천沙川과 생화천省火川의 물이 용비산 아래에서 합하여 하풍진河豊津이 된다.[29] 하풍진은 안동부에서 흘러드는 물줄기와 예천군에서 흘러드는 물줄기(사천 내성천) 및 용궁 서북쪽의 물줄기(생화천)가 합류하는 곳에 자리하였다. 이규보가 장안사에서 묵고 배를 띄운 곳은 용비산 아래쪽 하풍진으로 추정된다.

---

29) 『新增東國輿地勝覽』 卷25 龍宮縣 山川.

33. 이날 길을 잘못 들어 밤에 협촌脇村에 이르러 자다是日迷路 夜到脇村宿

골짜기에 들어오니 주린 범이 두렵고	入谷畏飢虎
숲속을 뚫고 가니 자는 까마귀가 놀라누나	穿林驚宿鴉
서너 집 있는 산촌에서 자니	三家村裏宿
굳이 뉘 집이냐고 물을 것 있으랴	何必問誰家

매협촌은 이규보가 길을 잃고 잠을 잔 곳이다. 1915년 제작 지형도에 '협촌挾村' 지명이 확인된다. 지금 매협리梅俠里로 추정된다. 『상산지』 산천조에는 "매악산梅嶽山은 마니산 남쪽에서 온 산맥이니 낙동강에 임해 있다. 동은 승지 조우인이 퇴거한 곳이고, 남쪽은 매호동이니 판서 정경세가 복거하던 곳으로 지금 유지가 있다"라 하였다.

낙동강 일원을 다니는 선유船遊는 이규보의 상주 여행의 백미라 할 수 있다. 12~33시는 모두 21수가 되며 상주에서의 시 중에서 절반에 가깝다. 이용한 배는 목란선인데 난간欄杆과 각閣 혹은 정亭이 있는 배로 거기서 잠을 잘 수 있는 규모로 생각된다. 수행 인원은 배의 노 젓는 사공, 향리 등 약간명이 수행한 듯하다. 낙동강 일원의 수계와 연결된 사원과 속현을 다니는 코스였다. 용포에서 호계현의 견탄까지 그리고 다시 원흥사 앞까지 일정의 선유는 목란선에서만 두 밤을 지냈다.

선유 중 때로는 수촌水村과 사호沙戶에서 구해 온 백주白酒를 마시기도 하였는데 시

〈도 22〉 근대지도 매협리

흥을 돋우려는 것으로 보인다. 이규보는 술과 시의 관계에 대해 남긴 「우음偶吟」에서 '술이 없으면 시도 멈춰지고 / 시가 없으면 술도 물리치니 / 시와 술은 모두 즐기는 것으로 / 서로 만나 둘 다 가져야 하네 / 손이 시키는 대로 한 구를 쓰고 / 입이 시키는 대로 한 잔을 기울이니 / 어쩌다가 이 늙은이가 시벽詩癖과 주벽酒癖을 모두 갖추었네'라 하였다.30) '노자老子'라 자신을 칭한 늙은 시절에 지은 것이지만 젊은 시절부터 시 창작 습관에 음주가 따랐음을 짐작할 수 있다.

좋은 경관을 보면 시를 남기는 습관이 있었고 후일 다시 음미하고 울적함을 벗어나려는 것이라 한 바 있다. 당시 사족 관인층은 여행에서 시를 남기고 서로 차운하여 교류하는 문화가 있었고 이에 강남시 혹은 남행집 이름으로 시집을 남긴 것으로 보인다. 곧 여행 기념 앨범인 셈이다.

낙동강 일원에서 경관은 용포 부근 새벽의 맑은 강, 싸늘한 물기운, 호계현의 견탄에서의 깊은 밤, 밝은 달, 빠른 물결이 돌에 부딪힘, 맑은 물에 뛰는 고기, 달아나는 게 등 경관에 취하여 봉래蓬萊, 영주瀛洲(신선의 땅)의 감상이었다. 원흥사 앞 선상에서는 고기잡이 노래와 상선의 피리 소리가 멀고 가까운 데서 들리는 가운데 하늘은 높고 물은 맑으며 모래는 밝고 언덕은 희었다. 물결 빛과 달그림자는 뱃 집에 출렁대고 앞에는 기이한 바위와 괴상한 풀이 있었다. 여기서 강호江湖의 낙을 얻었다고 하였다. 견탄에서 밤 풍광을 봉래蓬萊의 감상으로, 원흥사 앞 밤 분위기는 강호江湖의 낙으로 각기 선경仙境과 속세俗世로 대조하였다. 원흥사 앞에는 많은 상선과 고기잡이배가 있었기 때문으로 생각된다.

낙동강을 지나면서 풍광에 대한 감상은 '종일토록 호수 가운데 있어 / 오래도록 배 띄우는 역사를 통솔하였네 / 예전에는 병풍 그림 속의 사람을 부러워

---

30) 「우음」, 『동국이상국집』 후집 권9 고율시, "無酒詩可停 無詩酒可斥 詩酒酒皆所嗜 相値兩相得 信手書一句 信口傾一酌 俱得詩酒癖…"; 김용선, 앞의 책, 2013, 215쪽.

했는데 / 지금은 병풍 속의 사람이 되었구려'(시13)라 하였다. '여울 이름은 땅을 따라 바뀌고 / 산빛은 배를 쫓아 돌아오네'(시14), '갠 호수에 물결 고요한데 팔을 베고 졸다가 / 꿈을 깨고 머리를 드니 모래 언덕이 달라졌어라'(시16), '한 삿대로 흐르는 강물 휘저어 가니 / 쓸쓸한 가을 팔월이로다'(시17), '백 겹으로 두른 푸른 산속에 / 한가로이 낙동강을 지나네', '가을 물은 오리 머리처럼 푸르고 / 새벽 놀은 성성이 피처럼 붉도다'(시25)라 하여 낙동강의 풍광을 이상향, 강렬한 색감, 그리고 역동성으로 노래하였다.

3) 상주 치소 일원 방문

34. 尙州에 들어와 東方寺에 묵는데, 朴君文老와 崔秀才와 金秀才가 기생과 술을 준비해 찾아왔기에 한 수를 구점口占하다

入尙州 寓東方寺 朴君文老 崔金兩秀才携妓酒來 訪口占一首

술 들고 푸른 산 찾은 그대 고맙소	感君携酒訪靑山
눈으로 보는 사이 무한한 감회가 복받치는구료	無限襟懷目擊間
아직도 미친 마음 예전 버릇 그대로 남아 있어	尙有狂心餘舊習
자주 눈을 들어 미인을 주시하네	屢擡雙眼注紅顔

35. 박군과 최군이 화답하기에 다시 차운하여 답하다 朴崔二君見和 復次韻答之

마치 가을 산처럼 벌건 민둥머리가 부끄러워	羞看禿髮似秋山
병후의 여생이 꿈꾸는 사이로세	病後餘生夢寐間
한 해를 삼분하면 이분은 누웠으니	一歲三分二分臥
가련하다 차츰 늙어가는 것이	可憐從此換朱顔

날이 밝자 이규보가 상주로 들어가는 길은 다시 수로를 이용하여 병성산

북편의 북천을 따라 동방사에 이르렀다. 동방사 일대는 북천 남천이 합류하는 곳과 가깝다. 동방사도 명확한 위치가 알려지지 않는다. 다만 『동해사사실기東海寺事實記』에 "(상주)지형이 배가 가는 형국과 같아서 돛에 해당하는 부위에 일석을 두고 동쪽 외곽에 있는 곳에 걸어 두었는데 이는 노를 멈추고 배를

〈도 23〉 복룡동 당간지주석

묶어 두는 의미이다. 또 멀리 수구의 허한 곳에 가산假山을 만들고 두 하천(북천과 병성천)사이의 허한 곳에 동방사를 세웠다."라[31] 하여 현재 복룡동 당간지주伏龍洞 幢竿支柱가 위치한 일원이 북천과 병성천 사이에 위치하여 동방사가 아닌가 한다. 돛을 건 일석은 당간지주로, 가산으로 추정되는 것으로 앙산央山으로 보면, 이러한 상황 설명은 대체로 복룡동의 당간지주가 있는 곳이 동방사임을 보여준다. 불교 유적이 풍수적 관념으로 재인식된다. 당간지주를 '진기석鎭基石'으로 인식하여 조선후기 상주 읍성도에 그려져 있다. 동방사는 상주 수해 피해가 상습적으로 일어날 수 있는 곳에서 이를 감시하기 위해 설치한 비보사사의 한 예이다.

복룡동 당간지주는 1969년 상주지구 고적 조사를 한 정영호 교수의 보고서 사진에는 얕은 구릉 위에 있었다. 이 일대는 논으로 조성되기 전에는 구릉지를 형성하여 용이 엎드린 형상이라 하여 복룡동으로 불린 것이다. 지형과 동명이 바로 연관됨을 알 수 있다. 복룡동 당간지주의 제작 연대는 통일신라기

---

31) 『東海寺事實記』, 1881, "地形行舟 一石之帆 卦在東郊 此是 停棹維舟之義也 又以水口虛遠 造假山 捏二川之中虛 東方寺".

로 알려졌다. 대읍 상주의 도시가 발달하여 대규모 사원이 성립되기에 이른 것이다.

최근 복룡동 일대 발굴조사 결과 대형 건물지가 일부 발굴되었다. 8~9세기 것으로 추정되고 당간지주 역시 통일신라시기의 것이므로 신라 시기부터 존재한 사찰이었다. 발전소 관사 마당에서 발견된 복룡동 석조좌상은 고려 초 석불상으로 알려져서 고려 초에도 사찰 기능이 계속되었다. 고려 시기 각 비보사사가 정비되면서 동방사가 자복사로 되었을 것이다.

동방사에 묵으면서 이규보는 박문로, 최수재, 김수재 등이 준비한 기생과 술 때문에 다시 옛 버릇이 발동하는 심정을 '아직도 미친 마음 예전 버릇 그대로 남아 있어 / 자주 눈을 들어 미인을 주시하네'(시34)라 읊었다.

〈도 24〉 복룡동 석불좌상

36. 구월 이일 書記가 公舍에 자리를 베풀고 맞이하였는데 취하여 한 수를 주다 九月二日 書記開筵公舍見邀 醉贈一首

서진에서 화려한 잔치 화당에 베푸니	犀鎭紅筵闢畫堂
아름다운 귀인들 많이도 모였네	綺羅交闐玉簪光
광대는 신이 나서 많은 웃음 이바지하고	優人得意多供笑
기생은 뜻 맞추느라 화장 자주 고치네	官妓承歡屢整粧
석죽 치마 펄럭이니 버선목 살며시 드러나고	石竹裙飜微露襪
앵두빛 귀여운 입술 가냘프게 피리 불어	櫻桃口小細調簧
자운이 자리에 있으니 누가 먼저 묻느뇨	紫雲在席誰先問

| 홀연히 생각한다 분사어사가 미친 것을 | 忽憶分司御史狂 |

37. 두 아이를 생각하다 2수 憶二兒二首

나에게 어린 딸 하나 있는데	我有一弱女
벌써 아빠 엄마 부를 줄 안다네	已識呼爺孃
내 무릎에서 옷을 끌며 애교부리고	牽衣戲我膝
거울을 대하면 엄마 화장을 흉내낸다	得鏡學母粧
이별한 지 이제 몇 달인가	別來今幾月
홀연히 내 곁에 있는 것 같구나	忽若在我傍
나는 본래 방랑하는 선비로서	我本放浪士
외로이 타향에 붙여 있다	落魄寓他鄕
수십 일을 술에 취하기도 하고	沈醉數十日
한 달이 넘도록 병으로 눕기도 했다네	病臥三旬强
머리를 돌려 대궐을 바라보니	廻首望京闕
산천이 푸르러 아득하구나	山川鬱蒼茫
오늘 아침 홀연히 너를 생각하니	今朝忽憶汝
흐르는 눈물 옷깃을 적시누나	流淚濕我裳
마부야 빨리 말을 먹여라	僕夫速秣馬
돌아갈 마음 날로 더욱 바빠지는구나	歸意日轉忙

| 내게 사랑하는 아들 하나 있으니 | 我有一愛子 |
| 그 이름은 삼백이란다 | 其名曰三百 |

(내가 오 낭중吳郞中의 삼백운三百韻 시를 화답하였는데, 이날 이 아이가 태어났기 때문에 이름을 삼았다予和吳郞中三百韻詩 是日兒生 因以爲名.)

| 장차 이씨李氏의 가문을 일으킬 것이고 | 將興指李宗 |

태어나던 저녁엔 강을 놀라게 했네	來入驚姜夕
네가 태어나자 골격과 이마가 기이하고	爾生骨角奇
눈이 번쩍번쩍 빛나고 얼굴도 희었었다	眼爛面復晢
고명한 세 학사가	磊落三學士
너의 탕병湯餠국수의 손님이 되었다(아이를 낳은 지 칠일에 낭중郞中 오세문吳世文·원외員外 정문갑鄭文甲·동각東閣 유서정兪瑞廷이 와서 방문하고 시를 지어 서로 하례하였다吳郞中世文鄭員外文甲兪東閣瑞廷來訪 作詩相賀.)	作爾湯餠客
시를 지어 농장을 축하하니	綴詩賀弄璋
사와 운이 금석같이 쟁쟁하였다	詞韻鏘金石
바라노니 네가 그 사람들 닮아서	願汝類其人
재명이 원백을 초월하기를	才名軼元白
내 평소 얼굴 펼 날이 적었는데	我生少展眉
너를 얻고 나서는 언제나 웃고 희롱한단다	得汝長笑謔
가끔 남을 대해 자랑도 하여	往往向人誇
비로소 아이 칭찬하는 버릇이 생겼다	始得譽兒癖
중하인 오월에	仲夏五月天
처음으로 장안에서 이별하였지	初別長安陌
세월만 보내며 만 리의 객이 되어	遷延客萬里
홀연히 붉게 물든 단풍잎을 보았네	忽見霜葉赤
시절은 날로 바뀌는데	時節日遷代
내 병은 날로 깊어만 가누나	我病日云劇
서뢰를 어루만질 길이 없으니	無由撫犀顱
슬퍼서 가슴이 아프다	惻惻傷胸膈

38. 십오일에 여사旅舍에서 회포를 쓰다 十五日 旅舍書懷

강성에서 날마다 술만 마시고	江城連日飮
(황려黃驪를 가리켜 말한 것이다指言黃驪.)	
만국에서 반년을 머물렀네	蠻國半年留
이불이 얇으니 고향 꿈이 드물고	衾薄疏鄕夢
옷이 점점 헐렁해지니 나그네 시름 때문이네	衣寬洩旅愁
서릿발은 차가운 달과 빛을 다투고	霜華寒鬪月
쌀쌀한 산색은 가을이 깊어가네	山色冷磨秋
임공 원에게 알리노니	爲報臨邛令
사마상여가 오랫동안 벼슬하기를 싫어했다오	相如久倦遊

39. 남창에 깊이 잠이 들었는데 꿈에 장안에 이르렀다가 깨어 기록하다
南窓熟睡 夢到長安 覺而志之

남창에 한나절 틈을 타서 졸다가	南窓半日偸睡
꿈에 낙양 성시에 이르렀네	夢到洛陽城市
깨어보니 그대로 한 침상에 누워 있는데	覺來猶臥一床
벌써 수많은 산과 물을 지냈구려	已度千山萬水

40. 장안長安을 생각하다 憶長安

만리 강산에 병든 이내 몸	萬里江山一病身
동화문의 향기로운 티끌을 꿈속에 밟았네	東華夢踏軟香塵
장안이 하늘에 오르기처럼 가기 어려운 곳은 아닌데	長安不是天難到
장포에 병들어 눕게 하여 지체하게 하네	漳浦沈嬰泥殺人

41. 여사旅舍에서 감회가 있어 고인古人의 운에 차하다二十一日 旅舍有感 次古人韻

적막하게 남의 집에 붙여서	寂寞寄人宅
오래 머물러 세월만 보내누나	淹延費歲華
메밀꽃은 흰 눈을 펼치고	麥花鋪白雪
단풍잎은 붉은 놀이 물들었네	楓葉染丹霞
나무가 늙으니 버섯이 주렁주렁	木老看垂菌
못이 차가우니 연잎이 시드누나	池寒吊敗荷
언제나 장안에 갈까	長安何日到
멀리 푸른 하늘만 바라보노라	目斷碧天涯

서기가 자리를 베풀고 맞은 공사는 상주 관아다. 관아지는 지금 상주 도심 왕산을 배경으로 남쪽에 배치되었을 것으로 추정된다. 관아지를 읍성으로 둘러싼 계기는 고려 말 우왕대 상주에 침입한 왜구의 노략질을 7일간 당하고 난 뒤 상주 판관 전리田理가 시축始築하였다는 데서 짐작된다. 그 전에 도심의 읍성은 존재하지 않았던 것 같다.

객사명은 성종대 순화별호에 따른 상산관商山館이고, 충렬왕대 김영후金永煦 목사가 중건했다. 안축安軸이 1343년(충혜왕 4)에 상주목사로 부임하여 남긴 객관기客館記가 전한다. 그에 따르면 "내가 상주목사의 명을 받고 이해 4월에 주에 도임 정사를 보니…옛적에 해우廨宇 주학州學 신사神祠 불사佛寺가 모두 퇴비하고 오직 객사만 웅대하고 수려하여 이쪽 영남에서는 제일 훌륭하여 청당廳堂과 기위基位의 규모며 포치가 굉장하니 스스로 여유가 있고 그 마땅함을 얻었으므로 혼자 내심에 이는 반드시 속인의 범상하게 만든 것이 아니라고 생각되어 읍인에게 물었더니 지금 정동성낭征東省郎으로 있는 김상국영후金相國永煦가 세운 것이라 한다. 상주는 팔달지구八達之衢에 있어 사명 받은 사신의 역마가 하루도 끊일 날이 없다. … 그는 주민을 사역할 수 있음을 알고 재물을 모으고 부역을 명하여 기한을 정하고 기공하니 … 짧은 시일 내에 객관이 완성되고 또 본관의 서편에 소관小館을 별도로 세우니 이제 비록 사신이나 빈객이 많이 오더라도 유숙하는데 여유가 있게 되니 읍인들도 안심하게 되었다" 라 하였다. 이로 보면 이규보가 머문 여사는 객사 건물 가까이에 따로 마련되었거나 객사 건물에 부속된 것인지도 모른다.

〈도 25〉 근대사진 상산관

서기 최정빈이 공사에서 주관하는 환영연을 베푸는 모습이다. '아름다운 귀인들 많이도 모였네'(시36)라 하여 상주의 중요 인사들이 많이 모인 자리이다. 다수의 광대, 기생이 흥을 돋우었다. 상주에 들어오면서 기억한 기생 '자운'이 함께 자리하였다.

여사에서의 회포에 관한 시에는 두 아이 딸과 아들에 대한 생각, 서울로 돌아가고 싶은 간절함이 드러난다. 그동안 '매일 술을 먹고, 반년 아프고'라 하여 마음의 갈등을 병과 술로 자학한 것을 술회한다. 그러면서도 '언제나 장안에 갈까 / 멀리 푸른 하늘만 바라본다'(시41)라 하여 서울로 복귀를 마음으로 간절히 구하였다.

42. 구일에 자복사資福寺의 늙은 주지를 찾아 머물러 마시다

九日 訪資福寺住老 留飮

문 앞에 찾아오는 백의가 없어	門前不見白衣來
홀로 절을 향하여 술을 찾는다	獨向僧家索酒杯
머리엔 꽃가지 가득 꽂고 입엔 향기 넘치니	枝挿滿頭香滿口

| 황하로 하여금 헛되게 핀 것을 한하지 않게 하였네 | 免敎黃花恨虛開 |

자복사는 앞서 낙동강 일대를 여행하고 돌아와서 묵은 동방사를 지칭하는 것으로 생각된다. 자복사는 읍치 주변에 설치되어 읍의 복을 비는 의미에서 붙인 보통명사이다. 고유 명사인 동방사를 보통명사로 지칭한 것으로 생각된다. 앞서 동방사에서 묵으면서 주연을 베푼 바도 있었기 때문이다. 9일은 곧 중구일이다. 이는 고려에서 9대 속절로서 봄의 상사 곧 3월 3일과 함께 사찰을 방문하는 기념일이었다. 이규보는 개경으로 돌아간 이듬해에 지은 시에서 '중구일에 손앓이로 나가 놀지 못하다'라는 시제로 쓴 시에서 '지난 해 상주에서 중구절을 지낼 적에 병으로 오래 누워 술을 마시지 못하고 억지로 지팡이를 짚고 스님을 찾아가 손수 향불을 피워 향내를 맡았더라'라 하였다. 이 시구에 시주를 붙여 '나의 남행집南行集에 중구에 자복당두를 찾은 시가 있다'라 하여 이 시를 다시 언급하고 있다. 여기서는 당시에 술을 마시지 않고 향내만 맡았다고 하였다.

43. 집을 생각하다 思家

편지는 이제야 세 번 이르렀는데	雁信方三到
달은 이미 다섯 번이나 기울었네	蟾輪已五虧
허물어진 울타리에는 이슬 젖은 국화요	荒籬殘露菊
차가운 나무에는 서리 맞은 배가 익었으리	寒樹爛霜梨
머리가 까맣게 윤빛나는 딸이 매우 그립고	最憶鴉頭女
이마가 헌칠한 아들놈도 생각나누나	還懷犀角兒
성 동쪽 외로운 집 한 채	城東一區宅
누가 즐겨 지붕을 이어 주리	誰肯葺茅茨

위의 시는 서울 집과 소식이 세 번에 이르고 그동안 세월은 5달이나 지났음을 말한다. 딸과 아들에 대한 그리움 집 주변의 정경을 그린 시로 심한 향수가 배여 있다. '허물어진 울타리에는 이슬 젖은 국화요 / 차가운 나무에는 서리 맞은 배가 익었으리라 / 머리가 까맣게 윤빛나는 딸이 매우 그립고 / 이마가 훤칠한 아들놈도 생각나누나'라 하였다.

44. 구월 십삼일에 여사旅舍에 손을 모아 놓고 여러 선배에게 보이다

九月十三日 會客旅舍 示諸先輩

우리 이씨는 본래 신선의 자손이라	我李本仙枝
집이 자하동에 있다네	家在紫霞洞
사물과 본래 기機가 없어	與物本無機
일찍이 한음의 항아리를 안았는데	曾把漢陰甕
어찌하여 인간 세상에	胡爲人間世
뜻을 잃고 또 조급해 하는가	失意翻憁悾
옷을 퇴색시키는 낙양 티끌이 싫고	化衣厭洛塵
신을 떨치니 상성商聲이 나는구나	振履作商頌
도마뱀은 거북과 용을 조롱하고	蝘蜓嘲龜龍
올빼미는 난새와 봉황을 비웃는다	鴟鴞笑鸞鳳
어찌 차마 내 허리를 굽히어	何忍折我腰
둥글둥글하게 용렬한 사람을 섬기랴	突梯事傯傯
길게 휘파람 불고 국문을 나서니	長嘯出國門
세차게 흐르는 큰 강을 무시하누나	大江凌洶湧
걸음은 날쌘 원숭이를 따르고	步趁嶺猿輕
읊조림은 산새의 지저귐을 대답한다	吟答山鳥哢
진실로 돌돌한 은호殷浩와 다르니	咄咄固殊殷

차라리 황황한 공자에 비기리	遑遑寧比孔
백리후를 고루 보았으나	歷千百里侯
한산하고 용렬한 사람 기억하는 이가 없네	無人記閑冗
어찌 기로 중의 기로를 한하랴	何恨歧中歧
또한 꿈속의 꿈이로다	亦是夢裏夢
술을 얻으면 매양 부르짖어	得酒每呼叫
미친 말이 자주 많은 사람을 놀라게 했네	狂言屢驚衆
조육은 진훤을 사모하고	糟肉慕陳暄
정병은 장송을 비웃었네	井瓶笑張竦
고생스럽게 상주에 이르니	間關到尙原
두 발이 몇 번이나 부르텄던가	兩足幾繭腫
자리에 있는 손이 모두 시호라	坐客皆詩豪
재명이 심송보다 높구려	才名輕沈宋
향기로운 두주를 잔질하여	聊斟杜酒香
완적阮籍의 궁도窮途의 아픔을 씻어보세	爲洗阮途痛
피리와 노래는 오열하여 떠들썩하고	笙歌咽喧塡
좌우에는 미인이 끼었네	左右紅粧擁
옥 거울에는 열 눈썹이 열렸고	玉鏡十眉開
금 술잔은 천 손가락으로 받드누나	金盃千指奉
내가 취하여 옥 거문고를 타서	我醉拂玉琴
쾌히 두어 소리를 짓노라	快作數四聲
이 놀이가 참으로 즐거운 것이라	此遊眞可樂
뜻을 얻어 스스로 방종하였네	得意聊自縱
참으로 아름답기는 하나 내 고장은 아니다	信美非吾土
고삐를 날리며 돌아갈 시기가 임박하였네	歸期迫飛鞚

216

| 장부는 뜻에 맞게 하는 것이 귀하거니 | 丈夫貴適志 |
| 가고 머무는 것을 어찌 모름지기 개의하랴 | 去駐何須桮 |

45. 관기가 타는 비파 소리를 듣다 聞官妓彈琵琶

분포의 배 가운데서 듣는 것보다 처절하고	切於湓浦船中聽
오손이 말 위에서 타는 것보다 슬프구나	哀却烏孫馬上彈
이제야 줄 가운데 혀가 있는 것을 알겠다	始信絃中眞有舌
소리마다 이별하기 어려움을 하소연하는 것 같구나	聲聲似訴別離難

최정빈이 베푼 환영연에 대한 답례연이다. 특히 '참으로 아름답기는 하나 내 고장은 아니다. 고삐를 날리며 돌아갈 시기가 임박하였네'(시44)라는 시구에서 그동안 환영에 대한 답시일 것으로 생각된다. 그리고 서울을 떠나오게 된 동기나 여기서 푸념한 사실 등을 시구에서 나타냈다. '옷을 퇴색시키는 낙양 티끌이 싫고 / 신을 떨치니 상성商聲이 나는구나'라 한 것이나 '술을 얻으면 매양 부르짖어 / 미친 말이 자주 많은 사람을 놀라게 했네'라 한 구절이 그것이다. 그리고 정권을 잡은 무인에 대한 증오심도 아울러 드러냈다. '도마뱀은 거북과 용을 조롱하고 / 올빼미는 난새와 봉황을 비웃는다 / 어찌 차마 내 허리를 굽히어 / 둥글둥글하게 용렬한 사람을 섬기랴'라 하고, 무인들을 도마뱀, 올빼미로 비유하고 이들을 섬기지 않겠다는 다짐을 보였다.

'이제야 줄 가운데 혀가 있는 것을 알겠다 / 소리마다 이별하기 어려움을 하소연하는 것 같구나'(시45)라 하여 관기가 타는 비파 소리가 이별에 대해 처절하고 슬프게 울린다고 생각하였다.

46. 두 번째 봉두사鳳頭寺에서 놀다 再遊鳳頭寺

| 한 번 양주의 청루몽을 깨고 | 揚州一覺青樓夢 |

거듭 여악의 백련사白蓮社를 찾았네 　　　　　廬嶽重尋白社栖
화류를 놓아버릴 적에 붓도 던져버렸다 　　　花柳放時兼放筆
산승은 어찌 머물러 쓰기를 바라는가 　　　　山僧何苦乞留題

　　상주에 도착할 때 찾은 봉두사를 떠나면서 다시 찾은 것은 이곳 봉두사 근처에 향교를 방문하기 위한 것은 아닌가 한다. 시의 첫머리 '한번 양주의 청루몽을 깨고'라는 구절은 상주에서 3개월여 머무는 동안 한열병 치료, 낙동강 선유, 환영 술자리 등 좋았던 시간에서 이제 현실로 돌아와 개경으로 떠나야 할 때임을 말하는 것이다. '여악의 백사를 거듭 찾았다'라 한 시구에서 중국 남조 동진시기 여산廬山에서 혜원慧遠이 결사한 백련사를 떠올리게 한다. 혜원은 승속일체僧俗一體의 결사염불結社念佛을 지향하였다.[32] 이러한 사상경향 때문에 백련사는 승려와 사족이 교유하는 결사의 기원으로도 자주 언급되었다. 그리고 '화류를 놓아버릴 적에 붓도 던져버렸다. 산승은 어찌 머물러 쓰기를 바라는가'라는 구절에서 이규보가 봉두사를 찾은 이유가 주지의 요청에 따른 시 모임을 위한 것이라는 생각이 들게 한다. 봉두사 주지가 시에 조예가 있고 상주 지역 사족과 혹은 상주 방문 인사와의 교유가 있었음을 반영한다. 다만 이규보는 9월 14일 이날만큼은 시상이 잘 떠오르지 않았던 것 같다. 시구도 짧은 데다 '화류를 놓을 때 붓도 던져버렸다'라 한 것은 하루 전 여사에서 송별연 만찬 때와 같은 시흥이 고조되지 않는다는 것을 암시한다. 이곳에서 시회詩會가 있었던 것으로 짐작되는 만큼, 봉두사는 시문을 통한 승려와 사족의 교유 장소였다.
　　봉두사에서 '백사白社'를 언급한 만큼, 봉두사는 천태종 소속일 가능성이 크다. 평주 양공로梁公老를 전송하는 시에서 '백련장白蓮莊'에 시주를 붙여 '늘

---

32) 木村英一 編, 『慧遠硏究 硏究編』, 東京 : 創文社, 1962 참조.

함께 천수사天壽寺에서 놀았다'라 한 것으로 보아 천태종 천수사의 별칭이 백련장으로 시구에 사용한 것을 알 수 있다. 봉두사 역시 이곳에 백사를 열었다는 표현에서 천태종 소속 사원임을 짐작할 수 있다.

4) 상주를 출발하여 미륵원까지

47. 구월 십오일에 상주尙州를 출발하다 九月十五日 發尙州

듬성한 별은 빤짝빤짝 하는데	耿耿殘星在
새벽에 까막 까치를 따라 일어났네	曉隨烏鵲興
나그네 창자는 박주로 씻고	旅腸消薄酒
병든 눈은 찬 등불에 침침하다	病眼眩寒燈
행리는 촌 늙은이와 같고	行李如村老
괴나리봇짐은 야승과 같도다	囊裝似野僧
전리로 돌아가는 계획은 이루지 못하고	歸田計未遂
대궐을 생각하는 뜻은 이기기 어렵구나	戀闕意難勝
세상을 피하는 데는 고봉에게 부끄럽고	避世慙高鳳
기미를 아는 것은 계응에게 사례하노라	知幾謝季鷹
이슬이 많이 내리니 건의 뿔이 쭈그러지고	露深巾墊角
바람이 세차니 소매에서 모서리가 생기누나	風勁袖生稜
돌 사다리에는 서리가 오히려 깊고	石棧霜猶重
구름 낀 산에는 해가 오르지 않았구나	雲崖日未昇
어버이를 하직하는 두 줄기 눈물	辭親兩行淚
날이 다 새도록 가슴에 젖어 있네	到曙尙霑膺

이규보의 마음을 정리하고 다시 서울로 복귀하는 심사를 읽을 수 있다. '전

리로 돌아가는 계획은 이루지 못하고 / 대궐을 생각하는 뜻, 이기기 어렵구나'
라는 구절이 이를 잘 표현한다. 어머니를 하직하는 아픔도 나타내었다. '어버
이를 하직하는 두 줄기 눈물 / 날이 다 새도록 가슴에 젖어 있네'라 하였다.

48. 이날 서기書記가 신흥사新興寺에 나와 전송하자 최백환崔伯桓이 첫머리에 쓴 운을 차하다 是日 書記出餞新興寺 次崔伯桓首題韻

강남의 쓸쓸한 갈대꽃 가을	江南蕭洒荻花秋
멀리 노는 사람 전송하는 낭관에 감사하오	多謝郞官餞遠遊
섬섬옥수는 쟁 한 곡조를 타지 말라	纖玉莫彈箏一曲
줄마다 온갖 근심을 띠었도다	紘紘惣帶萬船愁

신흥사는 사지가 확인된 바 없다. 다만 상주에서 문경 가는 국도변 백원 부근에 '신흥新興'이라는 지명을 1915년 지형도에서 찾을 수 있어 이 일대가 신흥사일 가능성이 있다. 신흥사가 위치한 곳에서 전송하는 관례가 있었던 듯하다. 서기 최정빈이 전송하여 예우한 것을 알 수 있다. 최백환은 동방사에 찾아온 최수재(시34)일 가능성이 크다.

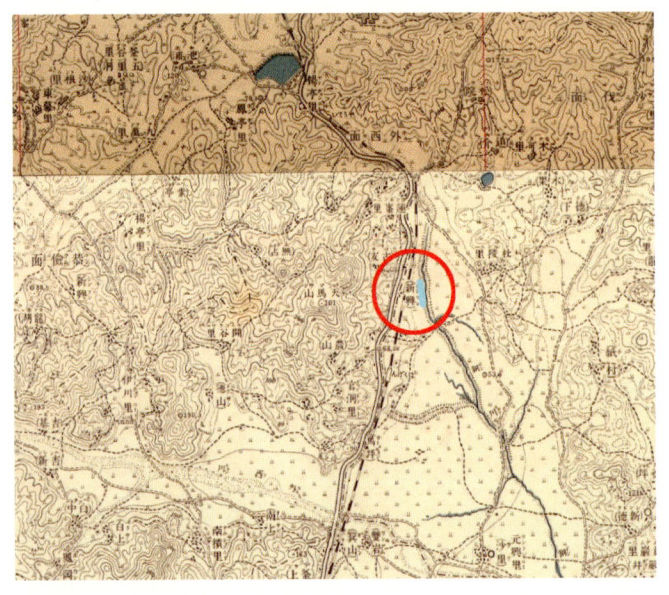

〈도 26〉 근대지도 신흥

49. 서기가 명기名妓 제일홍第一紅을 시켜 서찰을 보내어 시를 빌기에 주필走筆로 써 주다 書記使名妓第一紅 奉簡乞詩 走筆贈之

구름으로 쌍환을 만들고 달로 눈썹을 만들었구나	雲作雙鬟月作眉
어느 때나 돌아와서 다시 서로 만나볼까	刀頭相見更何時
십 년이 지나도 호주 원이 되지 못하였으니	十年不作湖州守
다정한 두목지가 길이 가소롭네	長笑多情杜牧之
남자의 마음이 여자처럼 약하여	男兒心作女兒心
이별에 임하니 은근하여 눈물이 옷깃을 적시네	臨別殷勤淚洒襟
나그네 낭탁이 비어 장물이 없으니	旅橐空來無長物
이 시 한 수가 천금을 당하리라	投詩一首當千金

위는 서기 최정빈이 명기 제일홍을 시켜 시를 요청한 것에 대한 답시이다. 주목되는 것은 상주 기생의 이름이다. '제일홍'과 앞서 이규보의 시에 공사의 환영시에 보이는 '자운' 그리고 봉두사 방문 뒤 밤에 온 '문군'이라는 기생명이다. 이들도 한곡별업까지 함께하였다.

50. 이날 해가 저물자 박군문로朴君文老가 나를 맞아 한곡별업漢谷別業에 가서 잤는데 밤에 술자리를 베풀고 짓다
是日日暮 朴君文老邀予往宿漢谷別業 夜歸置酒有作

단풍 길에 고삐를 나란히 하여	並轡丹楓路
미인을 조랑말에 실었네(이 때에 두 기생이 따랐다時二妓從之.)	
	青蛾細馬馱
안장을 내리니 마구의 말이 들레고	卸鞍喧櫪馬
횃불을 드니 숲 까마귀가 떨어지네	擡炬落林鴉

손을 사랑하여 비녀장 던지기를 기약하고	愛客期投轄
신선 놀이를 하다가 도끼 자루가 썩어 버렸네	遊仙到爛柯
나그네 정이 느끼고 붙이는 것이 많아	旅情多感寓
무릎을 치며 스스로 미친 듯이 노래하네	擊節自狂歌

이 별업(별장)은 상주 토착인 박문로의 소유로 생각된다. 한곡은 지명유래로 보면 문경읍 동쪽 요성역 동편에 자리한 것으로 추정된다. 이규보는 여기서 석별의 아쉬움도 있고 미인도 동행하여 '신선 놀이를 하다가 도끼자루가 썩어 버렸네 / 나그네 정이 느끼고 붙이는 것이 많아 / 무릎을 치며 스스로 미친 듯이 노래하네'라 하여 진탕 객고를 푸는 모습을 보였다.

〈도 27〉 근대지도 한곡

51. 다음날 박군이 남긴 벽 위의 시를 보고 그 운에 차하다
明日(9월 16일) 見朴君所留壁上詩 次韻

집은 푸른 산 짧은 기슭에 의지하고	家依靑山短麓隅
갑 속에는 거문고와 칼을 넣어 두고 탁자에는 서적을 간직하였네	匣藏琴釖庋藏書
근래에 공경의 묻는 것에 대답하기 싫어하여	邇來懶答公卿問
오히려 화양에서 은거라고 칭탁한 것을 가소롭게 여기네	猶笑華陽押隱居

위의 시에는 박문로의 한곡별업과 그의 은자로서 선비의 모습이 묘사되어 있다. 한곡별업 모습은 '집은 푸른 산 짧은 기슭에 의지하고'라 하였고, 박문로의 사士로서 분위기는 '갑 속에는 거문고와 칼을 넣어 두고 탁자에는 서적을 간직하였네'라 하였다. 거문고, 칼(검은 양날이므로 지혜로운 선비라야 다룰 수 있음), 서적 등은 선비의 지물이었다. 이규보는 유곡역에서 김군을 이별하면서 남긴 시에서 박문로를 '가인佳人'으로 표현하였다.

52. 십팔일 마상馬上에서 지어 동행하는 도사道士 김지명金之命에게 보이다
十八日 馬上有作 示同行道士金之命

고삐를 늦추고 느릿느릿 역정을 가리키니	緩轡悠悠指驛程
귓가에는 오히려 관현 소리가 들리네	耳邊猶帶管絃聲
차마 붉은 소매 미인을 가게 하고(기생이 따르고자 하기에 군이 금하였기 때문에 말한 것이다妓欲從之固禁故云.)	忍敎紅袖佳人去
홀로 황관도사와 짝지어 가네	獨伴黃冠道士行
안개 너머 먼 산은 시름에 젖은 눈썹같이 단정하고	煙外遠山愁黛斂
바람 앞의 늘어진 버들은 춤추는 허리가 가볍구료	風前垂柳舞腰輕
안장을 연하여 심중의 일을 얘기하려 하는데	聯鞍欲話心中事

말 위에서 무단히 졸음이 오려 하네   馬上無端夢易成

53. 저물게 유곡역幽谷驛에 들어가 김군과 술을 마시고 시를 주다
暮入幽與金君飮酒贈之

전생에 일찍이 좋은 인연 맺어	多生曾結好因緣
천 리 밖에 함께 논 지 반년이 지났네	千里同遊僅半年
문 밖의 푸른 솔은 여읜 나의 모습 같고	門外靑松如我瘦
뜰 앞의 푸른 대는 어진 그대와 같구료	階前綠竹似君賢
쓸쓸한 군사에 가을 내내 누웠고	蕭條郡舍三秋臥
적막한 우정에 하룻밤을 졸았네	寂寞郵亭一夜眠
다행히 집에 돌아갈 남은 힘이 있기에	幸有還家餘喘在
돌아갈 길이 먼 것을 근심하지 않노라	不愁歸路亘綿綿

위의 두 수의 시는 동행하는 도사 김지명에게 준 시들이다. 유곡역에서 함께 음주한 김군과 동일 인물로 생각된다. 따라 오는 기생을 돌려보내고 '홀로 황관도사와 짝지어 가네'(시52)라는 시구에서 유곡역까지 동행한 인물은 도사 김지명으로 생각되고, 유곡역에서 김군이 지칭한 인물은 김지명으로 볼 수밖에 없다. 반년 가까이 이규보를 수행하여 우정을 쌓은 인물로 추정된다. '전생에 일찍이 좋은 인연 맺어 / 천 리 밖에 함께 논 지 반년이 지났네'(시53)라는 구절이 이를 말해준다. 이규보는 김군을 '양우良友'라 표현하였다. 앞서 동방사에서 머물 때 기생과 술을 가지고 내방한 박문로, '최김양수재' 중에서 김수재와 동일인이 아닐까 한다.

유곡역은 현재 문경시 대성동에 있다. 성종대 22 역도 525 역으로 완성되었다. 유곡역은 현재 문경, 상주, 의성, 예천, 안동, 구미, 군위, 청송 일부까지 포함하는 광대한 지역의 역로를 관할하던 상주도尙州道에 속한 25개 역의 하나

〈도 28〉
근대지도
유곡리

였다. 홍귀달(1438~1504)의 「유곡관중수기」에는 "유곡은 영남의 인후咽喉이다.…유곡에 관사가 있는 지는 오래되었다"라[33] 하였다.

54. 다음날 또 짓다 明日又作

한곡에서 가인佳人을 이별하고	漢谷別佳人
유곡에서 좋은 친구를 이별하였네	幽谷別良友
떠남에 임하여 다시 안장을 풀고	臨行復解鞍
서로 대하여 오랫동안 말을 잊었네	相對忘言久
이별의 슬픔을 억지로 참으려고	强欲寬離愁
이 한 잔 술을 잔질하노라	酌次一盃酒
술은 박하고 근심은 더욱 깊어져서	酒薄愁轉深
옷깃과 소매에 맑은 눈물 떨어지네	淸淚滴襟袖

---

[33] 洪貴達,「幽谷驛重修記」,『虛白亭集』卷2(『韓國文集叢刊』14, 1988).

남에게 주기론 말처럼 좋은 것이 없는데	贈人莫如言
내 말을 그대는 듣고 있는지	我言君聽否
부귀는 뜬구름과 같고	富貴如浮雲
세상은 내 소유가 아니라네	身世非我有
그대 다행히 몸을 온전히 하여	子幸全其身
삼가 명예의 제물이 되지 말게나	愼勿爲名累
내 이제 서울로 향하는 것은	我今向玉京
공경公卿을 바라서가 아니니	非爲靑紫取
혼가가 끝나기를 기다려서	待當婚嫁畢
다시 이 밭두둑을 갈리라	復此耕一畝
반드시 서로 만날 때가 있으리니	相見必有時
어찌하여 이별을 슬퍼하랴	胡爲恨分手

55. 노상에서 또 읊다 路上又吟

만 리 먼 길에 홀로 가는 몸	萬里長途獨去身
말 머리에서 자주 마시니 누구를 위한 것인가	馬頭頻嘆爲何人
아침에 쇠하고 저물게 떨어지는 흐트러진 두 귀밑머리요	朝衰暮落雙蓬鬢
남으로 갔다가 동으로 돌아오는 한 갈건이로세	南去東還一葛巾
고을을 둘러싼 푸른 산은 성처럼 비껴 있고	繞縣靑山橫似郭
두둑에 가득한 누른 벼는 창고같이 쌓였도다	滿畦黃稻積如囷
가는 사람 노래하며 웃고 있는 사람 즐거워하니	行人歌笑居人樂
이것이 태평세대 몇 년째던가	此是昇平第幾春

위는 한곡에서 박문로와 이별하고, 유곡역에서 김군과 이별하고 느낀 감회를 말하였다. 서울로 향하는 것은 공경을 바라는 것이 아니라고 하고 '부귀는

뜬구름과 같고 / 세상은 내 소유가 아니라네'(시54)라는 말을 두 사람에게 하였다.

'고을을 둘러싼 푸른산은 성처럼 비껴 있고 / 두둑에 가득한 누른 벼는 창고같이 쌓였도다', '가는 사람 노래하며 웃고 있는 사람 즐거워하니 / 이것이 태평세대 몇 년째던가'라 하여 유곡역을 지나는 지역의 농사는 잘 된 것과 거주민의 평온함을 노래하였다. 앞서 용담사에서 지은 시에서 '금년에는 더구나 다시 가물어서 / 비를 기다리는 것이 목마른 것보다 심하구려 / 논밭은 모두 붉게 타서 / 곡식 싹이 무성한 것을 볼 수 없네'(시11)라 하여 8월 5일 용담사에서 본 것과는 반대되는 상황을 말하였다. 아마 이 지역 농황의 좋음을 말하는 것 같다.

56. 요성역聊城驛에서 쉬다가 벽 위에 있는 시의 운을 차하다 憩聊城驛 次壁上詩韻

하룻밤은 유곡에서 술에 취해 자고	幽谷一霄中酒宿
한나절은 요성에서 안장 풀고 머물렀네	聊城半日解鞍留
돌아오는 완적은 부질없이 길게 휘파람 불고	歸來阮籍空長嘯
적막한 사마상여는 짐짓 놀음에 게을렀네	寂寞相如故倦遊
보내고 맞는 역리驛吏는 어느 날에나 쉬며	郵吏送迎何日息
분주한 사신은 어느 때나 쉴꼬	使華奔走甚時休
나는 다행히 한가하게 다니는 사람	唯予幸是閑行者
오는 데도 남을 괴롭히지 않고 가는 것도 자유롭다	來不煩人去自由

57. 화봉원華封院에 쓰다 題華封院

온갖 인연이 재처럼 차가운 늙은 거사	萬緣灰冷老居士
아직도 단심이 있어 성명을 사랑하네	尙有丹心愛聖明
천하의 창생이 모두 빌기를 청하니	天下蒼生皆請祝

어찌하여 화봉주의 이름을 혼자 차지하리　　如何獨占華封名

　　요성역은 『신증동국여지승람』에는 현의 동쪽 2리에 있다고 하였다. 화봉원은 『신증동국여지승람』에는 속칭 초곡원인데 현의 남쪽 4리에 있다고 하였다. 시에 보이는 '하룻밤은 유곡에서 술에 취해 자고 / 한나절은 요성에서 안장 풀고 머물렀네'(시56)라 한 것으로 보아 유곡역에서 한나절 거리에 요성역이 있었다. 요성역과 화봉원은 6리 정도 떨어진 곳이다. 해동지도 문경현 지도에도 요성역은 현의 동쪽에 표시되어 있다.

　　문경에서 삼국시대 기록으로 중요한 것은 계립령鷄立嶺의 개통을 들 수 있다. 8대 아달라 이사금(154~184)때 개척되었다고 한다. 영남 북부와 중원 즉 충주를 잇는 중요한 교통로이다. 충주 미륵리에서 문경시 갈평리로 통하는 이 고개를 넘어오면 첫 번째 역이 요성역이다. '보내고 맞는 역리는 어느 날에나 쉬며 / 분주한 사신은 어느 날에나 쉴꼬'라는 시구가 이를 말해준다. 김군수가 경상도 안찰사로 부임하면서 여기서 시를 남겼다.

　　화봉원은 위 시구 '온갖 인연이 재처럼 차가운 늙은 거사 / 아직도 단심이 있어 성명을 사랑하네'(시57)라 하여 화봉원주는 노거사임을 알 수 있다. 의종 때 어시御試에서 장원한 유희劉羲가 밀양密陽의 수령으로 부임하기 위해 지나면서 낮에 쉬면서 벽에 쓴 시에 따르면, 유희는 민광문의 문생이고 민광문이 화봉원의

〈도 29〉 해동지도 요성역

동편 소루를 지은 것을 알 수 있다. 이규보가 말한 화봉원주 노거사는 민씨가의 사람으로 짐작된다.

그런데 시50~57까지는 이규보 행로에 따른 시 배열이 아닌 것 같다. 시 배열에 따른 행로는 한곡별업-유곡역-요성역-화봉원 코스이다. 그런데 적어도 요성역과 화봉원이 서로 바뀌어야

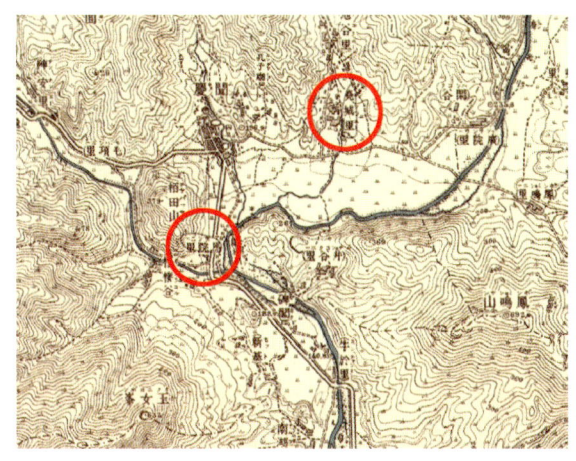

〈도 30〉 근대지도 마원(화봉원), 요성리(요성역)

순서가 맞다. 따라서 이규보는 한곡별업에서 하루 쉬고 다시 유곡역으로 갔다가 요성역에 이르러 다시 화봉원으로 가는 행로를 취한 것인지, 아니면 유곡역-화봉원-요성역-한곡별업 순서를 잘못 시 배열을 한 것인지 모르겠다.

58. 십구일에 彌勒院에서 자는데 본래 모르는 중이었으나 주찬을 베풀고 위로하므로 시로 사례하다 十九日 宿彌勒院 有僧素所未識 置酒饌慰訊 以詩謝之

멍에를 풀고 고원에 들어가니	稅駕入古院
마른 입술을 축일 길이 없구려	燥吻無由澆
시인의 어깨는 가을 산처럼 솟고	詩肩秋山聳
나그네 한은 펄럭이는 깃발처럼 흔들리네	旅恨風旌搖
우리 대사를 예전에 알지 못하였는데	吾師舊未識
기쁘게 맞이하여 주누나	欣然肯相邀
푸른 빛 계피주 잔질하여 향기롭고	桂酒酌碧香
가을 배의 붉은 빛은 깎아서 사라지네	霜梨剝紅消
이미 영첩의 주린 것을 치료하고	已療靈輒飢

다시 상여의 소갈증을 위로하였네	復慰相如瘠
그대는 지금 사람들의 사귀는 것을 보라	君看今人交
나부끼는 가을 구름과 같다네	有似秋雲飄
어제는 한마음으로 찰떡같이 맹세하고	膠漆誓昨日
오늘은 서로 원수처럼 본다네	胡越視今朝
장하다 대사는 예전 풍도가 있어	多師有古風
이름이 원공과 함께 드러나리	名與遠公超
본래 아는 사이 아닌 선비를 만났더라도	遇士雖非素
뜻이 합하면 멀게 여기지 않네	意合不謂遼
나를 보고는 예전 친구와 같이 여겨	見我如舊執
은근하게 무료함을 묻는구나	殷勤訊無憀
이 뜻을 어떻게 갚으랴	此意何以報
좋은 시로 보답하지 못함이 부끄럽네	愧無答瓊瑤

"명창삼년금당개개明昌三年金堂改盖…대원사주지대사大院寺主持大師…와입비瓦立俾…사월현조四月現造 명창삼년대원사주지明昌三年大院寺主持 승원명僧元明 와입승원명리유조瓦立僧元明里儒造"로 판독된 발굴시 출토 명문기와편에 따르면, 미륵원은 1192년(명종 22)에 고려시대 '대원사大院寺'로 알려졌다. 『고려사』 기록에도 충주목에 대원사로 나오고 계립령을 대원령이라 부른 것도 이를 뒷받침한다. 1232년(고종 19) 4월에 우본牛本을 대원사 주지로 임명한 사실이 있다.

1196년(명종 26) 여기에 숙박한 이규보는 미륵원彌勒院으로 기록하였는데, 이는 대원사에 속한 속원명이 미륵원으로 생각된다. 미륵리 안말 부락이 있던 자리의 발굴 결과 회랑처럼 길게 연결된 건물지가 노출되어 원지院址로 추정된다. 『삼국유사』에도 '입령 금미륵대원동령시야立嶺 今彌勒大院東嶺是也'라 한 기록과 김구용金九容(1338~1384)이 월악산과 미륵원을 지나면서 남긴 시제 '미

〈도 31〉 미륵원

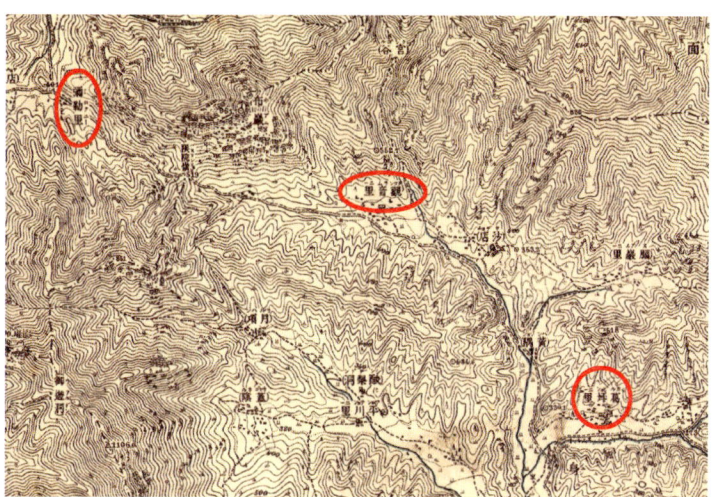

〈도 32〉 근대지도 갈평리, 관음리, 미륵리

륵원로 상상별彌勒院路上相別'에서도 미륵원임을 알 수 있다.

'우리 대사를 예전에 알지 못하였는데吾師舊未識 / 기쁘게 맞이하여 주누나欣然肯相邀'라는 이규보의 시구에 보이는 승려는 1192년(명종 22) 대원사 금당을 수리한 주지 원명元明일 가능성이 크다.

이규보는 문경읍에서 갈평리쪽으로 가서 하늘재로 올랐다. 고려시기에는 하늘재 곧 계립령이 주된 길이었다. 이규보는 9월 15일 상주에서 출발하여 신흥사-유곡역-화봉원-문경읍치-요성역-한곡별업-관음원-미륵원 등으로 이어지는 계립령을 통한 상주에서 개경으로의 길을 택하였음을 확인할 수 있다. 이규보가 다닌 이 길에는 의종대 유희, 고종대 김군수 등도 지나면서 시를 남긴 것으로 보아, 개경에서 상주로 부임하는 수령, 안찰사, 그 외 여러 사신관, 심지어 밀양 수령으로 부임하는 길도 이 길을 이용했음을 알 수 있었다.

5. 맺음말

　이규보는 요성역을 거쳐, 6월 14일 처음 상주에 들어와서 자고, 봉두사鳳頭寺를 방문하고 서기 최정빈崔正份을 만났다. 그 후 화개사花開寺에서 한열병을 치료하기 위해 한 달가량 머물렀다. 7월 말 용담사로 옮겨 머문다.

　8월 8일 용담사를 출발하여 견탄을 지나 원홍사에 이르러 친구 규사를 만났다. 8월 11일 원홍사를 출발 영산부곡에 도착하였다. 이후 낙동강을 지나 용암사에 도착하였다. 8월 17일 대곡사에 들렀다가 용궁군에 들어가 수령의 환대를 받았다. 8월 19일 장안사에 머물면서 시를 짓고, 8월 20일 하풍강河豊江에 배를 띄웠다. 이날 밤에 협촌脇村에서 잠을 잤다.

　그 후 상주 동방사에 들어와 박문로, 최·김수재 등과 시로 화답하였다. 9월 2일 서기가 공사에서 연 연회에 참석한다. 9월 9일 자복사資福寺 주노主老를 방문하고 술을 마셨다. 9월 13일 여사에 손님을 모아 놓고 시를 지어 보였다. 다시 봉두사를 방문하였다.

　9월 15일 상주에서 출발하였다. 서기가 신홍사에서 전송하여 주었다. 박문로의 초청으로 한곡별업 주연에 참석하고, 유곡역, 요성역, 화봉원을 거쳐 19일에 미륵원에 숙박하였다.

　이규보는 상주에 도착하자 한열병을 앓았고 8월 초에야 회복되어 상주 일원을 다녔다. 그 상주 일원은 모두 낙동강 수계와 연결될 수 있는 곳이었다. 호계현, 일선현, 다인현, 용궁현 등의 고을과 용원사, 원홍사, 용암사, 대곡사 등의 사원이었다. 상주에 있기는 3개월이나 실제는 그 절반인 한 달 보름 정도 상주계수관을 다닌 셈이다. 이규보의 동선은 현장과 고지도, 근대지도 등으로 확인 가능하였다.

　상주에서의 강남시는 58수 정도인데 이규보의 여정 동선의 풍치와 고을, 사원 등에서 모두 시를 남기지는 않았다. 낙동강에서는 그 물길에 전개되는 풍광을 일일이 시를 쓸 수는 없었을 것이다. 그리던 어머니를 만난 때에도 시를 남기지 않은 것은 편집시에 제외한 것일 수 있고 시를 짓지 않았을 수도 있다는 사실을 보여준다.

  8월 8일부터 8월 20일까지 낙동강 일원을 다니는 선유船遊가 상주로의 여행에 백미였다. 목란선木欄船을 타고 낙동강 양안의 평사平沙, 경천대, 봉황대 등과 견탄犬灘 여울, 노자석, 새벽 용포, 노을 지는 강, 견탄과 원흥사 앞 밤의 달빛 강 등의 정취를 자신의 심상과 함께하였고, 비 내리는 용암사의 풍취도 즐겼다. 풍광을 즐기면서 시작詩作으로 기념하는 여행문화의 일단을 알 수 있었다.

06

상주의 사지

최태선
중앙승가대학교 문화재학 교수

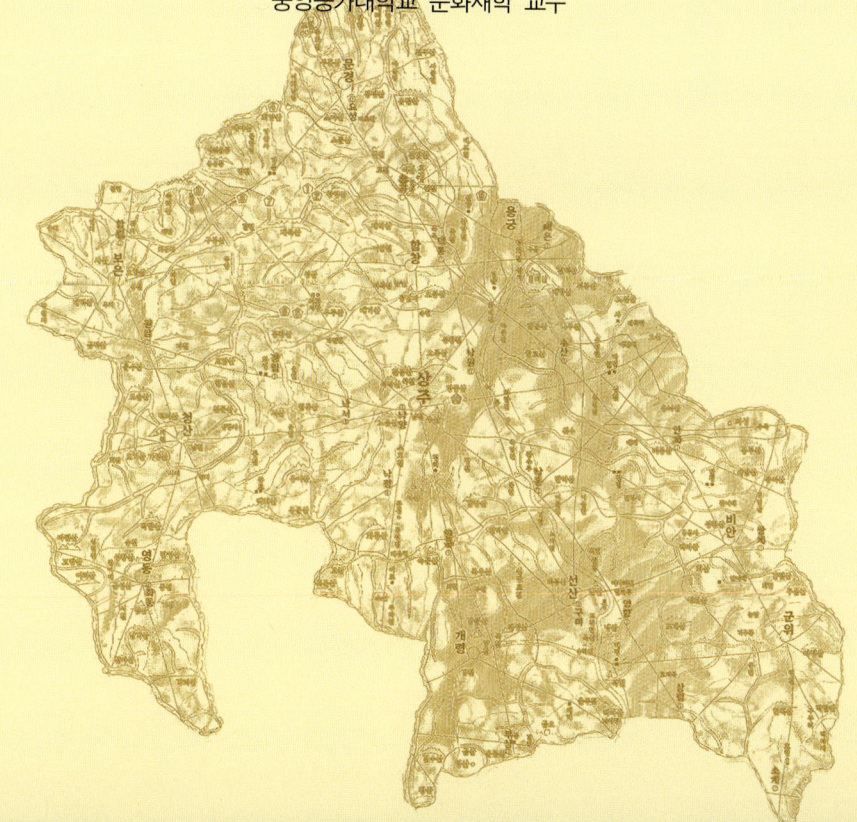

1. 고려시대 상주와 불교 개관

소백산맥 남동사면에 위치한 상주는 서고동저형 지형으로, 동쪽으로는 낙동강 본류가 남-북으로 흐르며, 서쪽으로는 소백산맥과 연결된 산지지형을 이루고 있는 형국으로, 동북단의 넓은 분지지형을 중심으로 평탄한 생활지가 형성되어 있다.

행정상으로는 북쪽으로 문경시와 예천군에 접하고, 동쪽으로는 낙동강을 경계로 의성군, 남쪽으로는 구미시, 김천시와 접해있고, 서쪽으로는 소맥산맥을 경계로 충청북도 보은군, 영동군, 괴산군과 접해있다.

이와 같은 교통 요충지적 지형특성으로 인해 고대로부터 사벌국을 근간으로 하는 상주는 524년(법흥왕 11) 상주尙州 설치를 시작으로 통일신라 685년(신문왕 5)에는 전국 9주5소경의 하나로 편성되어 주치소가 설치되었다.

통일신라 말~후삼국기에는 경주의 영향에서 벗어나 아자개를 중심으로 하는 호족의 영향을 확대하기도 하였으나, 고려건국 후 983년(성종 2) 12목의 하나에 편제되었고, 군사기능 중심의 행정구역으로 유지되다가 1018년(현종 9) 전국 8개목 중의 하나인 상주목으로 개편되었다.[1]

고려시대 상주목은 광역주廣域州로서의 상주와 주치소州治所로서의 상주 등 두 가지의 의미로 구분되는데 주목州牧은 주읍主邑으로서 7개의 속군과 17개소의 속현 17개소의 부곡을 갖추고 있었다.[2] 또한, 광역주로서의 상주는 경산

---

[1] 상주시, 「고려시대의 상주」, 『상주시사』, 2012.
[2] 尙州牧 : 聞慶郡, 龍宮郡, 開寧郡, 報令郡, 咸昌郡, 永同郡, 海平郡, 靑山縣, 山陽縣, 化寧縣, 攻城縣, 單密縣, 比屋縣, 安定縣, 中牟縣, 虎溪縣, 禦侮縣, 多仁縣, 靑里縣, 加恩縣, 一善縣, 軍威縣, 孝靈縣, 缶溪縣.
京山府 : 高靈郡, 仁同縣, 知禮縣, 加利縣, 八莒縣, 金山縣, 黃澗縣, 管城縣, 安邑縣, 陽山縣, 利山縣, 大丘縣, 花園縣, 河濱縣.
安東府 : 臨河縣, 禮安郡, 義興郡, 一直縣, 殷豊縣, 甘泉縣, 奉化縣, 安德縣, 豊山縣, 基州縣, 興州, 順安縣, 義城縣, 基陽縣.(『상주시사』, 291쪽)

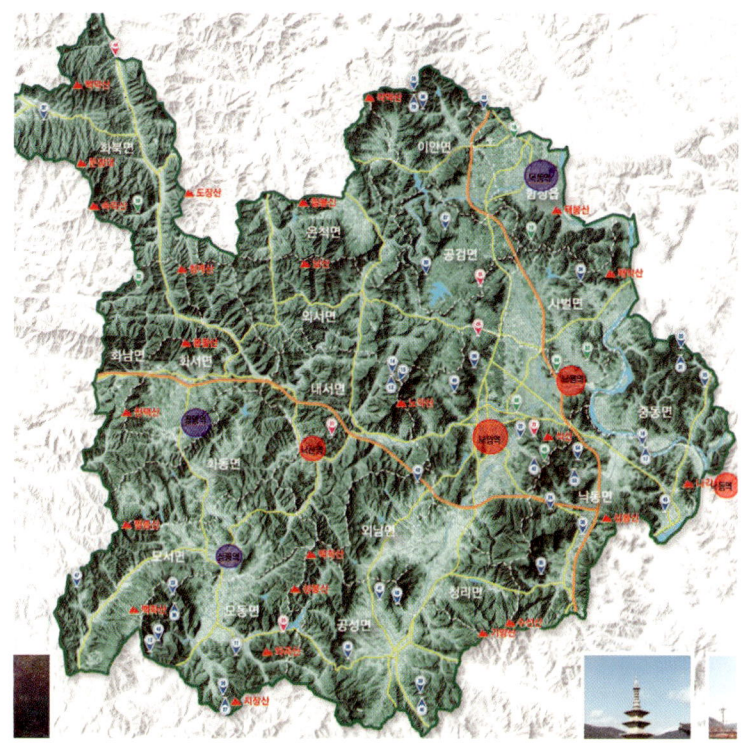

〈사진 1〉 상주시 행정구역과 폐사지 분포
분포도 : 불교문화재연구소 / 고려시대 역원-한정훈 추정안 합성

부경산부府京山府와 안동부安東府와 같이 주읍 단위의 영읍을 거느리고 있어서 현재의 영동, 보은, 문경, 봉화, 영주, 안동, 의성, 군위, 대구, 성주, 구미, 김천을 포함한 지역으로 충청도 일부와 경상도 중서부 일대가 모두 망라된 범위를 가지고 있었던 것으로 보인다.

(고려불교사에서의 상주불교)

삼국 중 가장 늦은 527년(법흥왕 13)에 불교가 공인된 신라이지만 통일신라 단계에 화려한 불교를 전개하게 된다. 중국에서 유학한 구법승들을 통해 중국 당대에 완성된 13종을 수용하여 불교사상의 틀을 구축하였다. 상주지역의 불교 역시 통일신라시대는 교학적 사상을 중심으로 홍포弘布되기 시작하였을 것이다.

이후, 통일신라 하대와 후삼국의 혼란을 극복하고 새로운 통일왕조인 고려를 개창한 왕건은 건국 초부터 적극적인 숭불정책을 시행하였다. 건국이후 많은 사찰을 창건하고, 연등회와 팔관회를 준수할 것을 강조하였다.

고려국가체제의 정비와 함께 불교계도 교단 정비가 이루어지게 된다. 고려 전기의 주요종파는 화엄종, 법상종, 선종 등 신라이래의 종파들이었고, 12세기 초에 이르러 의천이 개창한 천태종과 함께 4대 종파 체제를 이루게 된다.[3] 이 중 기존 교학적 종파와 달리 통일신라 하대의 혼란기에 지방 호족을 중심으로 급속히 퍼져나간 선문(선종)은 고려 대에 고려 왕실의 후원을 받으면서 보다 안정된 기반을 구축하게 된다. 명망 있는 선승을 배출하면서 광종 대 이후 안정된 9개의 산문을 갖추게 되는 것으로 이해된다.

이와 같이 불교사상적으로는 고려시대 이후 많은 변화가 있고, 특히 그동안의 교학적인 사상위주에서 선사상이 크게 대두되는 것으로 이해되지만 실제 사원의 구조에 있어서는 기존의 교학가람(회랑으로 둘러진 불지佛地가 중심이 되는) 틀을 급격하게 해체하지 않는 것으로 보인다.[4]

사찰에서 선종의 가장 큰 변화는 통일신라 하대부터 추진되는 영당과 조사당(탑비전)의 건립과 같은 조사들의 선양사업이지만 초기 구산선문 단계에서는 가지산문의 진감 혜소국사가 상주의 장백사를 거쳐 쌍계사에 주석하면서 육조영당六祖影堂이 건립된 것과 성주산문의 무염국사가 성주사에 조사당祖師堂을 건립하는 정도만의 변화가 전부이다.

이들의 조사당과 영당도 불지의 공간에 두는 것이 아니라 사역외곽의 별도

---

[3] 국사편찬위원회 편, 『신앙과 사상으로 본 불교 전통의 흐름』, 2007, 145쪽.
[4] 최태선, 『신라·고려전기 가람의 조영연구 - 經典儀範과 공간조성을 중심으로』, 부산대사학과 박사논문, 2016.

공간에 조성하는 것이 한국선종의 외형적 변화 중 하나이다. 선종이 크게 확장되는 12~13세기 이전에는 기존의 교학가람 특히 불지를 에워싸는 회랑을 철회하는 시도는 보이지 않으며, 12세기가 지나서야 부분적으로 승지僧地(승려생활공간)와의 공간통합이 이루어지고 있는 것이 고고조사의 결과이다. 즉, 별도의 선종가람을 고려시대에 건립하지 않는 한 기존의 교학가람을 선종 7당식 가람으로 크게 변화시키려는 의도는 사상의 변화만큼 급진적이지 않는 것으로 생각된다.

이러한 고려초기의 사상적 분위기에서 태조 왕건은 광역주로서 상주지역에 건립된 용암사, 경청선원, 직지사, 봉암사, 소백산사 등의 선문사찰禪門寺刹들에 대해 적극 후원하였으며, 특히 봉암사, 소백산사에는 태조의 진전을 설치하는 등, 선문불교를 통해 지배영역을 확고히 하는 노력을 하였던 것으로 보인다.

명봉산鳴鳳山 경청선원境淸禪院은 현재의 예천군에 위치하며, 지금의 문경시인 희양산曦陽山 봉암사鳳巖寺, 산양현 북쪽 문경시 산북면 사불산, 상주계내지 경산부약목군尙州界內知京山府若木郡으로 표현된 '약목 정도산 오층석탑 조성형지기' 등은 고려시대 광역주로서의 상주의 범위를 추정하게 하는 단서로 정리되고 있다.

그러나 본 글에서는 제목과 같이 '상주의 사지' 범위설정을 광역주로서 상주의 사지寺址를 정리하기는 어려우므로[5], 주치소권역과 현 행정구역 내에서의 불교유적을 정리하는 것으로 공간의 범위를 한정하고자 한다.

---

[5] 현재의 각 시단위 별로 불교유적을 정리, 간행하는 작업들이 문화재분포지도를 시작으로 다방면으로 정리되고 있다. 최태선, 위의 논문.

2. 고려시대 상주의 사지 현황

앞장에서 고려시대 상주의 공간적 범위를 광역주인 계수관界首官으로서의 상주가 아닌 주치소를 중심으로 하는 현재의 상주시로 한정하여 상주의 사지에 대하여 살펴보겠다고 하였다. 현 행정구역상으로서의 상주시는 1읍 17개 면 6개동으로 편재되어 있다.

상주시의 사지현황을 정리한 최근의 성과로는 (재)불교문화재연구소에서 2012년에 간행한 『한국의 사지』[6]에 잘 정리되어 있다.

이 보고서는 상주시에 대한 사지자료를 문헌사료와 고고유적을 통합하고, 현존 유적의 상태에 따라 1~4유형으로 구분하여 정리하고 있으며, 기존에 조사된 자료들 중 현재 사지 흔적이 없거나 유적이 확인되지 않거나 사지로서의 가치가 없는 것은 별도 목록으로 정리해 두고 있다.

이 보고서에서 정리된 상주시의 사지는 사지의 흔적을 알 수 있는 것이 아래 표와 같이 54개소이며, 문화유적총람 등 근대 조사기록에 기재되어 있지만, 위치가 불명이거나 사지흔적이 확인되지 않는 곳 등이 21개소로 전체 75개소의 사지가 소개되어 있다.

이들 상주시에 분포하는 75개소의 사지 중 공사과정에서 청동유물 일괄이 수습된 바 있는 '서곡동사지3'과, 상주 낙상동 폐탑지 긴급 수습조사의 사례를 제외하고, 정식 발굴조사를 통해 유적·유구의 규모가 밝혀진 곳은 1개소도 없어 아쉬움이 있다.

이들 사지들의 분포를 상주의 주요교통로와 교통시설을 정리한 한정훈 교수의 〈상주관내의 역원 추정도〉를 중심으로 공간을 분류해 본 것이 〈표 1〉과 〈표 2〉이다.

---

[6] 불교문화재연구소, 『한국의 사지』 경상북도Ⅱ, 상주시, 2012.

〈표 1〉 상주시 폐사지 위치현황(『한국의 사지』 경상북도Ⅱ 상주시편 - 필자 재편집)

※ 사지번호와 사지유형은 「한국의 사지」 내용을 인용함

연번	사지번호	역원	사지명	소재지	해발	석조 문화재 ▲:탑 ♠:상 ♦:청동	시기 유물	사지 유형
1	53		낙상동사지	상주시 낙상동 산95	100	▲모전형 석탑재	통신~고려	
2	3		남적동사지	상주시 남적동 산46	200		?	4
3	52		**동방사지**	상주시 복룡동 207-2	50	♠보물석조여래좌상/당간지주	나말여초~	
4	51		서곡동사지(**동해사**)	상주시 서곡동 산163-2	310	♠석조여래입상(현 직지사)	조선~	
5	15		서곡동사지3	상주시 서곡동 137-23	55	♦청동유물 일괄	통신~조선 傳 고비사	3
6	6		만산동사지	상주시 만산동 산33-1	335		고려~조선	3
7	35		인평동사지1	상주시 인평동 508	192		통신~조선	3
8	47	낙양역	인평동사지2 **북장사**	상주시 인평동 산11-5		▲북장사 삼층석탑	고려~	
9	38		**장백사지**	상주시 연원동 522-1	85	▲삼층석탑재 석등재	통신~고려 남장사 전신	3
10	17		**승장사지**	낙동면 승곡리 672	238	고려막새	통신~조선	3
11	12		분황리사지1	낙동면 분황리 333-3	58		통신~고려와편	3
12	13		분황리사지2	낙동면 분황리 327	75		고려, 조선와편	3
13	28		**용담사지**	낙동면 용포리 780	230	방형대석	고려~조선	3
14	31		유곡리사지	낙동면 유곡리 1035-10	75	▲삼층석탑	나말여초~조선	3
15	37		장곡리사지	낙동면 장곡리 산44	160	대좌석	통신~고려	3
16	44		화산불당골사지	낙동면 화산리 1229	184		고려~조선	3
17	45		화산새절골사지	낙동면 화산리 1271	141		조선	3
18	50		목가리사지	사벌국면 목가리 산6	75	♠석조관세음보살입상	고려~	
19	27		용담리사지	사벌국면 용담리 52	95	석축	고려~조선	3
20	46	낙원역	화달리사지	사벌국면 화달리 417-4	55	▲보물 상주화달리삼층석탑	통신~	
21	18		신암리못골 안절골사지	중동면 신암리 20-1	141		고려~조선	3
22	24		오상리사지1	중동면 오상리 산40	152		고려~조선	3
23	25		오상리사지2	중동면 오상리 산40	250	석축시설	통신~조선	3
24	40		지사리사지	외남면 지사리 655-4	122		통신~조선	3
25	9		북장리암자1	내서면 북장리 산12-3	325		조선	3
26	10		북장리암자2	내서면 북장리 산12-2	358		조선 상련암지?	3

27	11	낙산역	**북장사 수미암지**	내서면 북장리 산14	546		조선	3
28	43		평지리사지	내서면 평지리 산184	160	위치불명	마애여래좌상	4
29	1		개곡리사지	외서면 개곡리 495	120	♤도난석불	?	4
30	21	덕통역	안용리사지1	이안면 안용리 산78-6	502		고려	3
31	22		안용리사지2	이안면 안용리 산78-6	520		고려~조선	3
32	23		안용리사지3	이안면 안용리 619	215	연화대좌	통신~조선	3
33	2		나한리사지	함창읍 나한리 515-2	146		고려명문와	3
34	49		**상안사지(용화사)**	함창읍 증촌리 258-3	90	♠보물 증촌리 석조여래입상	통일신라	
35	5		동막리사지	공검면 동막리 산1-1	310		조선시대	3
36	26		오태리사지	공검면 오태리 산25	160		고려~조선	3
37	4	상평역	도곡리사지	공성면 도곡리 644	138	♠마애여래	고려~조선	3
38	32		이화리사지1	공성면 이화리 산33	264		조선	3
39	33		이화리사지2	공성면 이화리 산45	272		조선	3
40	34		인창리사지3	공성면 인창리 302-1	105	▲삼층석탑	고려~조선	3
41	42		초오리사지	공성면 초오리 567	115	▲석탑재 서산사지	고려~조선	3
42	7		반계리사지	모동면 반계리 645-2	293		조선 석축	3
43	8		**반야사지**	모동면 수봉리 산80	205		통신~조선와편	3
44	14		상판리사지	모동면 상판리 산21	365		?	4
45	16		수봉리사지	모동면 수봉리 산98	465		조선 석축 와편	3
46	19		신흥리사지1	모동면 신흥리 산10	371		조선	3
47	20		신흥리사지2	모동면 신흥리 산14	415	지장산내 거찰터	고려-조선	3
48	29		**용문사지**	모동면 수봉리 산98	350	▲삼층석탑/석축	고려~조선	3
49	41		**진불암**	모동면 수봉리 산81	236		통신~조선	3
50	39		정산리사지	모서면 정산리 837-1	235		고려~조선	3
51	54	장녕역	**관음사지**	화남면 동관리 277		관음사사적비	고려~	
52	48		상오리사지	화북면 상오리 699		▲보물 상오리 7층석탑	고려~	
53	30		운흥리사지	화북면 운흥리 37-3	303	▲석탑	라말려초~조선	3
54	36		입석리사지	화북면 입석리 443-1	329	석문사 신축가람		4

※사지유형 3유형 : 유구와 유물이 확인되며, 현존하는 지정되지 않은 사지
　　　　　4유형 : 기존조사에서 사지로 보고되었지만 특정 원인으로 인해 현재 확인되지 않는 사지

〈사진 2〉 〈표 1〉의 추정 역원 권역별 사지분포 현황

위의 표에서 한정훈교수가 제시한 상주 주읍 내의 역원인 낙양역(읍중앙), 낙산역(읍서), 낙원역(읍북동), 낙동역(읍동) 등 4개소 중 낙동역은 현재 의성군 단밀면 쪽이어서, 이를 제외하면 3개역이 주읍 내의 역원이고, 덕통역(상주 북동부), 상평역(상주 남부), 장녕역(상주 북서부)이 고려시대 계수관의 역원에 해당하는 지역이다.

총 54개소의 사지 중에서 주읍의 중앙인 '낙양역'의 주변에는 상주시 6개동과 낙동면 일원에 17개소의 사지가 위치하며, '낙원역' 주변의 사벌국면, 중동면, 외남면에는 7개의 사지가 확인된다. '낙산역' 주변의 내서면과 외서면에는 5개의 사지가 확인되고, 계수관의 북동쪽 '덕통역' 주변인 함창읍, 이안면, 공검면에 7개의 사지가 위치한다. 계수관 영역의 남서쪽 '상평역' 주변 공성면,

모동면, 모서면에는 13개의 사지가 확인되고, 계수관 영역 북서쪽 '장녕역' 주변 화남면, 화북면에는 4개의 사지가 위치한다.

1) 낙양역원 주변(상주시 6개동, 낙동면)

총 17개소의 사지가 보고되어 있는데, 이중 '남적동사지'와 '서곡동사지(현 동해사)' 그리고 '화산새절골사지'를 제외하고는 모두 통일신라시대부터 혹은 고려시대에 존재하였을 것으로 추정되는 사지들이다.

이들 중, 사찰명이 전해지는 것은 복룡동 당간지주가 있는 곳의 '동방사지', 조선시대 '동해사'(서곡동사지), 북장사 삼층석탑이 있는 '인평동사지2' 남장사의 전신인 '장백사지', 낙동면의 '승장사지', '용담사지' 등 6개소이다. 이들 중, 특징이 있는 사지와 유물들에 대해서 약술해 보면 다음과 같다.

〈표 2〉 상주시 낙양역원 주변 폐사지 위치현황(『한국의 사지』 경상북도Ⅱ 상주시편 – 필자 재편집)
※ 사지번호와 사지유형은 「한국의 사지」 내용을 인용함

연번	사지 번호	역원	사지명	소재지	해발 (m)	석조 문화재 ▲:탑 ♠:상 ♦:청동		시기 유물	사지 유형
1	53	낙양역	낙상동사지	상주시 낙상동 산95	100	▲모전형 석탑재		통신~고려	
2	3		남적동사지	상주시 남적동 산46	200			?	4
3	52		**동방사지**	상주시 복룡동 207-2	50	♠보물석조여래좌상/당간지주		라말려초~	
4	51		서곡동사지 (**동해사**)	상주시 서곡동 산163-2	310	♠석조여래입상(현 직지사)		조선~	
5	15		서곡동사지3	상주시 서곡동 137-23	55	♦청동유물 일괄		통신~조선 傳 고비사	3
6	6		만산동사지	상주시 만산동 산33-1	335			고려–조선	3
7	35		인평동사지1	상주시 인평동 508	192			통신~조선	3
8	47		인평동사지2 **북장사**	상주시 인평동 산11-5		▲북장사 삼층석탑		고려~	
9	38		**장백사지**	상주시 연원동 522-1	85	▲삼층석탑재 석등재		통신~고려 남장사 전신	3

10	17		**승장사지**	낙동면 승곡리 672	238	고려막새	통신~조선	3
11	12		분황리사지1	낙동면 분황리 333-3	58		통신~고려와편	3
12	13		분황리사지2	낙동면 분황리 327	75		고려조선와편	3
13	28	낙양역	**용담사지**	낙동면 용포리 780	230	방형대석	고려~조선	3
14	31		유곡리사지	낙동면 유곡리 1035-10	75	▲삼층석탑	라말려초~조선	3
15	37		장곡리사지	낙동면 장곡리 산44	160	대좌석	통신~고려	3
16	44		화산불당골사지	낙동면 화산리 1229	184		고려~조선	3
17	45		화산새절골사지	낙동면 화산리 1271	141		조선	3

※사지유형 3유형 : 유구와 유물이 확인되며, 현존하는 지정되지 않은 사지
4유형 : 기존조사에서 사지로 보고되었지만 특정 원인으로 인해 현재 확인되지 않는 사지

(1) 낙상동사지

사지는 낙상동 산95번지 일원 해발 100m 구릉의 남록南麓에 위치하며, 사지의 남쪽은 병성천과 북천, 서천이 합류하는 곳이다. 주변에는 통일신라~고려시대 와편과 함께 지금은 상주박물관으로 이관된 모전형 석탑 부재가 위치하고 있었으며, 1988년 탑지에 대한 긴급 시굴조사가 있었다.[7]

〈표 3〉 낙상동 석탑 추정도(보고서) / 의성 빙계사지 오층탑 / 구미 죽장리오층탑

---
7) 상주시, 『낙상동폐탑 시굴조사보고서』, 1988.12.

현재까지 확인된 상주지역 석탑 중에서 유일하게 전탑형甎塔形으로 조성된 탑재이며, 이와 유사한 석탑으로는 낙상동사지 동쪽 의성지역의 의성 빙계사지 오층석탑(보물 제327호), 구미 죽장리 오층석탑(국보 제130호)과 전통을 같이하는 형식이다.

이는 낙동강을 따라 분포하는 전탑형 탑은 안동에 다수 분포하고 상주, 의성, 군위, 구미, 청도, 경주 분황사까지 연결되는 불교의 한 루트 상에 낙상동사지가 위치하는 것으로 생각된다.

경주지역에서는 이들 전탑계의 탑(분황사)은 남쪽에 인접한 황룡사 목탑과 거의 동시대에 조성되며, 백제계 불교(목탑)양식과 고구려계 불교(전탑)양식이 공존하는 문화현상으로 이해되고 있다.

따라서 낙상동사지 전탑형 석탑은 상주지역 전형에서 벗어난 낙동강 수계를 따라 형성된 의성지역 불교권역(낙동역원)의 한 흐름으로도 생각해 볼 수 있겠다.

(2) 동방사지

복룡동 207-2일원의 당간지주와 왕산의 복룡동 석조여래좌상(보물 제119호), 남산 용화전에 옮겨져 있다가 상주박물관으로 이전 전시 중인 석조천인상이 새겨진 면석 2매 등이 같은 유적의 것일 가능성이 높으며, 이 동방사지는 통일신라부터 치소였던 복룡동 유적[8]과 관련한 상주치소의 중심사찰이었을 가능성이 높은 곳이다.

특히 남산 용화전에 이전되어 있었던 석조천인상 면석과 탱주 4매를 갖춘

---

8) 영남문화재연구원, 「상주 복룡3지구 주택건설부지내 유적 문화재시굴조사 약보고서」, 2004.
　　　　　　　　, 『상주 복룡동 397-5번지유적』, 2006.
　　　　　　　　, 『상주 복룡동 256번지유적』 Ⅰ~Ⅳ, 2008.
　　　　　　　　, 『상주 복룡동 230-3번지유적』 Ⅰ~Ⅱ, 2009a.
　　　　　　　　, 『상주 복룡동 10-4번지유적』 Ⅰ~Ⅱ, 2009b.

석탑 중대면석의 규모는 신라가 지방치소에 사원을 조성하게 할 당시의 석탑 규모이어서 더욱 주목된다. 즉, 동방사지는 통일신라 치소사원으로 창건되어 고려시대까지 유지되었던 것으로 추정된다.

〈표 4〉 동방사지 추정탑재(고선사지와 비교) 및 김천 개령면 서부리 석탑

동방사지는 557년(진흥왕 18) 사벌주에서 감문주甘文州(지금의 경상북도 김천시 개령면)로 옮긴 기록이 보이는데, 실제 감문국 중심지로 추정되는 김천시 개령면 서부리[9]에도 복룡동 동방사지와 유사한 규모의 탑이 위치하고 있다. 서부리사지 주변에서는 감천포구도 발굴조사된 바 있어서 주치소의 중심사찰에 7세기 대의 대규모 석탑과 사찰이 조성되었음을 추정할 수 있다.

삼국시대의 불교신앙의 패턴이 '탑과 상' 신앙 중심이었던 것에서 통일신라 이후 불상佛像신앙(금당중심)으로 바뀌면서 쌍탑 가람배치가 정형화되지만 통

---

[9] 경상북도 김천시 개령면 서부리 501-3번지에 복원된 석탑이 서 있다.

일신라 초기에는 아직 탑의 규모가 감은사나 불국사 탑처럼 장중함을 가지고 있던 시기이기도 하기 때문에 지방에서의 장중한 석탑의 존재는 사찰의 위격과 함께 사찰의 건립시기를 추정하는 단서가 되며, 이는 곧 당시 중심치소와 관련시킬 수 있는 방증자료이기도 하다.

(3) 장백사지[10]

상주시 연원동 522-1번지에 위치하며, 지표상에서 사지의 윤곽을 찾기는 어려울 정도로 형질이 변경되어 있다. 다만 주택가에 삼층석탑 옥개석과 기단부재, 석등부재 등이 잔존하고 있어서 사지임을 추정하게 한다.

장백사지는 사료상으로 하동 쌍계사의 「진감선사대공탑비」와 상주 『남장사적기』에 전하는데, '상주 노악산 동쪽에 위치하며 남장사의 옛 터로, 진감국사 혜소(774~850)가 830년(흥덕왕 5) 당에서 귀국하여 지리산 쌍계사로 가기 전 주석하였던 사찰'로 추정하고 있다. 『남장사적기』에는 1180년(명종 16) 현재의 남장사로 옮기기 전까지 남장사의 옛터로 밝히고 있다. 석탑옥개석은 1변이 258cm로 대형이며 옥개받침도 5단으로 되어 있어 동방사지와 화달리사지 석탑들과 함께 상주지역에서 규모가 큰 석탑이 건립되어 있었던 것으로 추정되며, 장백사지 탑 부재는 진감국사와 관련된 9세기 중

〈사진 3〉 장백사지 석탑 옥개석

---

10) 윤용진·최태선·김상영, 「불적분야」, 『고대 사벌국 관련 문화유적지표조사보고서』, 상주시·상주산업대학교 부설 상주문화연구소, 1996, 331~341쪽.
상주박물관, 『상주 오봉산』, 2015, 166~170쪽.

반으로 추정된다.

(4) 인평동사지와 유곡리사지

두 사지 모두 고려시대 개창된 것으로, 채집된 기와 편과 석탑에서 추정할 수 있다. 인평동사지의 삼층석탑은 원래 사지에 있던 것을 갑장산 용흥사로 옮겨졌다가 근래에 북장

〈사진 4〉 인평동사지 석탑과 유곡리사지 석탑

사로 옮겨져 복원되어 있으며, 문화재자료로 지정되어 있다. 복원높이 약 5m 정도이며, 제1옥개석 1변이 70cm 정도로 소형의 석탑이다. 복원된 상륜부의 보주는 4륜으로 정확하게 정비되었다.

유곡리 삼층석탑은 주변에 2층으로 남아있던 것을 3층과 상륜을 복원하였는데 현재 상륜을 제외하고 높이 3.2m 정도이며, 하부 기단폭은 1.4m 정도로 소형이다. 근대에 복원된 상륜부의 보륜은 2매에 보주로 마감한 형태이다. 원래 '석존의 탑은 보륜이 4륜이거나 8륜(목탑류) 이상이어야 된다'고 『십송율』에서 설명하고 있으므로[11] 석탑의 상륜부 복원에는 경전에 근거하여 정비할 필요가 있다.

(5) 서곡동사지3

상주시 서곡동 137-23번지 일원 해발 55m의 평지에 위치하며, 서편으로는 낙동강의 지류인 병성천이 남에서 북으로 흐른다. 논으로 경작되는 곳으로 지표상으로는 유적의 흔적이 확인되지 않으나, 1991년 경북 상주시 서곡동

---

11) 최태선, 앞의 논문, 2016.

〈표 5〉 상주 서곡동 출토 일괄유물

No	출토유물	점수
1	신해명 동종[12]	1
2	동제대반편(동제반자)	1
3	백자 앵무문은구대접	2
4	백자 은구대접[13]	2
5	동제연식 국자	1
6	동제파수부 용기	1
7	동제바라[14]	2
8	동제평저발	1

답 137-23번지에서 청동제범종 1점 등 8건 11점의 일괄유물이 발견되어 매장문화재로 신고 되었다.

이 논의 소유주인 박종덕의 필지를 경지 정리하던 중 동 범종 1점이 뉘어진 상태로 불도저 삽날에 흙더미와 함께 밀려오는 것을 발견하고 내려서 보니 범종이었다고 한다. 범종이 발견되고 얼마 되지 않아 이곳에서 동쪽으로 약 10m 떨어진 동남쪽 모서리에서 동제양이부호를 비롯한 많은 유물을 발견하였다고 한다.

이곳은 원래 작은 자연석이 모여진 돌무더기였다고 하며 불도저에 돌무더기 윗면이 깎여 나가면서 동제 파수부용기가 반듯하게 놓여져 있었고 그 옆에 동제대반銅製大盤이 있었다고 한다. 동제 파수부용기 안에는 백자대접, 동제국자 등이 차곡차곡 들어 있었다고 하며, 파수부 용기 안에 흙이 차 있지 않았고, 그 옆에 동제 대반편이 있던 점으로 보아 동제 대반이 동제 파수부용기를 덮고 있었다고 보고자는 추정하고 있다.[15]

이들 청동유물 일괄출토품은 학계에서는 퇴장유구退藏遺構[16]로 설명하고 있으나, 7세기에 한역漢譯된『불설다라니집경』권12 경전에는 도량을 장엄(작단 및 기단축조)할 때에 5단계의 매납장엄(엄식嚴飾)과 공양을 해야 함을 설명하고 있어 주목 된다.[17]

즉,『불설다라니집경』권12「불열장엄도장급공양구지요도법佛說莊嚴道場及供養具支料度法」에 ①'보구엄식도장寶具嚴飾道場', ②'채물지구엄식도장綵物之具

---

12) '辛亥三月日尙州牧廻浦寺金鐘入重四十五斤前典香大師玄寂造成'명문.
13) 묵서가 남아있음.
14) '尙州崔尺界□成', '□□尙州昇.'명문.
15) 박방룡,「상주 서곡동 출토 일괄유물」,『미술자료』49, 1992.
16) 국립김해박물관,『땅속에 묻힌 念願』, 전시도록 2011.
17) 최태선, 앞의 논문.

嚴飾道場', ③ '화향공양華香供養', ④ '칠보오곡음악시용공양七寶五穀音樂施用供養', ⑤ '제신 음식공양諸神飮食供養'의 공양을 설명하고 있다.

① 보구엄식도량은 금속유물 26품목 33종의 물목 2,013점을 정리하고 각 종별 매납할 매수를 기록하고 있으며, ② 채물지구엄식도량은 12품목 19종의 유물을 표시하고 있다. ③ 화향공양은 향香의 물목을 16품목으로 정리하고 있고, ④ 칠보오곡음악시용공양은 주악과 칠보오곡七寶五穀을 공양할 것을 정리해 두고 있다. 마지막으로 ⑤ 선신에게 바치는 음식공양은 37물목으로 정리되는데 이때 국자를 이용해서 용기에 음식을 담아 공양하는 것으로 되어 있다.

〈표 6〉 상주 서곡동 출토 일괄유물

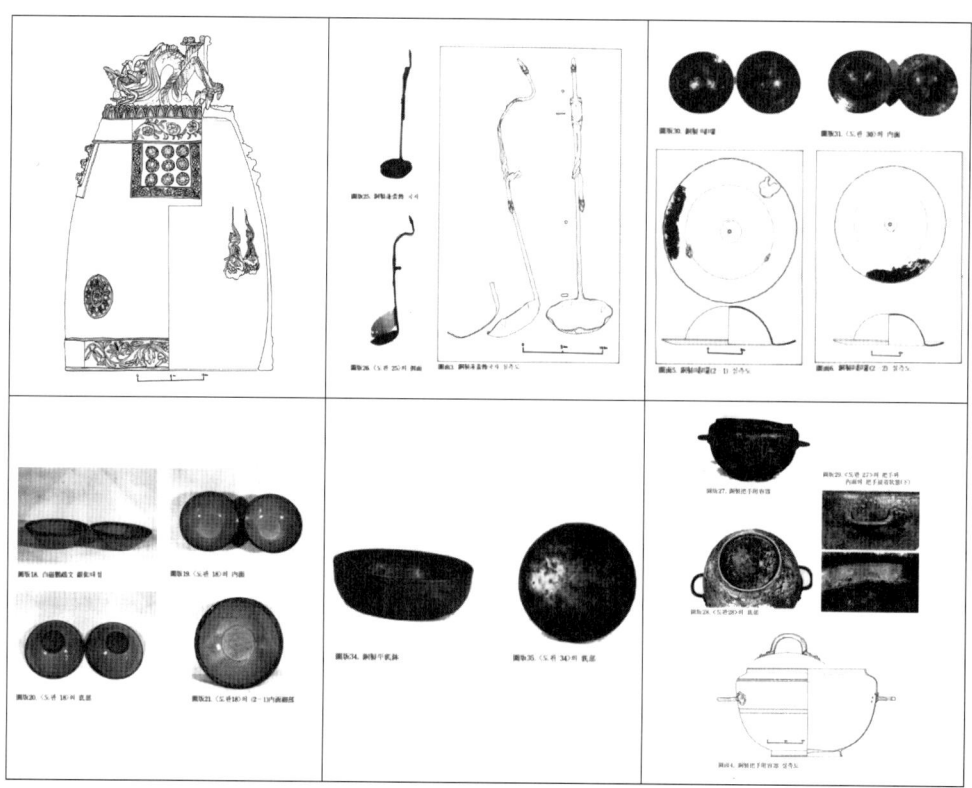

이렇게 '주요당우를 건립할 때 이들 물목을 납입하고 공양하면 발원자가 공덕을 얻는다'는 의미로서 밀교식 경전내용에 의한 매납의례의 산물이지 급하게 도망갈 때 묻어두는 행위가 아니라는 것을 경전을 통해 알 수 있다. 이와 유사한 사례는 완주 화엄사지, 창녕 말흘리 유적, 청주 사나사지, 의정부 도봉서원 영국사지 등이 있으며, 필자의 논문에서 그 유형을 정리한 바 있다.[18] 즉, 서곡동사지3의 유물이 출토된 곳 주변은 사찰의 주요 당우가 위치하고 있었으며, 청동유물을 경전법식과 같이 매납하였던 주요사찰이었을 것으로 추정된다.

〈표 7〉 「佛說莊嚴道場及供養具支料度法」상의 寶具매납 물목

분류	연번	種	물목	소분류1	매수	소분류2	매수
금속용기류	a	1	금은병(金銀瓶)	1금은병	46枚		
	b	2/3	접시銅碟	2대접(大銅碟)	400枚	3소접(小銅碟)	200枚
	c	4/5	금은반(金銀盤)	4금반(金盤)	4面	5은반(銀盤)	4面
	d	6	금은사라(金銀砂羅)				48枚
	e	7	금은사라(金銀娑羅)(대야)				2枚
	f	8/9	금은국자(金銀杓)	8금국자	1枚	9은국자	1枚
	g	10/11	동,금,향로보자(銅,金,香鑪寶子)	10동향로보자	6具	11금향로보자	1具
	h	12	동촉경(銅燭檠)(등잔)				12枚
	i	13	금은잔(金銀盞)/굴치(屈卮)				48枚
	j	14	동조관(銅澡罐)(두레박통)				26枚
	k	15	잡금은기(雜金銀器)(그릇)				80枚
금속장엄구	l	16	금동령대(金銅鈴帶)/(各長七尺)				48道
	m	17/18	패(珮)/(各長六尺)/(各長四尺)	17대패(大珮)	28道	18소패(小珮)	28道
	n	19/20	경(鏡)	19대경(大鏡)	28面	20소경(小鏡)	40面
	o	21	오색납촉(五色蠟燭)				10條
	p	22	칠보금은연화(七寶金銀蓮華)				5樹
	q	23	진주(眞珠)				200條

[18] 최태선, 2016, 76~93쪽.

	r	24	유리포화(琉璃泡華)[19]					400枚
	s	25	잡채가화수(雜綵假華樹)					100樹
	t	26/27	채번(綵幡)[20]	26綵色大幡	24口	27雜綵幡		220口
천·식물	u	28	정포수건(淨布手巾)					3枚
	v	29	주망책(朱網幘)					8扇
	w	30	조두(澡豆)					1되
	x	31	조협(皂莢)					40枚
	y	32	탄회(炭灰)					1되
	z	33	버드나무가지(楊枝)					1속
26	26		26품목 33종					

2) 낙원역원 주변(사벌국면, 중동면)

총 7개소의 사지가 보고되어 있는데, 사지는 석조문화재와 주변에 산재하는 기와편으로 추정할 때 나말여초 또는 고려시대에 존속하였던 사지로 추정된다.

⟨표 8⟩ 상주시 낙원역원 주변 폐사지 위치현황(『한국의 사지』 경상북도Ⅱ 상주시편-필자 재편집)

※ 사지번호와 사지유형은 「한국의 사지」 내용을 인용함

연번	사지번호	역원	사지명	소재지	해발(m)	석조 문화재 ▲:탑 ♠:상 ◆:청동	시기 유물	사지 유형
18	50	낙원역	목가리사지	사벌국면 목가리 산6	75	♠석조관세음보살입상	고려~	·
19	27		용담리사지	사벌국면 용담리 52	95	석축	고려~조선	3
20	46		화달리사지	사벌국면 화달리 417-4	55	▲보물 상주화달리삼층석탑	통신~	·
21	18		신암리못골 안절골사지	중동면 신암리 20-1	141	·	고려~조선	3
22	24		오상리사지1	중동면 오상리 산40	152	·	고려~조선	3
23	25		오상리사지2	중동면 오상리 산40	250	석축시설	통신~조선	3
24	40		지사리사지	외남면 지사리 655-4	122	·	통신~조선	3

※사지유형 3유형 : 유구와 유물이 확인되며, 현존하는 지정되지 않은 사지
        4유형 : 기존조사에서 사지로 보고되었지만 특정 원인으로 인해 현재 확인되지 않는 사지

---

19) 각기 네모나거나 둥근 것이 한 자이다.
20) 49자 짜리도 되며, 품질 좋은 새 것으로 한다.

(1) 화달리사지

사벌국면에 화달리 삼층석탑(보물 제117호) 이 있는 사지는 현재 상산박씨문중의 재실과 능묘등 조선시대 이후의 구조물로 인해 사지로서의 형태는 알 수 없으나, 거대한 삼층석탑이 남아있어 사지였음을 추정하게 한다. 남-북향을 정면으로 서있는 탑은 남쪽의 병성산을 정면으로 하고 있다. 석탑은 현재 일반적인 2중기단과는 달리 단층기단 형식으로 보고[21]되어 있으나, 중대저석이 갑석의 형태로 남아있는 점으로 보아 원래는 하대저석과 하대면석을 갖추고 있었던 것을 남겨진 부재만으로 다시 복원하는 과정에서 생략된 것으로 추정된다.[22]

〈사진 5〉 상주 화달리 삼층석탑

따라서 상주지역에서 가장 규모가 큰 석탑이지만 석탑의 원위치와 같은 부분은 고고학적 조사가 진행되어야 명확해질 것으로 생각된다. 즉, 〈사진 6〉처럼 현재 석탑이 재조립되어 건립된 곳의 구 지형이나 위치 추정이 고고학조사에서 원위치가 아닌 곳으로 드러난 곳이 많기 때문에 화달리 삼층석탑의 경우도 석탑을 통해 낙원역원 주변에 통일신라기에 상주지역의 거찰이 있었다는 정도의 추정만 가능한 것으로 생각된다.

---

21) 이현수, 「병풍산 주변에서 싹튼 상주의 불교문화」, 상주박물관 엮음, 『상주 병풍산』, 2014, 130~131쪽.
22) 이러한 석탑의 복원과정을 거쳤다면, 현재의 탑위치가 원위치인지도 현재로서는 단정하기 어렵다.

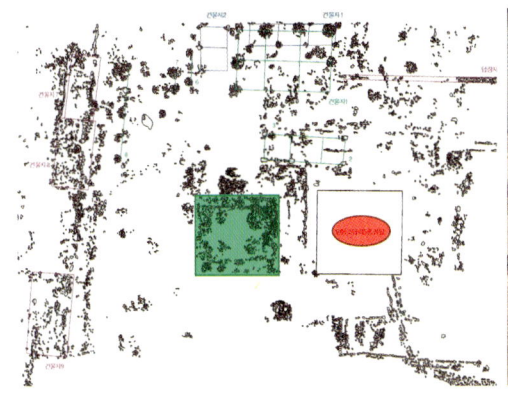 

〈사진 6〉 안동 조탑동 전탑의 현위치와 발굴조사에서 드러난 탑의 원위치, 그리고 구지표면 레벨차이

(2) 목가리사지[23]

사벌국면 목가리 산6번지 해발 50~75m에 위치한 사지는 1996년 조사 당시에는 고려시대의 삼층석탑과 함께 보관을 쓰고 있는 머리 부분이 몸신에 비해 크게 조성된 관음보살입상이 위치하고 있었다. 이 지역은 상주에서 함창으로 가는 구 교통로(송현松峴을 넘는)에 해당하며, 사지가 있던 곳은 '송원松院'이 있던 곳으로 치소 내의 사지로 추정된다.[24]

보고서 내용을 정리하면, 사지의 규모는 알 수 없으나, 석탑과 불상은 고려시대의 것으로 추정하고 있다. 또한, 주변

〈사진 7〉 목가리사지(송원터 사지) 관음보살입상과 삼층석탑

---

[23] 윤용진·최태선·김상영, 앞의 책, 1996, 312쪽, 여기에서는 〈목가리 원터 유적〉으로 보고되어 있다.
[24] 『신증동국여지승람』, 1996년 보고서 참조.

에서는 고려시대 어골문기와편과 조선시대 중호문기와편이 혼재하고 있어 사찰의 존속기간을 추정하게 한다.

이 외 낙원역 권역에 산재하는 용담리사지, 신안리사지, 오상리사지1,2, 지사리사지에는 사지로 추정될 수 있는 자연 석축시설과 기와편이 산포하는 정도인데, 수습되는 기와편에서 고려시대에 존속했던 것을 추정하는 것 외에 사지로서의 특색을 설명하기는 어렵다.

3) 낙산역원 주변(내서면, 외서면)

〈표 9〉 상주시 낙산연원 주변 폐사지 위치현황(『한국의 사지』 경상북도Ⅱ 상주시편 – 필자 재편집)

※ 사지번호와 사지유형은 「한국의 사지」 내용을 인용함

연번	사지번호	역원	사지명	소재지	해발(m)	석조 문화재 ▲:탑 ♠:상 ◆:청동			시기 유물	사지 유형
25	9	낙산역	북장리암자1	내서면 북장리 산12-3	325		·		조선	3
26	10		북장리암자2	내서면 북장리 산12-2	358		·		조선 상련암지?	3
27	11		**북장사 수미암지**	내서면 북장리 산14	546		·		조선	3
28	43		평지리사지	내서면 평지리 산184	160		위치불명		마애여래좌상	4
29	1		개곡리사지	외서면 개곡리 495	120	♠도난석불			?	4

※사지유형 3유형 : 유구와 유물이 확인되며, 현존하는 지정되지 않은 사지
4유형 : 기존조사에서 사지로 보고되었지만 특정 원인으로 인해 현재 확인되지 않는 사지

총 5개소의 사지가 불교문화재연구소의 보고서에 수록되어 있는데, 사지는 외서면의 사지를 제외하고는 주변에서 수습되는 와편에서 고려시대의 것이 확인되지 않는 점[25]에서 모두 조선시대의 사지로 추정된다.

사지가 위치하는 곳도 상주의 서편 산악지역에 접해있고, 사지가 위치하는 곳도 내서면은 모두 해발 300m 이상의 높이에 위치하고 있어 거찰의 규모보다는 암자성격의 터로 추정된다.

---

[25] 불교문화재연구소, 앞의 책, 2012.

4) 덕통역원 주변(함창읍, 이안면, 공검면)

덕통역원 권역에는 총 7개소의 사지가 조사되어 있는데, 이안면 안용리에 위치하는 3개의 사지는 고려시대의 것으로 추정된다. 그 중 안용리1사지의 경우 구전에 석탑이 반출되었다[26]고 전하나, 1996년 조사 이래 이곳은 묘역으로 조성되어 있으며, 그 묘역의 주변에 지대석으로 추정되는 탑재만 유존하는 것이 확인되어 사지의 면모는 육안으로 확인하기 어렵다. 다만 『상주지』[27]에는 1변 130cm 내외의 제 1, 2, 3층 옥개석의 치수가 명시되어 있어서 이곳에 삼층석탑이 존재하고 있었음을 알 수 있다.

<표 10> 상주시 덕통역원 주변 폐사지 위치현황(『한국의 사지』 경상북도Ⅱ 상주시편 – 필자 재편집)

※ 사지번호와 사지유형은 「한국의 사지」 내용을 인용함

연번	사지번호	역원	사지명	소재지	해발(m)	석조 문화재 ▲:탑 ♠:상 ◆:청동	시기 유물	사지유형
30	21	덕통역	안용리사지1	이안면 안용리 산78-6	502	탑재/ 구전에 석탑 존재	고려	3
31	22		안용리사지2	이안면 안용리 산78-6	520	·	고려~조선	3
32	23		안용리사지3	이안면 안용리 619	215	연화대좌	통신~조선	3
33	2		나한리사지	함창읍 나한리 515-2	146	·	고려명문와	3
34	49		상안사지(용화사)	함창읍 증촌리 258-3	90	♠보물 증촌리 석조여래입상	통일신라	
35	5		동막리사지	공검면 동막리 산1-1	310	·	조선시대	3
36	26		오태리사지	공검면 오태리 산25	160	·	고려~조선	3

※사지유형 3유형 : 유구와 유물이 확인되며, 현존하는 지정되지 않은 사지
　　　　　　4유형 : 기존조사에서 사지로 보고되었지만 특정 원인으로 인해 현재 확인되지 않는 사지

또, 해발 215m 부근의 안용리 마을과 인접한 안용리사지3의 경우도 지명은 미륵댕이(미륵골)로 불리우지만 현재는 연화대석과 돌학같은 석조물만 유존하

---

[26] 윤용진·최태선·김상영, 앞의 책, 1996, 보고서에는 520m에 위치한 사지와 민묘역에 탑재가 있는 사지를 하나의 사지로 보고하였으나, 2012년 불교문화재연구소에는 이들 사지를 안용리 1, 2사지로 구분하여 보고하고 있다.
[27] 상주시·군, 『尙州誌』, 1989.

〈사진 8〉 나한리사지 명문와편(1996)

며, 와편의 흔적도 확인되기 어려울 정도로 변모되어 있다.

그리고, 함창읍 나한리 515-2번지 해발 146m 부근에 있는 나한리 사지는 나한1리 마을의 서편 야산기슭에 위치한다. 1996년 보고 당시에 계단상의 경작층에 와편과 재층이 확인되지만 외형상 사지의 형태는 확인하기 어렵다고 보고되어 있다. 다만, 그때 조사에서 고려 말~조선 초에 제작된 명문와편들이 다수 확인되었는데, 연화로 장식한 명문구획대 내에 '○○二月眞聖/○○瓦造' 명문이 배치되어 있는 것으로 보고되어 있다.

지금까지 알려진 상주지역 고려시대 명문기와로는 사례가 드문 경우이며, 주변에는 근대에 건립된 나한사가 위치한다.

(1) 상안사지(용화사)

덕통역원 권역에서 가장 주목되는 사지로 함창읍 증촌리 해발 90m에 위치하는 상안사지이다. 현재는 용화사가 건립되어 있으며, 사지에는 보물인 증촌리 석조여래좌상과 입상을 비롯하여 삼층석탑재[28]와 기타 치석재가 경내에 보관되어 있다.

---

28) 현재는 정비된 용화사 경내에 신부재와 함께 삼층석탑으로 복원되어 있다.

〈사진 9〉 상안사지(용화사) 석조여래좌상 / 석조여래입상 / 복원된 삼층석탑

사지는 현재의 용화사로 인해 그 규모나 상황을 확인할 수 없으나, 두 점의 보물로 지정된 석조여래좌상과 석조여래입상을 통해 통일신라시대부터 덕통역원의 중심 사찰로 존재하였을 가능성을 추정하게 한다.

5) 상평역원 주변(공성면, 모동면, 모서면)

상주치소에서 남서편의 김천, 구미방면의 교통상에 해당하는 상평역원 권역에는 총 14개소의 사지가 보고되어 있는데, 공성면에 6개소, 모동면에 8개소, 모서면에 1개소가 있다. 이들 중, 공성면의 도곡리사지와 인창리사지, 초오리사지는 유물과 마애불, 석탑재를 통해 고려시대의 사지로 추정되지만 이화리사지1, 2에서는 지표상에서 고려시대 유물이 확인되지 않고 낮은 자연석 축만이 확인되고 있어 조선시대에 조성된 암자일 가능성이 높아 보인다.

모동면의 8개 사지 중, 수봉리의 반야사지, 용문사지, 진불암지만 지표상의 조사에서 고려시대에 조성되었던 사지로 추정되며, 나머지는 지표상에서 조선시대의 유물들만 확인되어 고려시대까지 소급하기에는 현재로서는 어려워 보인다.

이 중, 백화산 남쪽 강변 수봉리에 위치하는 반야사지는 현 지표상에서 석축과 같은 사지의 흔적을 확인하기는 어려우나, 채집유물에서 고려초기의 암, 수막새편과 집선문의 평기와편이 확인되어 사지로 추정되는 지역일원이 당시 사찰의 중심권역일 가능성도 추정된다.

《표 11》 상주시 상평역원 주변 폐사지 위치현황(『한국의 사지』 경상북도Ⅱ 상주시편－필자 재편집)
※ 사지번호와 사지유형은 「한국의 사지」 내용을 인용함

연번	사지번호	역원	사지명	소재지	해발(m)	석조 문화재 ▲:탑 ♠:상 ♦:청동	시기 유물	사지유형
37	4	상평역	도곡리사지	공성면 도곡리 644	138	♠마애여래	고려~조선	3
38	32		이화리사지1	공성면 이화리 산33	264	·	조선	3
39	33		이화리사지2	공성면 이화리 산45	272	·	조선	3
40	34		인창리사지3	공성면 인창리 302-1	105	▲삼층석탑	고려~조선	3
41	42		초오리사지	공성면 초오리 567	115	▲석탑재 서산사지	고려~조선(나말여초?)	3
42	7		반계리사지	모동면 반계리 645-2	293	·	조선 석축	3
43	8		**반야사지**	모동면 수봉리 산80	205	·	통신~조선와편	3
44	14		상판리사지	모동면 상판리 산21	365	·	?	4
45	16		수봉리사지	모동면 수봉리 산98	465	·	조선 석축 와편	3
46	19		신흥리사지1	모동면 신흥리 산10	371	·	조선	3
47	20		신흥리사지2	모동면 신흥리 산14	415	지장산내 거찰터	고려~조선	3
48	29		**용문사지**	모동면 수봉리 산98	350	▲삼층석탑/석축	고려~조선	3
49	41		**진불암지**	모동면 수봉리 산81	236	·	통신~조선	3
50	39		정산리사지	모서면 정산리 837-1	235	·	고려~조선	3

※사지유형 3유형: 유구와 유물이 확인되며, 현존하는 지정지 않은 사지
         4유형: 기존조사에서 사지로 보고되었지만 특정 원인으로 인해 현재 확인되지 않는 사지

그리고, 인근 수봉리 산81번지에 위치하며 18세기까지 사찰이 유지되었다고 하는 진불암지에서도 반야사지에서 수습된 고려초 연화문 수막새편이 함께 확인되고 있어서 강변을 따라 백화산으로 연결되는 교통 상에 이들 사지가 연속해서 건립되어 있었던 것으로 생각된다.

모서면의 정산리사지는 불교문화재연구소의 보고[29]에는 나말여초기의 유물이 확인된다고 하지만 수록된 유물은 조선시대의 기와편과 분청자기편만 소량 수록되어 있어 확인에 어려움이 있다.

(1) 도곡리사지

해발 138m의 도곡리의 경작지 경계지점의 가파른 경사면에 남동면을 정면으로 하는 암괴에 선각된 마애여래입상이 위치한다. 이 불상은 2005년 확인되어 2007년에 정식조사가 이루어진 것으로 보고되어 있다.[30] 불상은 고려초기로 추정되어 고려시대 마애불을 중심으로 하는 소규모 사찰이 있었을 것으로 추정되나 지표상에서 터의 흔적은 확인하기 어렵다.

(2) 인창리사지와 초오리사지의 석탑재

인창리사지는 마을 내에 위치하는 2중의 기단과 1층탑재만 남아있는 석탑재로서 사지의 존재를 알 수 있으며, 초오리사지의 석탑재는 현재 옥산초등학교 내에 옥개석을 활용하여 신축부재와 함께 재조립된 형태로 유존한다. 초오리사지의 경우 일제강점기에 사리장엄구를 도굴하는 과정에서 도괴되었다는 기록[31]

〈사진 10〉 인창리사지와 초오리사지의 석탑재

---

29) 불교문화재연구소, 앞의 책, 2012, 273쪽.
30) 김진형, 「최근에 발견된 불교유적과 유물소개」, 『상주』 2, 상주문화연구회, 2008.
31) 정규홍, 『석조문화재 그 수난의 역사』, 학연문화사, 2007, 182쪽.

이 전한다.

두 석탑 모두 소형의 규모이어서 고려시대 어느 정도 규모의 사원이 위치하였는지는 추정하기 어렵다.

6) 장녕역원 주변(화남면, 화북면)

소백산맥을 너머 충청권역으로의 교통상에 위치하는 장녕역원 주변에는 총 4개소의 사지가 보고되어 있는데, 상주지역에서 비교적 험준한 지역임에도 해발 300m내외의 지역에 위치한다.

화남면의 관음사지는 속리산 자락에 위치하며 조선시대 관음사사적비가 있는 곳이다. 동관음사가 있던 곳이라 전하며, 사적비에는 통일신라기에 사찰이 건립되어 유지된 것으로 전한다.

또한 화북면 운흥리 마을에 위치하는 운흥리 사지에도 고려시대 후기의 것으로 추정되는 석탑재가 확인되는데 옥개석 탑신석이 한 매로 조각된 퇴화된 형태의 석탑이다. 주변에 산재하는 고려시대의 와편과 함께 이곳에 고려사찰이 있었던 것을 추정할 수 있다.

<표 11> 상주시 장녕역원 주변 폐사지 위치현황(『한국의 사지』 경상북도Ⅱ 상주시편 – 필자 재편집)

※ 사지번호와 사지유형은 「한국의 사지」 내용을 인용함

연번	사지번호	역원	사지명	소재지	해발(m)	석조 문화재 ▲:탑 ♠:상 ◆:청동	시기 유물	사지유형
51	54	장녕역	관음사지	화남면 동관리 277	·	관음사사적비(조선시대)	고려?~조선시대	·
52	48		상오리사지	화북면 상오리 699	·	▲보물 상오리 7층석탑	고려~	·
53	30		운흥리사지	화북면 운흥리 37-3	303	▲석탑	라말려초~조선	3
54	36		입석리사지	화북면 입석리 443-1	329	석문사 신축가람	·	4

※사지유형 3유형 : 유구와 유물이 확인되며, 현존하는 지정되지 않은 사지
　　　　　 4유형 : 기존조사에서 사지로 보고되었지만 특정 원인으로 인해 현재 확인되지 않는 사지

(1) 상오리사지

현재 보물 상오리 칠층석탑이 남아있는 이곳은 구전에 '장각사'라는 절이 있었던 곳이라 하나 이와 관련한 사료는 확인되지 않는다.

석탑은 전형적인 고려시대 탑으로 2중의 기단 위에 7층의 탑신을 올렸다. 현재는 보물로 지정된 석탑 주변은 정비되어 경작지로 활용되고 있다. 탑의 서편 경작지에는 초석이 확인되기도 하지만, 앞에서 언급한 바와 같이 탑지가 원래의 위치인지 사찰의 배치는 어떠한지는 확인되지 않는다.

3. 맺음말 : 상주 사지의 위격

지금까지 한정훈 교수의 〈고려시대 상주관내의 역원 추정도〉를 바탕으로 상주지역의 사지 54개소를 6개의 역원권역으로 나누어 그 중의 주요 사지 특징을 소략하게 살펴보았다.

앞에서도 언급한 바와 같이 상주의 사지 중, 정식으로 발굴조사된 곳이 없어서 상주의 불교사찰에 대한 평면구조나 특징을 찾을 수 있는 곳은 없다.

다만, 상주의 지세가 낙동강과 접한 동쪽이 낮고, 서북쪽으로 가면서 험준한 소백산맥의 지맥으로 높은 지형을 따라 분포하는 사지 중, 고려시대의 주요 사지들은 대부분 당시 교통로 또는 치소와 역원주변에 분포하고 있는 특징을 현재의 지세를 통해 추정할 수 있는 정도이다.

사지의 규모를 육안으로 확인할 수 있는 곳이 거의 없으므로 유존하는 통일신라시대의 석탑과 석불과 한정훈 교수의 역원추정도와 대비하여 고려시대 상주지역 역원 주변에 중심사찰의 위치를 추론해 볼 수 있었다.

즉, 상주치소의 '낙양역원' 주변의 동방사지와 서편의 장백사지, '낙원역원' 주변의 화달리 삼층석탑, 동북쪽의 '덕통역원' 권역의 상안리사지(용화사)의 석불입상과 좌상, '장원역원' 권역의 고려시대 7층석탑이 있는 상오리사지 등은 통일신라 또는 고려 초부터 상주지역의 주요 교통망 상의 중심사찰로 유지되고 있었음을 막연하나마 추론해 볼 수 있다.

또한, 낙동강을 중심으로 하는 의성권역과 접한 곳은 '낙상리사지' 석탑처럼 일반적인 석탑의 전통과는 달리 고구려불교 또는 북방불교의 유입루트와도 연결되는 것으로 생각되는 전탑계의 전통도 함께 존재하였으며, 이는 곧 상주지역이 고구려불교 루트의 한 축을 가지고 있었던 것으로도 확대 해석할 수 있는 부분으로 보여진다.

상주 남서쪽인 김천과 추풍령을 연결하는 역원권역인 '상평역원' 권역은 상주 평지지역처럼 거대한 탑의 흔적은 확인되지 않지만, 많은 사지가 분포하는 점은 백화산의 산성과 하천을 중심으로 고려시대에도 교통망의 중요성이 인식되던 곳이었음을 나타내는 자료라 생각된다.

사지에 대한 정식적 고고조사가 없어 이러한 특징들을 명확하게 규정하기에는 지금으로서는 한계가 있다. 따라서, 상주지역에 주석하였거나 거쳐간 주요 고승의 연구라던지, 정치적인 상황에서의 상주불교의 특징을 찾아내기 위해서는 아직 확인되지 않은 불교유적의 지속적 지표관찰은 물론 본 글에서 두서없이 설정한 주요 사지에 대한 고고학적인 기초조사를 통해 하나하나 규명해 나갈 수 있기를 기대해 본다.

07

고려시대 상주의
불교조각

정은우
한국전통문화대학교 문화재보존과학과 석좌교수

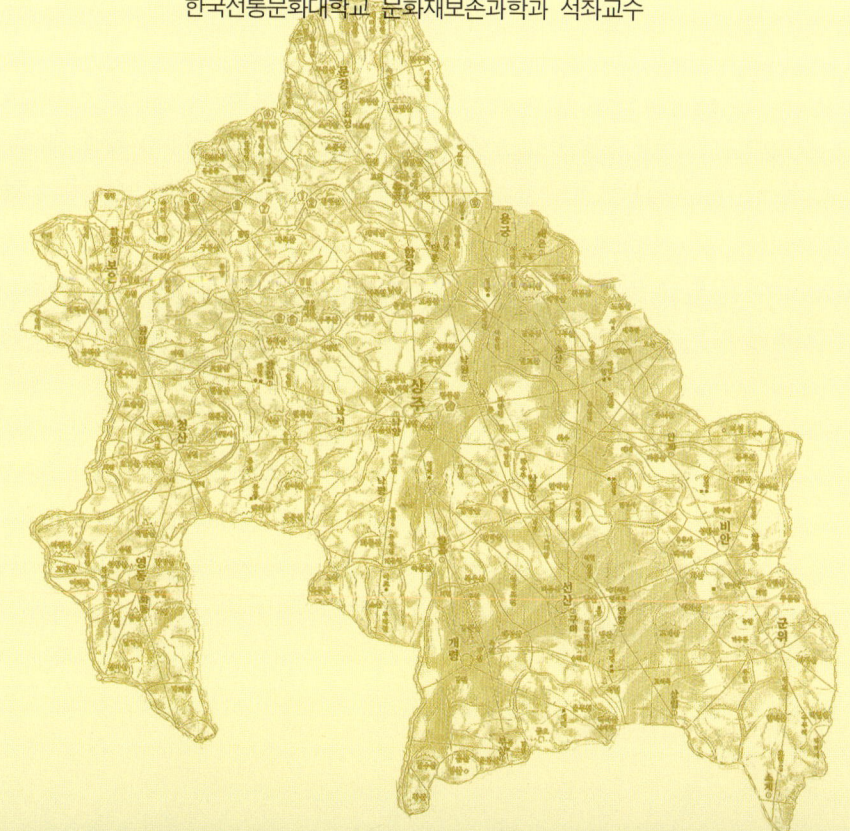

1. 머리말

　경상북도 상주는 낙동강이 근처에 있어 역사상 교통의 요지였으며 전략적 요충지였다. 상주는 불교를 받아들인 교통로에 위치하여 초기인 신라시대부터 불교와 불교미술이 발달하면서 많은 사찰이 창건되고 기념비적 유물들이 조성되었다. 신라 사불산四佛山 대승사大乘寺의 창건과 우리나라에서 처음으로 사방불을 조각한 사실이 이를 증명한다. 고려시대에도 이러한 전통은 이어져, 문인 이제현李齊賢은 경상도의 유래와 상주의 중요성에 대해 기술하였다.[1] 고려시대의 상주는 안동대도호부安東大都護府와 상주목尙州牧에 속하였다. 당시의 상주목사尙州牧使를 지낸 당대 최고의 문인들은 상주의 중요사찰을 중수하거나 유물을 소개한 글을 남겼다. 상주목사 최자崔滋는 천인이 머물렀던 공덕산功德山 동백련사[2]를 1241년(고종 28) 크게 중수하였다.[3] 안축安軸(1282~1348)은 1343년(충혜왕 후 4) 교검교평리校檢校評理로서 상주목사로 부임하면서 쓴 〈송근재안대부부상주목서送謹齋安大夫赴尙州牧序〉에 상주의 내력과 규모를 묘사하였다.[4] 상주목사 김남득金南得은 공관 동편에 정자를 지으면서 이색에게 정자이름과 기를 청한 글에서, 신축辛丑년 다음해(임인壬寅) 봄인 1362년(공민왕 11) 왕이 상주를 다녀갔을 때 이색李穡이 승선承宣으로 시종하였음을 언급하고 있다(이색, 〈풍영정기風詠亭記〉). 이는 홍건적의 난으로 공민왕恭愍王이 상주목 관아를 임시행궁으로 삼았을 때를 말한다. 이 〈풍영정風詠亭〉은 1408년(태종 8)에 쓴 권근의 〈상주 풍영루기尙州 風詠樓記〉에 다시 언급되는데, 경신년庚申年에 왜구가 침범하였을 때의 병화로 다시 중건한 내용을 담고 있다.[5]

---

1) 이제현, 『익제난고』 권5 序.
2) 천인의 행적에 대해서는 채상식, 『고려후기 불교사 연구』, 일조각, 1991, 84~87쪽 참조.
3) 공덕산 일대의 동백련사에 대해서는 한기문, 『고려사원의 구조와 기능』, 민족사, 1998, 75~100쪽.
4) 『동문선』 85권 序.
5) 『동문선』 80권 기.

그러나, 고려시대 상주의 불교미술에 관한 문헌기록은 많지 않은 편이다.[6] 본 논문의 주제인 상주에 남아 있는 고려시대의 불교조각 역시 매우 적으며, 현존 사례 역시 마모와 훼손, 소실로 온전하게 남아 있는 불교조각은 더욱 적은 편이다. 현재 남아 있거나 사진으로 확인되는 불상은 거의 석불과 금동상이다. 따라서, 소실되어 없어졌거나 상주의 불교조각으로 추정되는 불상도 모두 포함하여 정리해 보고자 한다. 먼저, 상주지역에 남아 있는 불상들을 정리하고 현재는 없어졌거나 또는 해외 박물관에 소장되어 있는 금동보살상을 소개하고자 한다. 이를 통해, 고려시대 상주의 불교와 불교미술에 대한 상황을 추정해 보고자 한다.

2. 상주의 고려전기 석불

상주에 남아 있는 고려시대의 불교조각은 현재, 보물로 지정된 상주 복룡동 석조여래좌상石造如來坐像(서성동, 보물 제119호)과 신봉리 석조보살입상石造菩薩立像(경상북도 문화재자료 제126호) 그리고 공성면 도곡리 마애여래입상磨崖如來立像 등이다. 목가리 석조관음보살입상(사벌국면 목가리, 경상북도 문화재자료 제437호)은 고려시대로 편년되어 있지만 시기가 확실하지 않아 제외하고자 한다.

먼저, 상주 복룡동 석조여래좌상은 상주지역에서 보물 제119호로 지정된 유일한 작품으로(〈도 1〉), 현재 왕산역사공원 내 보호각에 안치되어 있는데 원래의 위치에서 1975년 10월 이곳으로 이안되었다. 왕산은 고도 상주의 중앙에 자리한 명산으로 1362년(공민왕 11)에 홍건적의 침입으로 피난을 왔을 때 상주목 관아를 임시행궁으로 삼으면서 왕산으로 이름이 바뀌었다고 한다.

---

[6] 상주지역의 문헌기록과 사찰, 유물에 대해서는 한기문, 『고려시대 상주계수관 연구』(경인출판사, 2017)에 잘 정리되어 있다.

<도 1> 상주 복룡동
석조여래좌상, 고려

석조여래좌상

석조여래좌상 얼굴 측면(확대수정)

    이 석조여래좌상은 현재 새로 만든 석조대좌에 모셔져 있다. 불신의 밑부분과 얼굴과 팔, 어깨 부분이 많이 훼손되었으며 대좌는 없어진 상태이다. 현재 남아 있는 불상의 높이는 약 124cm로써 매우 큰 규모이고, 어깨 너비는 98cm로써 당당한 모습을 갖추었다. 원래 모습대로 현재까지 잘 남아 있었다면, 매우 우수한 불상이었을 것으로 보인다. 머리 높이 46cm, 머리 너비 37cm로 측면도 두껍게 조각되어 양감과 입체감이 매우 풍부한 상이지만, 육계肉髻와 이마 일부가 없어진 상태이다. 현재까지 잘 남아 있는 부위는 얼굴의 일부와 어깨 부위, 불신의 앞부분 정도이다.

    먼저, 얼굴은 둥근 방형에 살이 찐 풍만한 모습으로 뺨과 턱에 살이 오른 형태에 코는 짧은 편이며 입술은 작지만 또렷한데, 눈, 코, 입이 중앙으로 몰린 듯한 느낌을 준다. 턱에는 밑에 선을 그어 살찐 느낌을 더욱 강조하였다. 얼굴은 약간의 미소가 있어 전체적으로 밝은 모습을 풍긴다. 수인手印은 현재 마모되어 정확하게 알 수 없지만, 두 손이 가슴 쪽으로 모아 있어 지권인智拳印을 한 비로자나불毘盧舍那佛로 짐작된다. 현재의 위치로 보면, 왼손은 위쪽에 위치해 있고 오른손은 밑에 놓인 위치로 오른손으로 왼손을 감싼 일반적인 지권인과는 반대일 가능성이 높다. 수인 문제는 좀 더 면밀히 조사를 할 필요가 있으며, 두 발 가운데 왼쪽 발이 위로 올라와 있는 항마좌降魔坐를 하고 있는 점도 매우 특이하다.

 이 석조여래좌상은 많은 부분이 없어졌지만 풍만한 신체에 두터운 양감, 부드러운 옷주름 등이 특징이다. 그러나 통견식通肩式 대의大衣가 양 어깨에 둘러진 점과 신체 비례에서 유난히 상체가 짧은 점, 유난히 큰 발등은 매우 이례적인 특징이다. 둥글게 흘러내린 옷주름과 양 팔꿈치에 잡힌 물방울 모양의 옷주름은 통일신라 말기에서 고려전기 철불이나 석불에서 보이는 특징이다. 소발에 이마가 좁은 얼굴이나 두터운 양감, 팔꿈치의 주름 등은 통일신라 말기로 추정되는 높이 251cm의 김천 청암사 수도암 석조비로자나불좌상과 비교된다〈도 2〉. 조성 시기는 고려전기로 추정된다.

〈도 2〉 청암사 수도암 석조비로자나불좌상, 통일신라말기, 경상북도 김천

이 석조여래좌상에 대해서는 1969년의 상주지구 조사에 자세하게 기술되어 있다.[7] 이를 소개하면, 복룡동은 상주읍내에서 동쪽에 위치한 곳에 있으며 근처에 당간지주가 있었다고 한다. 당시 보호각이 있었으며 안과 밖에 '비로전毘盧殿'과 '미륵전彌勒殿'이라는 현판이 있었다고 하며, 동방사지에서 옮겨왔을 가능성이 제기되기도 하지만 정확하지는 않다.[8] 동방사지에는 통일신라로 추정하는 당간지주가 남아 있으며, 이규보李奎報의 『동국이상국집東國李相國集』에서 처음 확인되는 사찰이다. 동방사는 3장에서 다시 언급하고자 한다. 복룡동 석조여래좌상이 상주 동방사지 불상인지 그리고 지권인의 수인 형식에 대한 검토가 앞으로 필요할 것으로 보인다.

두 번째 작품은 상주 신봉리 석조보살입상(1985년, 경상북도 문화재자료 제126호 지정)으로, 경상북도 상주시 화서면 신봉리에 있는 높이 230㎝의 보살상이다(〈도 3〉). 상주 화서면에는 원래 두 구의 보살입상이 있었다고 하는데 이에 대해서는 1960년대 진홍섭 선생에 의해 소개된 바 있다.[9] 그리고 이 석불은 자연마을 북쪽의 골짜기에서 옮겨온 것이라고 한다. 당시 마을 사람들은 이 골짜기를 불당곡佛堂谷, 석불은 하마비下馬碑라고 불렀다고 한다. 두 구의 석조보살입상은 마을 입구에 있었던 점이 흥미롭고 한 구는 307㎝, 또 다른 한 구는 221㎝라고 소개되어 있다. 특이한 점은 높이 307㎝의 보살입상은 오른쪽손(우수右手)은 가슴에서 꽃가지(화지花枝)를 잡고 있다고 하였는데 현재는 다른 지역으로 이운移運된 상태이다. 현재 소개하고자 하는 석조보살입상은 221㎝의 상으로 1960년대와 크게 다르지 않지만 마모는 더 진행된 상태로 보인다.

---

7) 『상주지구고적조사보고서』, 단국대학교 출판부, 1969, 154~155쪽.
8) 위의 책, 154쪽.
9) 진홍섭, 「상주 화녕의 석불」, 『고고미술』 제2권 6호(통권11호), 1961.6, 116~117쪽; 진홍섭, 「상주 화서면의 석불」, 『고고미술』 제2권 제10호(통권15호), 1961.10, 170쪽.

〈도 3〉 신봉리 석조보살입상, 고려

    석조보살입상은 넓적한 1매의 화강암에 돋을새김이 되었는데, 현재 마모가 심한 편이며 하부는 땅 밑에 매몰되어 있다. 머리에는 삼면보관을 쓰고 있다고 되어 있으나, 확인은 어려우며 중앙에 화불이 희미하게 보인다. 정확하지는 않지만, 경상북도 김천 광덕동에 있는 고려전기의 석조보살입상의 보관과 비슷할 것으로 생각된다. 목에는 삼도가 표현되었으며, 어깨에 걸친 옷은 대의로 추정되고, 사선으로 옷주름이 흘러내린 형상은 비교적 명확하게 남아 있다. 두 손 가운데, 오른손은 가슴 위로 들어 손가락을 구부렸으며, 왼손은 가슴 밑으로 내린듯하다. 옷주름은 단순하면서도 두껍게 표현되었다. 광배는 머리광배(두광頭光)와 몸광배(신광身光)로 이루어져 있으며, 그 바깥쪽에 불꽃무늬(화염문火焰文)가 새겨졌고, 광배의 테두리는 1줄의 굵은 선으로 구분했다.

이 보살상의 존명은 보관에 화불이 있어 관음보살 혹은 미륵보살로 추정된다. 즉, 화불은 관음보살의 상징이지만, 이 보살입상의 조성시기로 추정되는 고려전기에는 삼면보관에 화불이 있는 미륵보살이 성행하던 시기이기 때문이다. 특히, 985년(성종 4) 고령 개포동 마애보살좌상, 981년(경종 6) 경기도 이천 마애보살상, 의성 생송리 마애보살좌상 등이 대표적인 사례이다.[10] 이 보살상들은 고려전기에 유행한 여래식의 대의를 걸쳤으며 손에는 연꽃모양의 용화수를 들고 보관에 화불이 조각된 점이 특징이다. 307cm 크기의 신봉리 석조보살입상이 이 범주에 해당한다. 현재 신봉리 석조보살입상은 마모가 심하게 진행되고 있는 상태이며 하부구조는 매몰되어 있다. 더 마모되기 전에 조사와 연구가 이루어져야 될 것으로 생각된다.

상주 공성면 도곡리 마애선각여래입상은 높이 6.5m, 너비 2.5m의 바위면에 선각線刻 되었으며, 불상은 높이 6.3m, 어깨너비 2.4m로 바위면에 꽉 차게 조각한 대형불상이다〈도 4〉. 전체가 선각 위주의 여래상으로 둥글게 솟은 육계와 머리카락이 없는 소발이다. 전체적인 비례에 비해 목과 어깨가 좁고 이마를 매우 좁게 조각한 것으로 보아 의도적으로 조각한 것인지는 알 수 없지만 마치 아래를 내려다보는 듯한 느낌을 준다. 얼굴은 눈동자까지 정확하게

---

10) 정은우, 「고령의 미술과 개포동 마애보살좌상」, 『퇴계학과 한국문화』 40호, 2010, 196~210쪽.

조각하였는데, 옆으로 길고 큰 눈과 큼직한 코, 두텁고 큰 얼굴이 매우 인상적이다. 이러한 눈, 코, 입이 크고 윤곽이 뚜렷한 얼굴 모습은 고려전기의 나주 철천리 석조여래입상과 비교된다〈도 5〉. 대의는 편단우견으로 오른쪽 어깨에는 대의 자락을 표현하지 않았으며, 왼쪽 어깨에 늘어진 옷자락이 배 밑으로 반원형을 이루며 흘러내렸고, 왼팔에서 늘어진 옷자락은 수직으로 늘어져 있다. 그런데, 왼쪽 가슴에서 다른 한 자락의 옷자락이 수평으로 가로질렀는데, 조형상 매우 어색한 느낌을 준다. 수인은 오른손을 가슴 위로 들어 엄지와 중지를 맞대었으며, 왼팔을 직각으로 구부리고 손에는 활짝 핀 연화 같은 꽃을 들었다. 여래상이 꽃을 든 도상은 고려시대에 유행하였다.

이 마애선각여래입상은 도상과 특징에서 매우 흥미로운 요소를 보이는 작품으로 이를 3가지 관점으로 정리해 보고자 한다.

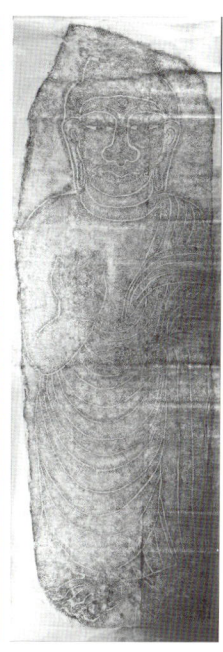

〈도 4〉 상주 공성면 도곡리 마애선각여래입상과 탑본

〈도 5〉 미륵사 경외 나주 철천리 석불입상

〈도 6〉 상주 공성면 도곡리 마애선각여래입상의 수인(탁본)

1 〈도 7〉 충주 미륵원 석조여래입상과 연꽃
2 〈도 8〉 증평 남하리 석조여래입상과 지물

첫째, 이 마애선각여래입상의 수인으로 왼손에 연꽃 같은 지물을 든 점이다(〈도 6〉). 손에 연꽃을 든 여래입상은 고려전기에 유행한 도상으로 충주 미륵원 마애여래입상(〈도 7〉), 증평 남하리 석조여래입상(〈도 8〉)이 대표적이다. 이외에도, 관촉사 석조보살입상, 대조사 석조보살입상 등 여래와 보살상이 다양한 모양의 연꽃을 들고 있다. 고려시대의 이러한 존상들은 미륵으로 이해하고 있어, 연화가 아닌 용화수로 인식하여 용화수인龍華手印이라고 부른다. 즉, 석가 입멸 후 56억 7천만년이 경과하면 미륵보살이 도솔천에서 교화를 마치고, 이 세상의 용화수 아래에 내려와 석가불이 구제하지 못한 중생들을 세 번의 설법을 통해 모두 구제한다는 것에서 유래한다. 미륵불은 키가 16유순(미륵상생경彌勒上生經), 석가불의 80팔뚝(미륵성불경彌勒成佛經) 등 장대한 크기임을 다양한 경전에서 밝히고 있어 미륵불은 대체로 거대한 크기로 조각되는 것이 특징이다.[11] 따라서, 상주 공성면 마애선각여래입상은 미륵불일 가능성이 높으며, 6m가 넘는 장대한 크기 역시 이를 뒷받침 하는 요소이다. 이러한 전통은 조선시대로 계승되어 539.6cm 크기의 장대함이 돋보이는 1663년(현종 4) 문경 봉암사 마애여래좌상(〈도 9〉)까지 이어진다.

〈도 9〉 환적당의천 발원 봉암사 마애미륵여래좌상, 조선 1663년

---

11) 정은우, 「고려중기 불교조각에 보이는 요의 영향」, 『고려와 북방문화』, 양사재, 2011, 178~180쪽.

둘째, 이 상은 고려전기의 특징이 잘 반영되어 있는 마애선각여래상이다. 그리고 편단우견의 대의를 걸친 여래입상의 형식과 바위에 선각으로 조각한 기법도 중요한 요소이다. 전체적인 비례에서 유난히 큰 얼굴과, 큰 눈, 코, 입의 표현, 좁은 어깨, 기둥 같은 신체 등은 고려전기에 유행한 석불의 전통을 따르고 있다. 선각이 아닌 원각상圓刻像이라는 차이는 있지만, 관촉사 석조보살입상이나 충주 미륵리 석조여래입상이 대표적인 작품이다. 전체적인 조형성에 비해 얼굴과 수인을 정확하고 크게 조각하여 강조한 점은 고려시대 석불의 전형적인 특징이다. 또한, 눈동자를 매우 크게 강조하였는데, 이 역시 관촉사 석조보살입상이나 부여 대조사 석조보살입상에서 보이는 특징으로 다른 재질을 눈에 감장嵌裝[12]하여 눈동자를 표현한 것과 비슷한 조형이다. 따라서, 공성면 마애선각여래입상은 고려전기에 조성된 작품으로 판단된다.

셋째, 마애선각여래입상의 정교한 조각 수법이다. 이 곳은 마을사람들에게 부처방구라고 불렸다고 하지만 2005년에야 비로소 이 불상은 세상에 알려졌다. 그러나 자세히 살펴보면 세부까지 조각한 귀, 선명하게 새긴 콧수염, 손가락의 부드러운 굽힘, 둥글게 늘어지는 옷주름의 처리, 양 옆으로 벌려 정교한 발톱에 힘을 준 발가락 등의 표현에서 우수한 기법을 볼 수 있다. 이 불상을 새긴 조각가는 바위면에 맞게 불상을 크게 조각하려는 의도와 예배대상으로서의 불격을 갖추려는 조형의지를 나타내고 있다. 즉, 높이에서 얼굴은 정면을 유지하면서 크게 조각한 반면, 목은 짧게 하여 마치 앞으로 숙인 듯한 느낌을 자아낸다. 현재, 이 불상을 예배하였을 공간이 거의 남아 있지 않아 추정에 불과하겠지만, 밑에서 위를 올려다보고 신앙하는 고려시대 마애불의 형식과 조형의지를 담고자 한 것이 아닌가 생각된다.

---

[12] 금판 위에 청옥 등을 박은 알집을 또 다른 금판으로 만들어 붙여 장식하는 기법.

3. 상주지역의 고려후기 금동보살상

상주지역에 있었던 확실한 고려후기의 금동보살상은 갑장사 금동관음보살 좌상이 유일하다. 그러나 현재 보살상은 없어졌고 1960년대에 조사한 흑백사진만 남아 있으며, 사찰 주위에는 고려시대의 기와편이 산재해 있다. 이외에, 프랑스 파리 기메박물관 소장의 금동42수관음보살좌상은 상의 밑판에 적혀 있는 '동방사東方寺'라는 기록이 남아 있는 금동보살상이다. 따라서, 상주에도 동방사가 있었으므로 소개하고자 한다. 이 두 관음보살좌상은 대형 크기에 우수한 조각기법을 보이는 이 시기를 대표하는 작품인 점에서 그 내력과 특징을 구체적으로 다루어 보고자 한다.

1) 갑장사 금동관음보살좌상

상주 연악산淵岳山(갑장산甲長山)의 중봉에 있는 갑장사甲長寺는 대한불교조계종 제8교구 본사인 직지사의 말사이다. 고려시대에 창건한 절로서 1985년 6월 큰 화재가 나면서 많은 유물이 소실되었다. 현재, 사찰에는 고려시대의 석탑과 조선시대의 승탑 몇 기가 남아 있다〈도 10〉. 갑장사가 있는 갑장산(연악산)에 대해서는 『동국여지승람東國輿地勝覽』에 '갑장산은 주 남쪽 13리에 있는데 일명 연악淵岳이라고 한다'라고 하였다. 갑장산은 상주박물관 소장 〈고지도〉에도 '長甲山'(갑장산의 오기)이라고 적혀 있으며 연악서원과 용흥사가 그려져 있다. 현재도 연악산과 갑장산으로 불리며, 연악산은 〈동여비고〉에 남쪽 9리에 있다고 하였다.[13]

그러나, 갑장사는 기록이 많지 않은 편으로 사찰에 남아있거나 현재는 없어

---

13) 한기문, 「18,19세기 고지도의 주기를 통해 본 상주목의 모습」, 『옛지도로 재현하는 경상도 상주』, 『상주박물관 학술연구총서』 15, 민속원, 2016, 97쪽.

진 유물을 통해 내력을 추정해 볼 수 있을 뿐이다. 현재, 사찰에는 고려시대의 삼층석탑이 전하며(경상북도 문화재자료 제125호), 지금은 없어진 고려시대의 금동관음보살좌상이 봉안되어 있었다고 한다. 또한, 1809년(순조 9)에 조성한 후불탱과 1897년(광무 1)에 조성한 신중탱이 있었다고 하여, 조선말기까지 계속 이어진 사찰이었음을 알 수 있다. 따라서 갑장사의 유물에 대한 분석은 사찰의 성격을 살펴볼 수 있는 중요한 자료가 된다.

〈도 10〉 갑장사 전경과 삼층석탑, 사찰 주위의 기와편

갑장사에 있었던 유물에 대해서는 사찰에 화재가 나기 전인 1969년 정영호 선생에 의해 「갑장사의 유적 유물」이라는 보고서에 사진과 함께 조사 내용이 수록되어 있다. 이 보고서는 경상북도 지역의 유물조사 일환으로 진행된 것으로 갑장사에 대해서도 당시의 사진과 함께 상세하게 소개하였다.[14] 이 보고서에서 주목되는 것은, 당시 법당에 봉안된 금동관음보살좌상으로 현재 주지스님의 말씀으로는 화재시 소실되었거나 또는 다른 이유로 오래 전에 없어졌다고 전한다고 한다.

1969년 당시 금동관음보살좌상의 조사 내용을 정리하면 다음과 같다. 보살상의 전면에는 개금이 잘 남아 있었으며 대좌는 당시에도 없었다고 하였다 (〈도 11〉). 보관은 연화와 당초문을 투각하였으며 정면에는 화불이 있어 관음보살임을 알 수 있다. 보관의 양 측면에는 나무로 만든 관대가 늘어져 있는데

〈도 11〉 『상주지구고적조사보고서』에 실린 갑장사 금동관음보살좌상

---

14) 『상주지구고적조사보고서』, 단국대학교 출판부, 1969.

이는 조선시대에 다시 조성한 것이다. 보살상의 이마에는 수정제 백호가 감입되어 있었으며 당시 조사에서 불상의 저면과 복장유물이 조사되었는데, 나무판으로 밑면은 고정되어 있었으며 다라니경과 부속물들이 안립安立[15])되어 있었다고 한다. 실측치도 있는데, 전체높이 66cm, 견폭 29cm, 흉폭 16.5cm, 무릎폭 47cm, 무릎 높이 9cm, 귀(이耳)의 길이 10cm로 기록하였다. 따라서 이상의 조사 내용과 흑백사진을 참고하여 갑장사 금동관음보살좌상에 대해 살펴보고자 한다.

먼저 갑장사 금동관음보살좌상은 흐릿한 사진만 남아 있지만 고려후기 경상도 지역에서 제작된 보살상의 전형적인 특징을 보이는 보살상인 점에서 매우 중요하다. 즉, 낮은 보관에 사선으로 단을 지은 뒷 머리카락과 높게 솟은 보계, 귀 중간을 가로질러 양어깨에 둥글게 말리면서 몇 가닥으로 흘러내린 머리카락, 수평으로 가로지른 승각기(내의), 통견식 대의에 양 대의 자락이 대칭으로 양 무릎에 늘어져 있는 점, 가슴과 양 무릎에 장식된 5줄의 영락, 오른손은 가슴에서, 왼손은 무릎 위에서 결한 수인 등은 전형적인 경상도에서 유행한 고려후기 보살상의 전형이다. 얼굴 또한 약간 사선으로 올라간 눈꼬리와 길게 내려오는 반듯한 콧날, 작은 입술에 근엄하면서도 자비로운 표정 역시 마찬가지다.

그런데, 이와 유사한 금동관음보살좌상이 서울 호림박물관과(〈도 12〉)[16]) 일본 나가사키현 다구도혼신사多久頭魂神社(〈도 13〉), 문경 대승사大乘寺에 소장되어 있다. 일본 신사의 비불로 모셔져 있는 다구두혼신사 금동보살좌상(일본 나가사키현)은 양식적 특징에서 경상도 지역에서 만든 14세기의 보살상으로 판단되는데, 아마도 왜구의 침략과 연관되어 건너간 유물이 아닌가 추정될 뿐이

---

15) 정해진 장소에 안전하게 건립(建立)한다는 의미의 불교용어.
16) 호림박물관 금동보살좌상에 대해서는 정은우, 『고려후기 불교조각 연구』, 문예출판사, 2007, 145~146쪽 참조.

〈도 12〉 금동관음보살좌상 　　　　〈도 13〉 금동관음보살좌상
　호림박물관, 고려　　　　　　일본 나가사키현 다구도혼신사, 고려

다.17) 문경 대승사 금동관음보살좌상은 보물 제991호로 지정하면서 조선시대로 편년하였지만 도상 및 양식적 특징에서 고려후기일 가능성도 있다.18)

　이 보살상들은 매우 유사한 특징을 보인다. 가슴에는 수평의 승각기僧祇支와 옷깃이 수직으로 흘러내려 가슴부분이 직사각형을 이루며, 소매에서 늘어진 대의자락은 양 무릎에서 대칭을 이루면서 늘어져 있는 점에서 거의 유사하다. 또한, 목걸이는 가운데 화문이 있는 다섯줄로 늘어진 모습인데 같은 형상의 영락이 무릎에도 늘어져 있다. 무릎에 표현된 3개의 횡선 옷주름도 동일하다. 등쪽은 장신구를 제외하면 몸의 양옆으로 몇 개의 옷주름만이 선각되어 밋밋하게 표현되었다. 특히, 이 유형의 특징으로 뒷머리는 가운데 가르마를 타고 횡으로 5단을 이루며 어깨 위 보발은 3개의 원형과 다섯 가닥으로 늘어져 있다. 즉, 통견식 대의에 수평으로 가로지른 내의, 옷깃을 따라 흘러내린 영락은 1216년(고종 3) 천주 남천선사南天禪寺 석조보살좌상에서도 보이는 남송

---

17) 정은우, 「고려후기 보명사 금동보살좌상과 왜구와의 관계」, 『미술사학』 19호, 2005, 99~126쪽.
18) 문화재청, 『문화재대관 보물 불교조각』 Ⅰ, 2016, 342~344쪽.

대 보살상의 형식이다. 가운데 화문을 중심으로 3개의 주옥과 5줄로 늘어진 수식의 목걸이 표현 역시 1255년(고종 42)에 일본으로 가져온 남송대에 조성된 일본 교토京都 센뉴지(천용사泉涌寺) 목조관음보살좌상에 보이는 특징이다.[19]

현재 경상북도 지역에 남아 있는 고려시대 보살상 목록은 다음과 같다〈표 1〉). 이 가운데, 시기가 다소 앞서는 12~13세기 보살상의 재질은 나무와 건칠로써 모두 안동과 봉화지역에 분포되어 있어 당시 같은 안동도호부에 속한 공통점을 보인다. 즉, 안동 봉정사鳳停寺 목조관음보살좌상은 사찰에 전하는 현판 기록에 따라 1199년(신종 2)에 조성되었음이 확인되었으며, 보광사普光寺 목조관음보살좌상은 비슷한 시기인 13세기경에 제작되었을 것으로 추정된다. 봉화 건칠보살좌상도 12~13세기 작품으로 추정된다. 문경 대승사 금동관음보살좌상은 1516년(중종 11)에 개금한 기록만 남아있지만 14~15세기경의 작품이며, 영덕 장륙사 건칠관음보살좌상(1395년 발원문)도 14세기의 작품이다. 이 보살상들은 거의 모두 통견식 대의와 옷주름 등에서 공통점을 보이는데 이는 다른 지역과는 구별되는 지역적 특징으로 간주된다. 갑장사 금동관음보살좌상 역시 경상북도 지역에서 제작된 이 보살좌상들과 도상 및 양식에서 깊은 연관성을 보인다.

〈표 1〉 경상북도 지역의 고려시대 보살상 목록

	명칭	제작시기	크기(cm)	비고(현 소장처)
1	안동 봉정사 목조관음보살좌상	1199	106.0	보물 제1620호
2	안동 보광사 목조관음보살좌상	13세기	113.6	보물 제1571호
3	봉화 청량사 건칠보살좌상	12~13세기		
4	문경 대승사 금동관음보살좌상	14세기	135.0	보물 제991호
5	상주 갑장사 금동관음보살좌상	14세기	66	현재 없어짐

19) 정은우, 「고려중기와 남송의 보살상」, 『미술사 자료와 해석』(秦弘燮先生賀壽論文集), 일지사, 2008, 180~212쪽.

6	금동42수 관음보살좌상	14세기	60	파리 기메박물관
7	일본 다구두혼신사 금동보살좌상	14세기		일본 나가사키현
8	영덕 장륙사 건칠관음보살좌상	14세기	79.0	보물 제993호(1395년 원문)

다음은 갑장사 금동관음보살좌상 조사 시 불상 내부에서 발견된 중수발원문으로 그 내용을 구체적으로 살펴보고자 한다. 먼저, 한지에 묵서된 '강희28년(기사) 8월 경상도 상주목 내남면 연악산갑장암과거주상중수발원문康熙二十八年(己巳)八月 日 慶尙道尙州牧內南面 淵岳山甲長庵過去鑄像重修發願文'이다. 중수발원문의 전문을 옮기면 다음과 같다.

〈중수발원문, 한지에 묵서〉

「강희이십팔년(기사)팔월 일 경상도상주목내남면 연악산갑장암과거주상중수발원문 원이차공덕보급어일절아등여중생개공성불도 불상대시주안후명 양주 김업 양주 불상대지주조신일 양주 불상시주최변승 양주 계환 비구 횡성 양주 황금대시주강득남 양주 김수영 양주 황금시주조선남 양주 복장시주의준비구 조김시 주리시신원 양주 박덕승 양주 산중질 석 유신 비구 천삼 비구 학진 비구 수승민윤 비구 삼보인혁비구 본암신행 비구 혜명비구 해명비구 명휘 비구 숭지 비구 삼언 비구 계선 비구 세심 비구 연화 선종대선사 소영당신경 비구 지전 종현 비구 화원 탁밀비구 보웅 비구 진뢰 비구 공양주 행잠 비구 극림 비구 별좌 설안 비구 화주 희경 비구 시아 사봉 단신 선이 단신

康熙二十八年(己巳)八月 日 慶尙道尙州牧內南面 淵岳山甲長庵過去鑄像重修發願文」願以此功德普及於一切我等與衆生皆功成佛道」佛像大施主安厚命 兩主」金業 兩主」佛像大施主趙信日 兩主」佛像施主崔卞承 兩主」戒還 比丘」黃成□ 兩主」

黃金大施主姜得男 兩主」金守暎 兩主」黃金施主趙善男 兩主」腹藏施主義俊比丘 鳥金施主李信元 兩主」朴德承 兩主」山中秩 碩 裕信 比丘」天三 比丘」學眞 比丘」首僧敏潤 比丘」三寶印玄

比丘」本庵信行 比丘」惠明 比丘」海明 比丘」明輝 比丘」崇持 比丘」三彦 比丘」戒禪 比丘」世諶 比丘」緣化 禪宗大禪師 昭影堂神鏡 比丘」持殿 宗現 比丘」畵員 卓密 比丘」普雄 比丘」震雷 比丘」供養主 幸岺 比丘」剋林 比丘」別座 雪安 比丘」化主 熙敬 比丘」侍兒 士奉 單身」先伊 單身」

    중수발원문에는 연악산 갑장암이라는 정확한 사찰명과 1689년(숙종 15)의 중수 시기 그리고 주상鑄像이라고 기록하여 불상의 재질을 밝히고 시주자 목록과 산중질, 갑장암의 스님들, 이어서 이 불사를 맡은 승려들의 소임을 기록하였다. 시주목록은 크게 불상대시주, 복장시주, 황금대시주로서 중수하면서 일부복장을 다시 납입했던 것으로 보이며, 황금시주는 개금의 재료를 의미하는 것으로 해석된다. 따라서 1689년(숙종 15)에 금동관음보살좌상에 대한 중수 및 개금불사가 이루어졌음이 확인된다.

    이 중수발원문에서 주목되는 것은 하단에 쓰인 연화질로서 중수불사에 소임을 적은 스님들을 크게 2가지로 분류할 수 있다. 하나는 증명과 지전이며 다른 하나는 개금불사를 직접 한 조각승들이다. 먼저, 연화緣化 선종대선사禪宗大禪師 소영당신경비구昭影堂神鏡比丘와 지전持殿 종현비구宗現比丘이다. 소영당신경은 환적의천幻寂義天(1603~1690)의 상좌上座로 청허휴정淸虛休靜-편양언기鞭羊彦機-환적의천-소영신경昭影神鏡으로 이어지는 계보이다. 이 계보는 명확한 사상과 신앙을 토대로 조선후기 불사에 적극적으로 참여한 승려들로서 그들이 발원한 많은 유물이 현재도 남아 있다. 환적의천은 1663년(현종 4) 봉암사의 마애미륵여래좌상(〈도 9〉, 불상 높이 4.5m, 폭 4.4m)을 발원한 승려이며, 편양언기(1581~1644)의 상좌인 소영당신경(1684?~1713?)은 수행에 집중한 승려로서 쌍계사雙磎寺 능인암能仁庵을 중창하였으며, 특히 1684년(숙종 10) 예천 용문사龍門山 금당을 창건하면서 용문사의 불사를 주도하였고, 1684년(숙종 10) 상주 용흥사龍興寺 괘불에 증명으로 참여하였다. 의성 고운사孤雲寺에는 1706

년(숙종 32)에 세워진 〈선종소영당대사비禪宗昭影堂大師碑〉가 있어 입적시기를 추정해 볼 수 있다. 상주 남장사南長寺에는 신경의 부도가 남아 있다. 소영당신경은 종현과 함께 참여하였는데 종현은 지전의 역할을 주로 담당하였던 같은 계보의 승려이다(〈표 2〉).

〈표 2〉 소영당 신경비구와 종현의 불사 목록

	명칭	증명	조성연대	화원
1	용문사 목각아미타여래설법상	증명 종현비구	1684년(숙종 10)	
2	영월 보덕사 목조아미타여래삼존상	선종대선사 신경 산중석덕 종현비구	1687년(숙종 13)	화원 탁밀 학잠 등
3	제천 정방사 목조관음보살좌상	선종대선사 신경 산중석덕 종현비구	1689년(숙종 15)	화원 단응 보웅 등 4명
4	안동 봉황사 대웅전 석가여래삼불좌상	증명 소영당신경	1692년(숙종 18)	
5	하동 쌍계사 사천왕상	증명 소영당	1705년(숙종 31)	단응

청허휴정(1520~1604)으로부터 이어지는 계보인 소영당 신경과 종현이 갑장사 불사에 참여하였다는 점은 갑장사의 당시 사찰의 성격을 의미한다. 즉, 선·교·염불을 중요시하는 조선 후기 불교계의 성격과 더불어 이 계보의 승려들은 염불과 수행을 중시하며 16관법의 구품왕생을 중요시하였다. 현존하는 유물 가운데 1675년(숙종 원년) 문경 대승사 목각아미타여래설법상(국보 제321호, 원 부석사 금색전, 347×279cm)은 종현이 증명을 맡은 작품이다. 1684년(숙종 10) 용문사 목각아미타여래설법상(보물989-2호, 265×218cm)은 신경이 발원하고 종현은 증명으로 참여하였다(〈도 14〉).[20]

---

20) 〈龍門寺金堂始創腹藏記〉 "康熙二十三季甲子季 穐日慶尙左道醴泉郡 地小白山龍門寺等像 三尊後 佛木幀大彌陀會後 佛像都大施主通政大夫權貴同兩主 佛像大施主嘉善大夫李一福 佛像大施主權鶴男兩主 佛像大施主朴重華兩主 山中大德秩螢英 致能比丘 太賢比丘 而瓊比丘 雪行比丘 尙歸比丘 法悅比丘 應嚴比丘 太能比丘 寺中 時住持敏球比丘 時首僧密雲比丘 三剛尙梅比丘 義坦比丘 幸卞比丘 義運比丘 性總比丘 大現比丘 道海比丘 瑞琭比丘 學哲比丘 瑞全比丘 熙印比丘 畵員秩 端應比丘 卓密比丘 學倫比丘 法清比丘 坦性比丘 義禪比丘 體元比丘 學坦比丘 太敏比丘 緣化秩 證明宗現比

〈도 14〉 목각아미타여래설법상, 조선 1684년, 경북 예천 용문사

이 두 목각아미타여래설법상은 전체를 3열로 구성하여 하단부 1열은 연꽃과 구품연지, 2열은 아미타불을 중심으로 보살군, 3열은 천공의 하늘을 두어 시공간을 입체적으로 묘사하였다. 아미타불은 구품연지 위로 수미산을 배치하고 그 위에 연화좌 위에 앉은 아미타불을 두어 높은 곳에서 설법하는 장면을 묘사하였다. 상단에 천개와 서기를, 중단에는 아미타와 설법하는 장면을, 하단에 구품왕생의 단계를 적어 놓은 연꽃이 조각되어 있다. 즉, 그들의 구품과 정토왕생에 대한 사상과 신앙을 실제 예불 공간에 시각적으로 구현한 작품인 것이다. 이러한 목각아미타여래설법상은 우리나라에 6점 정도밖에 남아 있지 않다. 즉, 17세기 갑장사의 사상적 배경은 알 수 없지만 소영당신경과 종현비

丘 持殿坦球比丘 禪德頴眞比丘 供養主戒能比丘 敬海比丘 仁白 聖)淂 別坐密淸比丘 化主秩 山林道人洪澤比丘 淨心比丘 黃莫金 李生男 良工助綠秩 李白蓮 李戒一 善允比丘 朴戒潤,"『한국의 사찰문화재』 경상북도Ⅱ 자료집, 문화재청·불교문화재연구소, 2008, 288쪽.
〈목각아미타여래설법상〉 하단화기 : 康熙二十三季甲子季 龜日慶尙左道醴泉郡 地小白山龍門寺等像 三尊後佛木幀大彌陀會後 佛像都大施主通政大夫權貴同兩主 佛像大施主嘉善大夫李一福 佛像大施主權鶴男兩主 佛像大施主朴重華兩主 山中大德秩螢英 致能比丘 太賢比丘 而瓊比丘 雪行比丘 尙歸比丘 法悅比丘 應嚴比丘 太能比丘 寺中 時住持敏球比丘 時首僧密雲比丘 三剛尙梅比丘 義坦比丘 幸卞比丘 義邏比丘 性總比丘 大現比丘 道海比丘 瑞球比丘 學哲比丘 瑞全比丘 照印比丘 畵員秩 端應比丘 卓密比丘 學倫比丘 法淸比丘 坦性比丘 義禪比丘 體元比丘 學坦比丘 太敏比丘 緣化秩 證明宗現比丘 持殿坦球比丘 禪德頴眞比丘 供養主戒能比丘 敬海比丘 仁白 聖)淂 別坐密淸比丘 化主秩 山林道人洪澤比丘 淨心比丘 黃莫金 李生男 良工助綠秩 李白蓮 李戒一 善允比丘 朴戒潤." 『한국의 사찰문화재』 경상북도Ⅱ 자료집, 문화재청·불교문화재연구소, 2008, 288쪽.

구가 개금불사에 참여한 점에서 이 승려들의 계보나 사상과 관련이 있는 사찰이었을 것으로 판단되는 것이다.

당시 갑장사 금동관음보살좌상을 개금한 조각승은 화원 탁밀비구畵員 卓密比丘, 보웅비구普雄比丘, 진묵비구震雷比丘이다. 이 조각승들 역시 소영당신경의 계보에 속하며 경상도 지역의 불사를 많이 하였던 승려들이었다. 특히 개금불사를 주도한 조각승은 제일 먼저 이름이 쓰여 있는 탁밀이다. 그는 마곡사麻谷寺 영산전靈山殿 불사와 용문사 불사에 차화원으로 기록되어 있다. 탁밀은 1687년(숙종 13) 수화원首畵員으로 영월 보덕사報德寺 아미타여래삼존좌상을 제작하였고 이어서 1689년(숙종 15)에 상주 갑장사 금동보살좌상을 중수하게 된다. 1702년(숙종 28) 성주 선석사禪石寺 괘불의 공양주로 참여하였으며,[21] 1714년(숙종 40)에는 문경 김룡사金龍寺 명부전冥府殿과 동전東殿 건립에 참여하는 등 18세기 전반까지 꾸준히 활동한 조각승이다.[22]

그런데 탁밀은 수조각승 단응端應과 함께 주로 작업하였기 때문에 그의 영향을 가장 많이 받은 조각승으로 판단된다〈표 3〉). 즉, 단응은 앞에서 설명한 목각아미타여래설법상을 비롯하여 17세기 후반부터 18세기 전반까지 경상북도를 중심으로 크게 활동하였다. 그런데, 1692년(숙종 18) 안동 봉황사鳳凰寺(당시 황산사黃山寺)[23] 목조석가여래삼존좌상의[24] 대좌 묵서에는 '호남전라도전주

---

21) "康熙二十八年八月日 慶尙道尙州牧內南面淵岳山甲長庵過去鑄像重修發願文鄭永鏥……禪宗大禪師 昭影堂神鏡 比丘 持殿 宗現比丘 畵員 卓密比丘 普雄比丘 震雷比丘."『尙州地區古蹟調査報告書』, 단국대학교출판부, 1969, 210~211쪽.
22) 「義城縣騰雲山高雲寺事蹟碑文」에 의하면 1714년에 담유(曇裕)와 탁밀(卓密)이 명부전(冥府殿)과 동전(東殿)을 건립하였다고 한다. "……冥府殿三尊十冥王攸宅而歲在甲午曇裕卓密之所建旁有僧寮其號東殿……." 姜裕文,『慶北五本山古今記要』, 慶北佛敎協會, 1937, 81쪽.
23) 봉황사(鳳凰寺)는 임진왜란 시에 전소되어 새로 주석한 스님에 의해 황산사(黃山寺)로 불리다가 1680년 홍수 뒤에 절 근처의 시냇가에서 발견된 「아기산봉황사사적비(鵝岐山鳳凰寺事蹟碑)」를 통해 사명寺名을 확인하고 봉황사(鳳凰寺)로 고쳐 부르게 되었다. 사찰문화연구원,『전통사찰총서』16, 2001, 213쪽.
24) 봉황사 불상은 대좌의 묵서와 함께 제작된 불패 묵서를 통해 제작 연대와 조각승을 파악할 수 있다. 대좌 묵서는 "康熙三十一年壬申 孟夏黃山寺法堂 佛像新造成也 湖南全羅道全州 威鳳寺畵員 證明昭影堂鏡大化主又○ 大畵員主應 籌室明眞應○ 片長 峕 大○○ 尙念 惠倫 坦玉 琢璘 持殿 宗

위봉사화원湖南全羅道全州 威鳳寺畵員'라고 적혀 있으며 증명으로 '소영당경昭影堂鏡' 즉 '소영당경신경昭影堂鏡神鏡'이라고 적혀 있다. 즉, 단응은 전라북도 완주 위봉사圍鳳寺 출신이었음을 알 수 있다. 그리고 단응이 경상북도를 중심으로 활동했던 것에는 증명으로 참여한 소영당신경昭影堂神鏡의 역할이 컸던 것으로 추정된다. 신경과 종현宗現은 단응이 제작한 불상의 발원문에 지속적으로 등장하고 있는데, 신경은 주로 증명의 역할을, 종현은 지전의 역할을 담당하였다.[25] 그리고, 1684년(숙종 10) 상주 용흥사 괘불을 조성할 때에는 증명을 맡았다. 이때에도 종현이 지전으로 등장하고 있어 두 승려가 경상북도 지역의 불사에 꾸준히 관여하였음을 알 수 있으며, 1680년대까지 발원문에 등장한다. 신경은 단응이 1705년(숙종 31)에 하동 쌍계사 사천왕상을 제작할 때 증사證師로 참여하였는데, 이후 1706년(숙종 32) 의성 고운사에 세워진 「선종소영당대사비禪宗昭影堂大師碑」가 있어 이 때 입적한 것으로 보인다.

신경과 종현은 경상북도 상주, 안동, 영주 지역을 중심으로 강원도 영월, 충청북도 제천, 경상남도 하동까지 활동했으며, 마지막까지 조각승 단응과 탁밀의 후원자 역할을 하였던 것으로 판단된다. 탁밀은 조각승 단응과의 인연으로 신경과 종현을 알았을 것이며 갑장사 금동보살좌상의 개금불사를 맡을 수 있었던 것으로 보인다.

順 別座 性摠 供養主 克生 化主 坦朝 座臺造作主甲寅生琢璘壬申仲春黃山寺."『한국의 사찰문화재』 경상북도Ⅱ 자료집, 문화재청·불교문화재연구소, 2008, 256쪽. 불패묵서는 "壬申仲月日 康熙三十年慶尙左道安東地黃山寺大雄殿伏儒○三尊又三堅伯 證明眞應 畵員 端應 德輪 尙念 惠倫 坦玉 琢璘 又甲戌年仲月日上中端卓寺左右片座臺主琢璘木手德卞 又甲戌年○五月日○像○全畵○端應琢璘○○ 世甲 造位主琢璘也."『한국의 사찰문화재』경상북도Ⅱ 자료집, 문화재청·불교문화재연구소, 2008, 257쪽.

[25] 제천 정방사 목조관음보살좌상 "康熙二十八年歲次己巳之年造佛像始自三月閏月終之四月畢……左補處大施主貴今保体 右補處大施主今伊保体 佛像施主朴梧龍兩主 證明行修比丘 持殿靈贊比丘 畵工端應比丘 宝雄比丘 裕特比丘 琢璘……化主 智淳比丘 居士 海性保体 禪宗大禪師信鏡比丘 山中碩 德宗 現比丘 性一比丘 禪宗大禪師明順比丘 嘉善大夫淸眼比丘 己巳四月念六日書."『한국의 사찰문화재』충청북도 자료집, 문화재청·불교문화재연구소, 2006, 67쪽.

<표 3> 조각승 탁밀의 불상

	명칭	제작시기	비고
1	마곡사 영산전 칠불	1681년 (숙종 7)	단응(端應), 계천(戒天), 성환(性还), **탁밀(卓密)**, 학륜(學倫), 법청(法淸), 덕륜(德崙), 의수(義修), 민열(敏悅), 홍철(弘澈), 계정(戒淨), 경심(敬心), 의선(義禪), 해밀(海密), 태선(太禪), 체원(體元), 문신(文信), 해욱(海旭), 민성(旻性), 태민(太敏)
2	서울 경국사 목각아미타여래설법상	1684년 (숙종 10)	단응(端應), 계천(戒天), **탁밀(卓密)**, 탄성(坦性), 덕륜(德崙), 학탄(學坦)
3	예천 용문사 목조아미타여래삼존좌상과 목각아미타여래설법상	1684년 (숙종 10)	단응(端應), **탁밀(卓密)**, 학륜(學倫), 법청(法淸), 탄성(坦性), 의선(義禪), 체원(體元), 학탄(學坦), 태민(太敏)
4	제천 정방사 목조관음보살좌상	1689년 (숙종 15)	단응(端應), 보웅(**宝雄**), 유특(裕特), 탁린(琢璘)
5	안동 봉황사 목조석가여래삼존불좌상	1692년 (숙종 18)	단응(端應), 덕륜(德輪), 상념(尙念), 혜륜(惠倫), 탄옥(坦玉), 탁린(琢璘)
6	안동 광흥사 목조지장보살삼존상 및 시왕상	1692년 (숙종 10)	단응(端應), 탁밀(**卓密**), 덕륜(德輪) 등 15인
7	영조사 목조아미타여래삼존불감	1692년 (숙종 10)	단응(端應), 탁밀(**卓密**), 보웅(**普雄**), 종인(宗印)
8	하동 쌍계사 목조사천왕상	1705년 (숙종 10)	단응(端應), 덕륜(德倫), 상념(尙念), 혜륜(慧崙), 탄옥(坦玉), 탁린(琢璘)

2) 국립기메박물관 소장 금동42수관음보살좌상

프랑스 국립기메동양박물관에는 고려시대의 금동42수관음보살좌상 한 구가 소장되어 있다〈도 15〉. 천수관음보살이란 천개의 눈과 천개의 눈을 대신하여 40여개의 지물과 수인을 결한 천수관음보살을 말한다. 우리나라에서는 분황사(芬皇寺)에 천수관음보살이 있었다는 기록은 있지만 남아 있는 작품은 고려시대부터이다. 이 보살상이 파리 국립기메박물관에 소장된 경위는 정확하게 알 수 없지만 조선말기 정치적 상황과 연관해서 프랑스로 건너간 것으로 이해된다. 즉, 1886년(고종 23) 한불수호통상조약이 체결된 직후, 한국에 온 인물들에 의해 많은 유물들이 건너간 기록이 남아 있기 때문이다. 특히, 박물관에는 1887년(고종 24) 초대 주한 프랑스 대리공사로 부임한 콜랭 드 플랑시(1853~1922)와 1888년(고종 25) 한국에 온 샤를 바라(~1893)에 의해 소장된 사실이 정확하게 분류되어 있다. 특히, 홍종우는 1892년부터 1893년까지 약 1년 동안 국립기메동양박물관에서 바라가 가지고 온 작품들을 분류하고 한글과 불어로 표기한 인물로서, 현재도 당시 해놓은 내용에 기인하여 분류되어 있다.[26]

〈도 14〉 파리기메박물관 금동천수관음보살좌상

금동42수관음보살좌상은 60cm의 크기에 42개의 손에 든 각각의 지물들이 어우러져 조화를 부리는 듯한 신비스러운 모습의 관음보살상이다. 낮은 보관에는 작은 보계가 솟아 있으며 뒷면의 머리카락은 가르마를 타고 횡으로 5개의 단을 이루었으며 한 가닥의 머리카락은 귀 중간을 가르며 어깨 위에 몇 가닥으로 나뉘어 늘어져 있다. 방형의 큰 얼굴에 치켜 올라간 눈꼬리와 사선으로 내려 뜬 시선, 양감 있는 팽팽한 뺨과 꽉 다문 입술은 엄숙한 인상으로 시대성과 종교적인 신비감이 느껴진다. 목에는 삼도가 표현되어 있고 장신구는 없으며 신체에는 천의를 걸쳤다. 군의를 리본처럼 묶은 띠매듭이 무릎 밑으로 길게 늘어져 있다. 이상에서 살펴본 특징은 고려후기 경상도 지역에서

---

26) 국립문화재연구소 편, 『프랑스 국립기메동양박물관소장 한국문화재』, 도서출판 예맥, 1999 참조.

유행한 특징들이다.

　국립중앙박물관 금동십일면 천수관음보살상은 42수 가운데 두 손은 위로 들어 정상화불을 받쳤으며, 두 손은 가슴에서 합장하고, 두 손은 양 무릎에 두고 손가락을 구부려 결하였다. 왼손에는 옥환, 보협, 월부(도끼), 구시철구(깃발), 화궁전, 홍련화, 보탁(금강령), 군지, 보탁(금강저), 보인(인장) 그리고 일정과 월정수 등이다. 오른손에는 법륜, 보주, 화불, 바아라, 금강저, 오색운, 보발, 보라(소라), 보전(화살촉), 보병, 방패가 확인된다. 없어진 지물도 있지만, 우리나라에 남아 있는 42수관음상 가운데 가장 많은 지물이 남아 있는 사례이다. 이 지물들은 관세음보살42수진언觀世音菩薩四十二手眞言에 등장하는 지물과 거의 정확하게 부합된다.

　보살상의 밑면에는 복장 물목을 넣은 다음 나무판으로 고정하기 위한 못 구멍이 4곳 확인되며 원래의 밑판은 따로 보관되어 있다. 밑판에 묵서로 쓴 명문을 통해 동방사암주 원순이 발원한 작품임을 알 수 있다. 바닥면에는 옻칠층, 삼베층, 닥종이층 등이 확인되어 여러 번 보수가 이루어졌던 것으로 보인다. 현재 표면에는 옻칠층과 원도금층이 확인되며 보관의 안쪽면에는 주색으로 칠해져 있다.

　관세음보살42수진언은 1485년(성종 16) 인수대비의 명命으로 한자와 범자에 한글 음을 달아 간행한 『오대진언집五大眞言集』에 수록되어 있는데, 이는 학조學祖가 발문을 쓴 것으로 유명하다. 그러나 불공不空의 『천수천안관세음보살대비심타라니千手千眼觀世音菩薩大悲心陀羅尼』에서부터 40수, 41수가 등장하고 진언眞言과 수인도手印圖를 부가하는 경전은 일찍부터 등장한다.

　우리나라의 천수관음은 파리 기메박물관 소장 금동천수관음보살좌상, 국립중앙박물관 소장 금동십일면천수관음보살좌상(〈도 16〉), 서울 홍천사 극락보전의 금동천수관음보살좌상(〈도 17〉) 등 3구만이 남아 있는 매우 귀한 도상의 작품들이다(〈표 4〉).[27] 이 가운데 고려시대로 편년되는 작품은 파리 기메박물관 소장의 천수관음이며, 국립중앙박물관은 고려에서 조선초기, 흥천사 금동천수관음상은 조선초기의 불상으로 분류된다. 그리고 불화로는 현재 국립중앙박물관으로 이전된 삼성 리움미술관 소장의 고려시대 천수관음도가 있는 정도이다(〈도 18〉).

1 〈도 16〉 국립중앙박물관 금동십일면천수관음보살좌상
2 〈도 17〉 흥천사 금동천수관음좌상
3 〈도 18〉 천수관음도, 고려, 삼성리움미술관

27) 고려시대 금동42수 천수관음상에 대해서는 정은우, 「고려불상, 정교함과 종교적 신비의 경지」, 『세밀가귀』, 삼성리움미술관 특별전도록, 2015, 294~299쪽.

〈표 4〉 금동42수관음보살좌상 목록

소장처와 시대	높이(cm)	구조	비고
파리 기메박물관 금동천수관음보살좌상 (고려)	60	42수	묵서 : '발원문차생견불문 법우가아지지연 동원인도묘선 차강씨여청강지여 **동방사**암주 원순(發願文此生見佛聞 法于加阿止智延 同願人道妙宣 次江氏女靑江 止如 **東方寺**庵主 遠順)'
국립중앙박물관 금동십일면천수관음보살좌상 (고려~조선 초)	81.8	11면42수	
흥천사 금동천수관음보살좌상 (조선)	71.5	42수	1894년과 1910년 불량시주 및 개금시주 현판

금동42수관음보살좌상의 밑면에는 못 구멍이 4곳이 뚫려 있어 나무판으로 마감한 흔적이 남아 있다. 박물관에는 목제밑판도 남아 있는데 다음과 같은 묵서로 쓰여진 명문이 적혀 있다.

발원문차생견불문 법우가아지연 동원인도묘선 차강씨여청공 지여 동방사암주 원순發願文此生見佛聞」法于加阿止智延」同願人道**妙宣**」次江氏女靑工」止如」東方寺庵主」遠順」

이 묵서를 쓴 연대가 없어 아쉽기는 하지만, 주목되는 것은 동방사 암주東方寺 庵主이다. 동방사는 상주 동방사와 성주 동방사가 유명하다. 성주 동방사에는 7층석탑이 남아 있으며, 상주 동방사는 '돌방아 샘'이라고 부르며 현재 사지와 통일신라시대로 추정하는 축대위에 동서로 세워져 있는 당간지주가 남아 있다. 따라서 묵서로 쓴 보살상의 동방사는 두 지역 중 한 곳으로 추정된다(〈도 19〉).[28]

---

[28] 이 당간지주는 1960년대 사진없이 짧은 몇 줄로 소개된 바 있으며 최근의 저서에는 상주 복룡동 당간지주로 언급되어 있다. 이하중, 「상주읍 복룡리 당간지주」, 『고고미술』제2권 제9호(통권14

〈도 19〉 상주 동방사지와 당간지주

먼저 상주 동방사는 이규보의 『동국이상국집』에 "입상주入尙州, 우동방사寓東方寺, 박군朴君 문로文老, 최김양수재휴기주래방崔金兩秀才携妓酒來訪, 구점일수口占一首"29) 라는 내용에 처음 등장한다. "상주에 들어와 동방사에 묵는데, 박군 문로와 최수재와 김수재가 기생과 술을 준비해 찾아왔기에 한 수를 구점한다"라는 내용으로 다음과 같은 시를 남겼다.

술 들고 푸른 산 찾은 그대 고맙소	感君携酒訪靑山
눈으로 보는 사이 무한한 감회가 복받치는구료	無限襟懷目擊間
아직도 미친 마음 예전 버릇 그대로 남아 있어	尙有狂心餘舊習
자주 눈을 들어 미인을 주시하네	屢擡雙眼注紅顔

이 내용은 동방사라는 절 이름만 있을 뿐 자세한 내용은 없지만, 고려시대에 있었던 동방사의 실재를 알려주는 중요한 내용이다. 이규보는 1196년(명종 26) 상주를 다녀갔고 상주에 어머니가 계셔 상주를 자주 방문하고 시를 남긴 것으로 알려져 있다.30) 위치는 '동해사사실기東海寺事實記'(〈도 20〉)에 '식산息山

호), 1961.9, 158쪽; 엄기표, 『한국의 당간과 당간지주』, 학연문화사, 2007, 372~373쪽. 조성연대는 통일신라 이후로 추정하고 있어 일단 본 논문에서는 이 의견을 따라 통일신라시대로 기록하고자 한다.
29) 『동국이상국전집』 제6권 古律詩.
30) 한기문, 앞의 책, 민족사, 1998, 92쪽; 한기문, 앞의 책, 경인출판사, 2017, 314~316쪽.

▲ 〈도 20〉 동해사사실기 현판 전체와 부분
▼ 〈도 21〉 성주 동방사 7층석탑, 경상북도 성주

근처의 두 하천(북천과 병성천) 사이에 동방사가 창건되었다고 언급되어 있어 현재의 추정지가 맞는 것으로 보고 있다.[31]

성주 동방사東方寺는 경북 성주군 성주읍 예산리 269-10에 현재 7층 석탑이 남아 있는 곳을 절터로 추정하고 있다〈도 21〉, 동

---

[31] 한기문, 위의 책, 경인출판사, 2017, 315~316쪽.

방사지 칠층석탑 시도유형문화재 제60호). 성주 동방사는 신라 애장왕哀莊王 때 창건되었다가 임진왜란 때 절이 모두 불타버렸다고 전한다. 석탑이 완전한 상태로 남아 있는 것은 아니지만 1층 탑신에 문이 있어 통일신라의 경상도 석탑의 전통을 지녔으며, 지붕돌에는 연화문이 장식된 고려시대의 탑으로 알려져 있다.[32]

고려후기의 성주는 고려시대의 문인이자 관리로서 정당문학政堂文學 예문대제학藝文館大提學을 지낸 이조년李兆年(1269~1343)의 고향이다. 이조년의 아들인 검교시중檢校侍中 이포李褒, 이포의 아들인 이인복李仁復·이인임李仁任·이인미李仁美·이인립李仁立·이인달李仁達·이인민李仁敏 등이 계속 관직에 임명되면서 성주지역의 최고 가문으로 성장하게 된다. 이들은 불사에도 적극적이었는데, 최근에 조사된 해인사의 금동관음·지장보살좌상에서는 1336년(충숙왕 후 5)〈보근동수복지발원문普勤同修福智發願文〉, 1351년(충정왕 3) 관음, 지장발원문 그리고 거안 및 후령통 등이 발견되었다. 이 불상은 성주 법림사法林社에 있었던 상으로, 보권문에는 이포, 원계元桂와 천계天桂(이성계李成桂의 이복형제인 이원계李元桂와 이천계李天桂로 판단) 의성 김씨 김광부金光富와 이광대李廣大의 이름도 보인다. 김광부와 이광대는 공민왕대 공신으로 책봉된 인물이며 김광부는 1379년(신우 5) 8월 합포도순문사合浦都巡問使에 임명되었는데, 그해 9월에 왜구가 단계·거계·거창·야로丹溪·居昌·冶爐 등을 습격하고, 가수현嘉樹縣(지금의 경상남도 합천군 삼가면)에 이르자 이에 맞서 싸우다가 전사하였다.

보살상의 내부에서 발견된 발원문과 봉지封紙에도 '지장보살 남성부주대공덕주재신이린기 근봉地藏菩薩 南贍部洲大功德主宰臣李隣起 謹封'이라는 붉은 글씨가, 배면에는 '지정십일년신묘 오월이십사일지 연화도인 혜옥 달청 동원 사문

---

[32] 이 탑에 대한 설명문에는 "탑이 자리하고 있는 성주지역의 지형은 소가 누워서 별을 바라보는 형상으로, 이 때문에 냇물이 성주읍을 돌아 동쪽으로 빠져나가는 것으로 보아, 성주땅의 기운이 냇물과 함께 빠져나가는 것을 막기 위해 이 탑을 세웠다고 전한다. 성주땅의 기운을 보호하는 의미를 담고 있기 때문에 일명 '지기탑(地氣塔)'이라 부르기도 한다."라고 적혀 있다.

인음至正十一年辛卯 五月二十四日誌 緣化道人 惠玉 達淸 同願 沙門 印音'이 각각 기재되어 있다. 이원구李元具의 부친이자 이숭인李崇仁의 조부인 이린기李隣起(이인기李仁起), 우왕대 판전교시사를 지낸 이열李悅 등이 확인된다. 따라서 성주 지역에는 고려후기 귀족들에 의한 불사가 있었던 것을 알 수 있다.

이상으로 살펴본 바와 같이, 동방사는 상주와 성주에 존재했던 사찰이다. 상주와 성주 동방사 모두 고려시대와 관련된 기록이나 유물이 남아 있으며, 고려시대의 유명한 관리나 문인들과 연관된 지역이었음을 알 수 있다. 청동42수관음보살좌상에 표현된 보관이라든가, 머리카락, 보계 및 보발의 특징들 역

갑장사 금동관음보살좌상   파리기메박물관 금동42수관음보살좌상

〈도 22〉 갑장사 보살좌상과 금동42수관음보살좌상 세부비교

시 경상도에서 조성되었음을 정확하게 알려 준다. 따라서 두 지역 모두 가능성이 있다고 할 수 있다. 성주 동방사는 이조년 가문과 그들의 불사들에서 그들이 직접 조성에 관여하지는 않았더라도 이 시기 성주 지역의 불교와 신앙을 살펴볼 수 있는 점에서 중요하다. 또한, 현재 동방사지에 남아 있는 고려시대의 칠층석탑이 고려시대의 작품이라는 점도 그 배경이 될 수 있을 것이다. 상주 동방사는 이규보가 묵었던 큰 사찰로서 현재 당간지주가 남아 있다. 그리고 42수관음보살좌상과 상주 갑장사 금동관음보살좌상은 팽팽한 뺨과 다문 입술, 티아라를 쓴 듯한 당초문으로 연결된 낮은 보관에서 양식적 유사성을 보인다. 따라서 상주 동방사일 가능성도 높다고 할 수 있다(〈도 22〉).

4. 맺음말 : 상주 불교조각의 중요성

이상으로 상주의 고려시대 불교조각에 대해 살펴보았다. 상주의 고려시대 불교조각은 석불과 금동불로 분류되며 석불은 복룡동 석조여래좌상, 신봉리 석조관음보살입상, 공성면에 있는 마애선각여래입상 3구로서 모두 고려전기에 조성된 것으로 추정된다. 금동불은 현재 한 구도 남아있지 않지만 사진만 있는 갑장사 금동관음보살좌상의 존재가 확인되며, 프랑스 국립기메박물관에 소장되어 있는 동방사 금동42수관음보살좌상도 상주 또는 성주 동방사일 가능성이 높다. 이 금동보살상들은 모두 고려후기 14세기의 상들로 추정된다. 따라서 석불은 고려전기, 금동불은 고려후기에 집중적으로 조성되었음을 알 수 있으며 이는 일반적인 고려시대 불교조각의 시기적인 재료적 특징과 공통된다.

복룡동 석조여래입상, 신봉리 석조관음보살입상, 공성면 마애선각여래입상은 마모가 심하고 훼손된 부분도 많아 현상적 측면에서 완벽한 불상들은 아니지만 고려전기 석불의 보편적인 특징을 지니고 있다는 점에서 주목된다. 복룡동 석조여래좌상은 입체감과 양감이 뛰어나며, 신봉리 석조보살입상은 보관에 화불이 있고 대의를 입은 점에서 보살상의 도상 연구에 중요한 자료이다. 현재 흐릿한 사진만 남아 있는 화서면에 있었던 또 한 구의 보살입상은 손에 용화수를 든 미륵보살일 가능성이 높다. 공성면 마애선각여래입상도 손에 연꽃을 든 미륵불일 가능성이 있어 고려시대 도상 연구에 매우 중요한 작품들이다. 따라서 이 석조불상들은 고려전기에 유행한 비로자나불과 미륵의 도상, 신앙 및 지역사 연구에 필요한 사례라고 할 수 있다.

갑장사 금동관음보살좌상은 현재는 없어졌지만 이전에 조사된 사진과 중수발원문을 통해 사찰의 성격을 살펴보았다. 당시 보살상의 내부에서 중수발원문과 다라니류가 있었다고 하며 개금중수에는 청허휴정(서산대사) 문중인 소영당신경과 종현이 참여하였고, 함께 중수불사에 참여한 조각승은 탁밀로서 오랫동안 같이 불사를 한 동일 계보의 승려장인이다. 소영당신경과 종현은 그가 진행한 많은 불사가 있지만 개금불사는 처음 나온 사례로서 갑장사와의 사상이나 문중의 인연에서 비롯되었을 것이다. 이들의 참여로 인해 조선후기 갑장사의 사상적 배경을 추정해 보았다. 더불어, 금동관음보살좌상의 현상이나 특징, 조형성 등에서도 14세기 경상도 지역 보살상의 대표적인 사례라고 할 수 있다.

프랑스 기메국립박물관 소장 금동42수관음보살좌상은 상주 또는 성주 동방사에서 만든 작품으로 판단된다. 현재 금동42수관음보살좌상 자체가 국내와 국외 모두 합하여 3구만 남아 있는 희귀한 도상인 점에서 가치가 높은 작품이다. 상주와 성주 두 지역 모두 고려후기의 상황에 비추어 보면 가능성이 있다. 특히 성주 동방사는 고려시대의 석탑이 남아 있어 시기적 동일성을 보이며, 성주 이씨 등 14세기 유력가문이 불사 활동을 활발하게 했던 시기와도 부합된다. 상주 동방사 또한 이규보의 글에 언급되어 있고 갑장사 금동관음보살좌상과 재질이나 양식적 특징에서 유사한 측면을 보이는 점에서 역시 가능성이 있다고 할 수 있다.
   이상에서 살펴본 상주 지역에 남아 있는 고려시대의 불상은 그 수는 적지만 그 시기에 유행한 도상 및 양식적 특징을 반영하고 있는 중요한 작품들이다. 앞으로 과학적인 조사를 비롯한 연구가 구체적으로 이루어지기를 기대한다.

참고문헌

제1장 상주계수관의 연혁과 행정체계 / 한기문

『法華靈驗傳』

『東國李相國集』

『慶尙道地理志』

『慶尙道續撰地理志』

『世宗實錄地理志』

『東文選』

『西河集』

『新增東國輿地勝覽』

『商山誌』

『永嘉誌』

『慶州先生案』

『道先生案』

權近, 「犬灘院樓記」, 『陽村集』 卷12.

安軸, 「尙州客館重營記」, 『謹齋集』 卷2.
洪貴達, 「幽谷館重修記」, 『虛白亭集』 卷2.
『近世韓國五萬分之一地形圖』 上, 尙州, 1915, 景仁文化社影印.

『유곡역 관련 고문서집』, 안동대학교 박물관, 1997.
『증보 상주문화유적』, 상주문화원, 2002.
『義城遺蹟誌』, 의성문화원, 1996.

『文化遺蹟總覽』 中, 文化財管理局, 1977.
『문경시유곡동지표조사보고 유곡역』, 문경시, 안동대학교 박물관, 1995.
『문화유적분포지도』 구미시, 구미시 영남대민족문화연구소, 2002.
『문화유적분포지도』 상주시, 상주시 경북문화재연구원, 2002.
『문화유적분포지도』 예천군, 예천군 대구대 박물관, 2005.
『문화유적분포지도』 의성군, 의성군 대구대 박물관, 2005.
『尙州地區古蹟調査報告書』, 檀國大出版部, 1969.
『古代沙伐國關聯文化遺蹟地表調査報告書』, 尙州市・尙州大 尙州文化硏究所, 1996.
『상주 제2건널목 입체화 시설공사부지내 尙州 伏龍洞397-5番地遺蹟』, 嶺南文化財硏究院, 2006.
『尙州 伏龍洞256番地遺蹟』 Ⅰ~Ⅳ, 嶺南文化財硏究院, 2008.
『尙州 伏龍洞230-3番地遺蹟』 Ⅰ~Ⅱ, 嶺南文化財硏究院, 2009.
『尙州 伏龍洞10-4番地遺蹟』 Ⅰ~Ⅱ, 嶺南文化財硏究院, 2009.
『상주복룡동 다시 태어나다』, 상주박물관, 2011.
『중원미륵리사지 5차 발굴조사보고서 대원사지 미륵대원지』, 청주대학교박물관, 1993.

강은경, 『고려시대 호장층 연구』, 혜안, 2002.
구산우, 『고려전기 향촌지배체제연구』, 혜안, 2003.
문경호, 『고려시대 조운제도 연구』, 혜안, 2014.
박종기, 『고려시대 부곡제연구』, 서울대학교출판부, 1990.
_____, 『지배와 자율의 공간, 고려의 지방사회』, 푸른역사, 2002.
_____, 『고려의 부곡인, 경계인으로 살다』, 푸른역사, 2012.
박종진, 『고려시기 지방제도 연구』, 서울대학교출판문화원, 2017.
윤경진, 『고려 군현제의 구조와 운영』, 서울대 박사학위논문, 2000.
_____, 『高麗史 地理志의 分析과 補正』, 여유당, 2012.
이기백・김용선, 『고려사』 병지 역주, 일조각, 2011.
이수건, 『한국중세사회사연구』, 일조각, 1984.
_____, 『조선시대 지방행정사』, 민음사, 1989.
이정신, 『고려시대의 특수행정구역 소 연구』, 혜안, 2013.
정요근, 『고려 조선초의 역로망과 역제 연구』, 서울대학교 박사학위논문, 2008.

정용범, 『고려전·중기 유통경제 연구』, 부산대학교 박사학위논문, 2014.
한기문, 『고려시대 상주계수관 연구』, 경인문화사, 2017.
한정훈, 『고려시대 교통운수사 연구』, 혜안, 2013.

제2장 고려시대 상주지역 교통로와 교통시설 / 한정훈

『경상도속찬지리지』 상주목
『고려사』 권24
『고려사절요』 권31
『대동지지』 권32
『동국여지승람』 권28
『보한집』 권중
『삼국사기』 권34
『세조실록』 권7
『양촌선생문집』 권13, 「월파정기」.
『일성록』 권537
권근, 『양촌선생문집』 권14, 「상주풍영루기」
안축, 『근재집』 권2, 「상주객관중영기」
하륜, 『동문선』 권81, 「비옥현관남루명기(比屋縣館南樓名記)」

김상호, 「상주의 영남대로」, 『尙州文化』 16, 상주문화원, 2006.
金昊鍾, 「恭愍王의 安東蒙塵에 관한 一硏究」, 『安東文化』 創刊號, 안동대학교 안동문화연구소, 1980.
박종진, 「'주현속현단위'의 지리적 범위와 특징」, 『고려시기 지방제도 연구』, 서울대 출판문화원, 2017.
송기동, 「숙박 시설」, 『디지털김천문화대전』, 김천시·한국학중앙연구원, 2011.
尹龍爀, 「蒙古의 慶尙道침입과 1254년 尙州山城의 승첩」, 『진단학보』 68, 1989.
이 영, 「'경신년(1380년) 왜구'의 이동과 전투」, 『잊혀진 전쟁, 왜구』, 에피스테메, 2007.
이정란, 「1361년 홍건적의 침입과 공민왕의 충청지역 피난정치」, 『지방사와 지방문화』 21-1, 2018.
정요근, 「통일신라시기의 간선교통로-王京과 州治·小京 간 연결을 중심으로-」, 『한국고대사연구』 63, 2011.
한기문, 「高麗中期 李奎報의 南遊詩에 나타난 尙州牧」, 『歷史敎育論集』 23·24, 역사교육학회, 1999.
_____, 「高麗時代 尙州 龍潭寺 景觀과 機能-李奎報의 南遊詩를 중심으로-」, 『尙州文化硏究』 18, 경북대 상주문화연구소, 2008.
_____, 『고려시대 상주계수관 연구』, 경인문화사, 2017.
한정훈, 「신라통일기 육상교통망과 五通」, 『부대사학』 27, 2003.
_____, 『고려시대 교통운수사 연구』, 혜안, 2013.
_____, 「고려·조선 초기 낙동강유역 교통 네트워크연구」, 『대구사학』 110, 2013.

_____, 「경산부도」, 『한국민족문화대백과사전』(http://encykorea.aks.ac.kr/), 한국학중앙연구원, 2017.
_____, 「상주도」, 『한국민족문화대백과사전』(http://encykorea.aks.ac.kr), 한국학중앙연구원, 2017.

제3장 고려 대몽항쟁과 상주산성(금돌성) / 윤용혁

경상북도문화재연구원, 『백화산 문화유적 지표조사보고서』, 1998.
_____, 『상주 금돌성 지표조사보고서』, 2001.
김호준, 『고려 대몽항쟁과 축성』, 서경문화사, 2017.
상주문화원, 『백화산』, 2001.
상주박물관, 『상주 병풍산』, 2014.
_____, 『상주 백화산』, 2015.
상주시 지역혁신협의회, 『상주백화산 개발방안 모색을 위한 세미나』(세미나 자료집), 2008.
상주항몽대첩탑 건립추진위원회, 『항몽대첩과 백화산』, 2013.

윤용혁, 『고려 대몽항쟁사 연구』, 일지사, 1991.
_____, 『여몽전쟁과 강화도성 연구』, 혜안, 2011.
_____, 『삼별초 – 무인정권.몽골, 그리고 바다로의 역사』, 혜안, 2014.

제4장 고려 말 목은 이색의 함창 유배와 함창음(咸昌吟) / 이익주

『高麗史』
『高麗史節要』
『牧隱集』
『新增東國輿地勝覽』
『商山誌』

김정기・이상현, 『국역 목은집』 1~11, 민족문화추진회, 2000~2003.
여운필・성범중・최재남, 『역주 목은시고』 1~12, 月印, 2000~2007.

이익주, 「고려말 신흥유신의 성장과 조선 건국」, 『역사와 현실』 29, 1998.
_____, 「고려 우왕대 이색의 정치적 위상에 대한 연구」, 『역사와 현실』 68, 2002.
_____, 「삼봉집 시문을 통해 본 고려 말 정도전의 교유관계」, 『정치가 정도전의 재조명』, 경세원, 2004.
_____, 「고려 말 정도전의 정치세력 형성 과정 연구」, 『東方學志』 134, 2006.
_____, 『이색의 삶과 생각』, 일조각, 2013.

제5장 이규보의 강남시와 상주계수관 / 한기문

『東國李相國集』
『국역동국이상국집』, 민족문화추진회, 1985.
『商山誌』
『新增東國輿地勝覽』
『近世韓國五萬分之一地形圖』 上, 尙州, 1915, 景仁文化社影印.
『尙州地區古蹟調査報告書』, 檀國大出版部, 1969.

강석근, 『이규보의 불교시』, 이회, 2002.
김용선, 『생활인 이규보』, 일조각, 2013.
_____, 『이규보 연보』, 일조각, 2013.
朴宗基, 「李奎報의 생애와 著述 傾向」, 『韓國學論叢』 19, 1996.
박종진, 「개경에서 상주까지 : 이규보의 남유시를 따라서」, 『역사의 현장을 찾아서』, 한국방송통신대학교출판문화원, 2021.
손정인, 『고려중기 한시연구』, 문창사, 1998.
한기문, 「高麗中期 李奎報의 南遊詩에 나타난 尙州牧」, 『歷史敎育論集』, 23·24합집, 1999.
_____, 『고려시대 상주계수관 연구』, 경인문화사, 2017.

국토정보플랫폼 국토정보맵 http://map.ngii.go.kr/ms/map/NlipMap.do?tabGb=daedong

제6장 상주의 사지 / 최태선

『신증동국여지승람』
상주시, 『낙상동폐탑 시굴조사보고서』, 1988.12.
_____, 『상주시사』.
상주시·군, 『尙州誌』.

국립김해박물관, 『땅속에 묻힌 念願』, 전시도록 2011.
국사편찬위원회 편, 『신앙과 사상으로 본 불교 전통의 흐름』, 2007.
상주박물관, 『상주 오봉산』, 2015.
불교문화재연구소, 『한국의 사지』 경상북도 II, 상주시, 2012.
영남문화재연구원, 「상주 복룡3지구 주택건설부지내 유적 문화재시굴조사 약보고서」, 2004.
_____, 『상주 복룡동 397-5번지유적』, 2006.
_____, 『상주 복룡동 256번지유적』 I~IV, 2008.
_____, 『상주 복룡동 230-3번지유적』 I~II, 2009a.

_____, 『상주 복룡동 10-4번지유적』 Ⅰ~Ⅱ, 2009b.

김진형, 「최근에 발견된 불교유적과 유물소개」, 『상주』 2, 상주문화연구회, 2008.
박방룡, 「상주 서곡동 출토 일괄유물」, 『미술자료』 49, 1992.
윤용진·최태선·김상영, 「불적분야」, 『고대 사벌국 관련 문화유적지표조사보고서』, 상주시·상주산업대학
 교부설상주문화연구소, 1996
이현수, 「병풍산 주변에서 싹튼 상주의 불교문화」, 상주박물관 엮음, 『상주 병풍산』, 2014
정규홍, 『석조문화재 그 수난의 역사』, 학연문화사, 2007.
최태선, 「신라·고려전기 가람의 조영연구-經典儀範과 공간조성을 중심으로」, 부산대사학과 박사논문,
 2016.

제7장 고려시대 상주의 불교조각 / 정은우

『동국이상국전집』
『동문선』
이제현, 『익제난고』 권5

국립문화재연구소 편, 『프랑스 국립기메동양박물관소장 한국문화재』, 도서출판 예맥, 1999
문화재청, 『문화재대관 보물 불교조각』 Ⅰ, 2016
사찰문화연구원, 『전통사찰총서』 16, 2001.
『상주지구고적조사보고서』, 단국대학교 출판부, 1969.
문화재청·불교문화재연구소, 『한국의 사찰문화재』 경상북도Ⅱ 자료집, 2008.

姜裕文, 『慶北五本山古今記要』, 慶北佛敎協會, 1937.
엄기표, 『한국의 당간과 당간지주』, 학연문화사, 2007.
이하중, 「상주읍 복룡리 당간지주」, 『고고미술』 제2권 제9호(통권14호), 1961.
정은우, 「고려후기 보명사 금동보살좌상과 왜구와의 관계」, 『미술사학』 19호, 2005.
_____, 『고려후기 불교조각 연구』, 문예출판사, 2007.
_____, 「고려중기와 남송의 보살상」, 『미술사 자료와 해석』, 秦弘燮先生賀壽論文集, 일지사, 2008.
_____, 「고려중기 불교조각에 보이는 요의 영향」, 『고려와 북방문화』, 양사재, 2011.
_____, 「고령의 미술과 개포동 마애보살좌상」, 『퇴계학과 한국문화』 40호, 2010.
_____, 「고려불상, 정교함과 종교적 신비의 경지」, 『세밀가귀』, 삼성리움미술관 특별전도록, 2015.
진홍섭, 「상주 화녕의 석불」, 『고고미술』 제2권 6호(통권11호), 1961.
_____, 「상주 화서면의 석불」, 『고고미술』 제2권 제10호(통권15호), 1961.
채상식, 『고려후기 불교사 연구』, 일조각, 1991.
한기문, 『고려사원의 구조와 기능』, 민족사, 1998.

_____, 「18,19세기 고지도의 주기를 통해 본 상주목의 모습」, 『옛지도로 재현하는 경상도 상주』, 『상주박물관 학술연구총서』 15, 2016.
_____, 『고려시대 상주계수관 연구』, 경인출판사, 2017.